U0590353

任丽婵 李惠 著 ▉

全程实践教学的理论与实践研究

吉林大学出版社

图书在版编目（CIP）数据

全程实践教学的理论与实践研究 / 任丽婵，李惠著.—
长春 ：吉林大学出版社，2019.6
ISBN 978-7-5692-4938-5

Ⅰ．①全… Ⅱ．①任… ②李… Ⅲ．①高等师范院校
—教学实践—研究 Ⅳ．① G658.3

中国版本图书馆 CIP 数据核字（2019）第 115940 号

书　　　名：全程实践教学的理论与实践研究
QUANCHENG SHIJIAN JIAOXUE DE LILUN YU SHIJIAN YANJIU

作　　者：任丽婵 李　惠 著
策划编辑：邵宇彤
责任编辑：邵宇彤
责任校对：孙　群
装帧设计：优盛文化
出版发行：吉林大学出版社
社　　址：长春市人民大街 4059 号
邮政编码：130021
发行电话：0431-89580028/29/21
网　　址：http://www.jlup.com.cn
电子邮箱：jdcbs@jlu.edu.cn
印　　刷：定州启航印刷有限公司
成品尺寸：170mm×240mm　　16 开
印　　张：13.5
字　　数：285 千字
版　　次：2019 年 6 月第 1 版
印　　次：2019 年 6 月第 1 次
书　　号：ISBN 978-7-5692-4938-5
定　　价：59.00 元

版权所有　　翻印必究

前　言

联合国教科文组织在 1998 年的报告中指出："综观全球教育政策有两个重要趋势，其中之一就是对教育质量和目的趋于采取学以致用的观点。"有研究证明：当教师的学科知识达到一定程度时，教师的学科教学能力、表达能力、组织能力，教育智慧、情感、态度等与实践性知识相关的素养就与教学效果有较高的相关性，即教师的教学效果主要取决于教师的实践性知识。教育部 2011 年颁布的《教师教育课程标准（试行）》中突出了教师教育课程的实践取向，要求教师突出实践能力，提升教育教学的专业化水平，明确规定"教育实践"为必修课程，四年制本科的教育见习和教育实习的学习时间都为 18 周；2016 年出台的《教育部关于加强师范生教育实践的意见》中指出加强师范生实践能力培养势在必行；更在 2018 年中共中央国务院《关于全面深化新时代教师队伍建设改革的意见》中指出："根据基础教育改革发展需要，以实践为导向优化教师教育课程体系，……师范生教育实践不少于半年。"可见，教师教育领域正发生着深刻彻底的思想变革，主流趋势就是由"理论"转向"实践"。

《全程实践教学的理论与实践研究》是忻州师范学院教学研究专题"全程实践教学的理论与实践研究"的成果。本书的内容包括全程实践教学的理论研究、实施效果、评价方式、发展战略四个部分。第一部分是理论研究，包括第一章绪论，第二章全程实践教学的概述，第三章全程实践教学的理论基础；第二部分是实施效果，包括第四章全程实践教学实施效果调查研究，第五章全程实践教学提升师范生专业能力素质的研究，第六章实习支教对提高大学生实践能力的调查研究，第七章大学生课外实践活动的现状调查，第八章师范生专业素质培养的调查研究，第九章大学生科技创新能力培养的调查研究；第三部分是评价方式，主要为第十章全程实践教学评价的调查研究；第四部分是发展战略，主要为第十一章全程实践教学的发展战略。

本书以样本高校的全程实践教学现状为依托，一方面探讨了实际的发展情况和实际效果；另一方面在深入调查分析的基础上，结合已有理论，探讨全程实践教学的实施现状及其发展战略，完善实践教学的管理体制和运行机制。样本高校作为一所地方性师范院校，在实践教学方面一直比较重视，十多年来努力践行实践育人的理念，创新人才培养模式，突出实践育人的核心理念。在全程实践教学的实施过程中呈现出适时出台新政策定时监控、课内与课外相结合、深化实践教学质量、形式多样化等的特点，形成"四纵三层"的实践教学模式。

全程实践教学秉承理论与实践相融合、实践育人的理念，影响着课堂内外的一切教学活动。本书将其视为一种全程性、系统性、多样性的实践教学观念，是贯穿大学四年的、系统化的、与专业成长直接相关的一种实践课程群或实践课程体系。全程实践教学在大学期间的所有实践教学环节，包含以解决问题为核心的各种形式的课堂教学方式改革，例如研究性教学、案例教学等；以培养师范生实践创新能力为核心的各种活动形式，如模拟讲课、毕业论文、教育见习实习、课外实践活动等。全程实践教学既实现了课内、课外与校外的空间结合，又实现了基础知识与专业知识结构的整合，更实现了理论与实践的融合，是提升师范生实践创新能力的重要途径，是提高人才培养质量的重要方式。

本书还有许多不足之处，如全程实践教学理论深度、广度有待进一步挖掘提炼；在调查取样等方面存在样本覆盖面不足、各类样本均衡性不强的实际问题；基于全程实践教学实际效果的基准评价体系还有待完善；院校、院园合作中面临教学时间较短、过于集中、实践无目的性等困境；理论和实践教学相互融合不够、"双师型"教师缺乏、实践实训基地管理不够正规等问题，有待以后进一步探究。

本书在编写与修改的过程中，参考了一些学术论文和书籍等资料，在此致以敬意！在研究与撰写的过程中，得到许多同事和朋友的支持，在此深表谢意！

最后，由于工作繁忙，时间紧张，专业水平有限，撰写过程中可能存在疏漏与差错，请读者斧正。

2019 年 1 月

目　录

第一章 绪 论

第一节 全程实践教学的研究缘起

一、全程实践教学是提升人才培养质量的重要方式

全程实践教学是提升师范生实践创新能力的重要途径，是提高人才培养质量的重要方式。党的十六大提出我国新时期的教育方针是为社会主义现代化建设服务，为人民服务，与生产劳动相结合，与生产实践相结合，培养德智体全面发展的社会主义事业建设者与接班人。与以往不同，新的教育方针把生产实践作为教育的重要途径，以解决长期以来我国教育重智轻能，重知识传授轻动手操作的不足之处。教育部副部长杜玉波指出："学生的实践能力，是目前人才培养中最薄弱的环节，也是今后提高人才培养质量的重要切入点和突破口。"[①]

2016年教育部以教师[2016]2号印发《关于加强师范生教育实践的意见》（以下简称《意见》）指出：近年来，虽然我国教师教育改革持续推进，师范生教育实践不断加强，但是还存在着目标不够清晰，内容不够丰富，形式相对单一，指导力量不强，管理评价和组织保障相对薄弱等问题。师范生教育实践依然是教师培养的薄弱环节，师范毕业生的教育教学能力尚不能完全适应中小学（含幼儿园、中等职业学校、特殊教育学校）的需要，急需明确教育实践的目标任务，在构建全方位的教育实践内容体系、组织开展规范化的教育实习、全面推行教育实践"双导师制"、协同建设长期稳定的教育实践基地等方面做出努力，加强师范生实

[①] 张男星，王春春. 新时期高等教育的发展思路与重点——访教育部副部长杜玉波[J]. 大学（学术版），2012（1）：4-15.

第一章 绪 论

践能力的培养。2018年中共中央国务院《关于全面深化新时代教师队伍建设改革的意见》中指出:"根据基础教育改革发展需要,以实践为导向优化教师教育课程体系,……师范生教育实践不少于半年。"显然,教师教育领域正发生着深刻彻底的思想变革。

二、教师教育课程是强化学生实践能力的重要途径

2011年,教育部颁布了《教师教育课程标准(试行)》。该标准告别了传统的以学术理论为核心的教师教育,突出教师教育课程的实践取向,将教师角色明确界定为反思的实践者。同年,也颁布了《教师专业标准》,提出"能力为重",要求教师"把学科知识、教育理论与教育实践相结合,突出实践能力,研究学生,遵循学生成长规律,提升教育教学专业化水平,坚持实践、反思、再实践、再反思,不断提高专业能力"。同年在《教育部关于大力推进教师教育课程改革的意见》中明确提出:"师范生到中小学和幼儿园教育实践应不少于一个学期。要建立一批教师教育改革创新试验区,建立长期稳定的中小学和幼儿园教育实习基地"。2011年,教育部发出《关于大力推进教师教育课程改革的意见》(以下简称《意见》),正式颁布我国第一部《教师教育课程标准(试行)》(以下简称《课程标准》),这是我国入职教师教育的一项重大改革,是一次转变教育观念,改革课程设置、教学方法等多个方面的重大改革,是我国教师职业化发展的一项重要举措,对未来教师队伍素质的提高必将发挥历史性的促进作用。《意见》高度重视实践教学环节。《意见》中对如何实施实践课程提出了方向性改革意见——"强化教育实践环节"。在具体方法上明确提出,加强师范生基本职业技能训练,加强教育见习,提供更多观摩名师讲课的机会。师范生到中小学和幼儿园教育实践不少于一个学期。建立一批教师教育改革创新试验区,建设长期稳定的中小学和幼儿园教育实习基地。《课程标准》明确了"教育实践内容与体验"的课程基本要求。《课程标准》根据幼儿园、小学、中学三个不同学段的特点,分别对实践教学环节有针对性地明确了"具有观摩教育实践的经历与体验;具有参与教育实践的经历与体验;具有研究教育实践的经历与体验"的目标要求,并对每个目标明确了9项"基本要求"。同时,明确规定"教育实践"为必修课程,四年制本科的教育见习和教育实习学习时间都为18周,即一个学期。此外,在对师范生"教育知识与能力"的要求"具有理解学生的知识与能力""具有教育学生的知识与能力"中也明确了诸如"掌握教师所必须的语言技能、沟通与合作技能、运用现代教育技术的技能"等数项能力,这些能力也应视为实践教学内容的基本要求。对在职教师的调查表明,教师的教学效果与教师的学科专业知识准备不成正比,当教师的学科

知识达到一定的程度，本体性知识的增加几乎就不再影响教师的教学效果，而教师的学科教学能力、表达能力、组织能力、教育智慧、情感、态度等与实践性知识相关的素养则与教学效果有较高的相关性，即教师的教学效果主要取决于教师的实践性知识。大量的案例研究也证明，优秀的教师确实具有丰富的实践性知识，它在教师职业中有着不可替代的重要作用，是教师真正成为专业人员的核心基础。教师的实践性知识具有缄默性、个体性、经验性、模糊性、情境性、生成性及复杂性等特征，与具有理论性、系统性、严密性及客观性的科学知识有着本质的区别。实践性知识是不可教的，它的获取途径不是教师通过言语的传递而实现的，是通过学习者亲自参与各种教育实践活动，在具体情境中摸索、感悟、积累，并与教师和同伴协商、对话、交流获得的。现代教育观认为，教师职业是一门实践性极强的职业，教师教育在本质上具有实践性和反思性。[①] 实践与反思是获得教师实践性知识的必要条件。[②]

三、实践教学环节的预期效果不理想

联合国教科文组织 1998 年曾在报告中指出，综观全球教育政策有两个重要趋势，一是多数国家加深了对教育民主化的承诺（"人人受教育"和"终身教育"），二是对教育质量和目的趋于采取学以致用的观点。长期以来，我国院校普遍存在的问题就是重视理论学习、轻视实践练习；重视知识的掌握、轻视能力的提升。理论教学主要是教师讲述学科知识体系与学生的倾听相结合。理论的学习使学生能高效、快速地了解以往的成果和经验，但是，过分强调理论教学而忽视实践教学就会导致学生只会"纸上谈兵"，面对实际问题无法解决。实践教学主要是教师指导学生进行操作活动。两者特点不同，后者更加强调学生在学习生活中的主体作用，对培养学生的实践能力和创新能力，提高综合素质具有重要而特殊的作用。不少高校的实践教学没有达到预期的效果，其中的原因有很多，涉及的因素也较复杂，因此讨论实践教学的实施效果具有重要而实际的意义。

我国的政府文件一直在鼓励和推进高校尤其是教师教育专业的实践教学，高校也一直在做相关课程的改革和实践教学模式的探究，但是现阶段高校实践教学依然对实践教学理念理解不到位，理论与实践知识分离，实践体系不完善，双师型教师缺乏，与基础教育合作缺乏深度、广度，学生教育见习、实习流于形式，

---

① 陈威. 从教育实践意蕴的转型看小学教师教育的实践取向 [J]. 黑龙江高教研究，2013, 31(7): 84-86.

② 倪小敏. 实践取向：职前教师教育模式的重构 [J]. 教师教育研究，2010, 22(1): 22-27.

实践过于集中缺乏全程性、贯穿性，特别是在教师教育实践教学中教师基本技能训练不到位，缺少深入一线教育实际的经验积累，教学形式刻板，对新时代技术和方法运用不到位、学生实践性知识、组织管理能力等都需要进一步提升和指导，这一切都需要我们沉下心去找到一个合适的教师教育实践教学模式。国外学者林达·哈蒙曾经指出，由于松散地选择实践场域，较少地指导实践活动，以及大学知识习得与一线实践活动之间的隔离，教师教育中的实践环节长期以来具有很强的随意性。[1]对全美教师教育的深入研究表明，实践活动与大学课程协调好对职前教师的学习更有影响力、更富有成效，计划松散、缺乏监督的实践活动模式是多年来职前教师学习的阻碍。[2]经济合作与发展组织（OECD）的最新研究数据显示，许多国家的教师教育模式正在建构一种指向实践的现实主义教师教育学，从学术式培养模式转向学校情境中的专业培养，以寻求理论与实践之间的平衡与和谐。[3]

四、全程实践教学的发展尚需长远规划

样本高校实施全程实践教学十余载，到了该做一个阶段性总结的关键时刻。全程实践教学启动之初的缘由在于弥补学生顶岗实习之前校内教学实践能力学习不足的缺陷以及顶岗实习之后综合实践能力进一步提升的需要。如今，这样的初衷是否已经达到？全程实践教学的适应面到底有多广？（已有研究中分析某一系或专业全程实践教学效果比较多，而涉及学校层面的建构和总体分析较缺乏）它仅是顶岗实习的衍生品还是应该有更高层次的立意？它的内涵与外延是不是已经有了更广泛意义上的发展？全程实践教学究竟是一时之策还是长久举措？

已有研究并未很好地回答这些实践疑惑。若想很好地解决这些问题，需要立论的起点是"全程实践教学不仅是一种行动，还应该是一种理念或理论"。如果将其作为理念或理论层面的课题，如何界定全程实践教学应有的理论内涵与外延？如何处理实践知识与理论知识之间的关系并将其赋予具有可操作性的制度、体系建设？如何统整包括案例教学、研究性教学、第二课堂、顶岗实习等多种实践教学形式？如何设计考评实践教学的可操作性指标等均是课题内的应有之义。只有建构完善的理论体系才能衡量或指导实践层面的行动。

---

① Darling-Hammond, L. Teacher Education and the American Future [J]. Journal of Teacher Education, 2010(1-2): 35-47.

② 戴伟芬. 美国教师教育课程思想 30 年 [M]. 北京：北京师范大学出版社，2012: 75-89.

③ Schleicher, Andreas . Building a high-quality teaching profession : lessons from around the world[J]. Educational Studies, 2012(2): 5-62.

因此，以样本高校的全程实践教学现状为依托，以构建完整的全程实践教学理论体系为目标，最终服务于该校全程实践教学的未来改革决策，无论从理论上还是实践上都具有一定的现实意义。

第二节　全程实践教学的研究设计

一、研究思路与方法

研究的基本思路是以样本高校为依托，构建学校层面的全程实践教学基本模式，尝试探讨实践教学的相关理论，并在此基础上设置一套指导本院校全程实践教学的基准体系。因此，研究的主要内容包括两个部分：第一部分是基于样本高校全程实践教学现状的分析，具体包括全校全程实践教学的总体设计、全程实践教学典型案例的具体设计、全程实践教学的效果分析；第二部分是在建模理论的指导下，构建高校全程实践教学的基本模式，并在此基础上提出相应的高校全程实践教学的发展策略。

本课题的研究方法主要涉及调查研究法和质的研究方法两类。调查研究方法又分为问卷调查法、访谈调查法。具体内容如下。

（一）问卷调查法

研究采用自编的系列调查问卷，包括《全程实践教学实施效果的调查问卷》、《全程实践教学调查问卷》（教师卷和学生卷）、《全程实践教学对支教生专业素质影响的调查问卷》、《大学生课外实践活动的调查问卷》、《实习支教对提高大学生实践能力的调查问卷》、《大学生实践创新活动的调查问卷》。这些问卷的编制均依托于本课题实践探索与理论建构的实际需要。

《全程实践教学实施效果的调查问卷》的具体施测对象是大一至大四共 360 名学生。其中回收问卷 357 份，占 99.17%；有效问卷 336 份，占 94.12%。《全程实践教学调查问卷》（教师卷和学生卷）的具体施测对象是大一至大四共 367 名学生和 14 名教师。文科和理科两个系分别抽取教育系、历史系和数学系、物理系，从全程实践教学方式、职业道德教育、基础技能实践、专业技能实践和全程实践教学管理体系及考核方式这 5 个维度进行调查。调查中发放学生卷 367 份，有效问卷为 328 份，有效率为 92.92%；发放教师卷 14 份，有效率为 100.00%。《全程实践教学对支教生专业素质影响的调查问卷》分别对大三、大四顶岗实习回校的支教生发放问卷，实际共发放 200 份，回收问卷 179 份，有效问卷 179 份。被试的 179 名支教生中男生 62 名（34.64%），女生 117 名（65.36%），其中包括 74 名（41.34%）文科类学生，61 名（34.08%）理科类学生以及 44 名（24.58%）艺体类学生。《大学生课外实践活动的调查问卷》分别对大一至大四的 300 名在校生展开调查。共发放问卷 300 份，收回 299 份，有效问卷 292 份，占 97.66%。其中男生，133 人，女生 167 人，一年级 74 人，二年级 75 人，三年级 78 人，四年级 73 人。《实习支教对提高大学生实践能力的调查问卷》针对大三、大四年级共发放问卷 330 份，收回 329 份，回收率约为 99.70%，有效问卷 325 份，有效率为 98.78%。其中，男生 112 人，女生 213 人，文科类大学生 127 人，理科类大学生 145 人，艺体类大学生 53 人。

（二）访谈调查法

研究采用自编的《全程实践教学访谈提纲》（教师卷）和《全程实践教学访谈提纲》（学生卷），分别对 8 名教师和 30 名学生实施了访谈调查。对教师的访谈涉及全程实践教学的历史、制度、实施、问题等方面。对学生的访谈主要涉及全程实践教学的效果、存在的问题两个方面。

（三）质的研究法

根据陈向明的观点，"质的研究方法是以研究者本人为研究工具，在自然情境下采用多种资料收集方法对社会现象进行整体性探究，使用归纳法分析资料并形成理论，通过与研究对象互动对其行为和意义构建获得解释性理解的一种活动"这个定义的深刻启发主要包括：一是要不断收集相关资料、整理相关资料，且资料分析的方法是自下而上的；二是分析资料的方法是多样的；三是要对研究对象的行为和意义进行"解释性理解"。其中，对全程实践的效果分析、对实习支教的效果分析均涉及质的研究法，主要采取了观察、实物收集的方法。

二、全程实践教学的研究创新与不足

本研究的创新点主要体现在两个方面：第一个方面是尝试打破样本高校将全程实践教学定位于一门独立、具体课程的认识，建立全程性的、系统性的全程实践教学观念。第二个方面是尝试建立起一个适合高师院校开展全程实践教学的基本模式。

本书还有许多不足之处，如全程实践教学理论深度、广度有待进一步挖掘提炼；在调查取样等方面存在样本覆盖面不足、各类样本均衡性不强的实际问题；

基于全程实践教学实际效果的基准评价体系还有待完善；院校、院园合作中面临教学时间较短、过于集中、实践无目的性等困境；理论和实践教学相互融合不够、双师型教师缺乏、实践实训基地管理不够正规等问题，有待进一步探究。

本课题的研究成果主要涉及两个方面：一方面是以样本高校为依托，探讨实际的发展情况和实际效果；另一方面是在深入调查分析的基础上，结合已有理论，探讨全程实践教学的实施现状及其发展战略，完善实践教学的管理体制和运行机制。研究的创新点主要体现在第二个方面的研究成果上。

第一，尝试打破将全程实践教学定位于一门或几门具体课程的认识，逐步建立全程性的、系统性的全程实践教学观念。全程实践教学应该是“四年一贯制”进行实践教学的一种理念，是实践育人理念在现实中的具体体现。以此理念为基础，在实践层面的应用，主要表现为无论在课堂内还是课堂外，均应该渗透实践育人的精神，尤其是在课堂内更应如此。因此，以实践问题为依托，鼓励学生以团队合作的方式展开具体地分析问题、解决问题的学习过程，就是全程实践教学理念对现实的具体影响。在实践中表现为以解决问题为核心的各种形式的课堂教学改革，例如研究性教学改革、案例教学改革等。

第二，尝试建立起一个适合高师院校开展全程实践教学的基本模式。该模式的理论基础是杜威的“教育即经验的改造”，核心目标是培养师范生的职业技能和实践、创新能力；主要内容是四个模块的课程体系，具体包括公民素质基础实践课、教师教育实践课程、专业实践课程和社会实践课程；管理机制应该是以教务系统牵头、各部门综合参与的一种扁平化管理；评价体系则主要依托于过程性评价展开。该创新点在实践层面的应用情况是将尝试“纠偏”，即统一实践层面关于全程实践教学的模糊、混乱认识。在此基础上，应用全程实践教学理论具体指导高校展开全程实践教学活动。

第三节　全程实践教学的研究意义

一、理论意义

（一）有利于拓展实践教学的理论思路

学术界对“实践”给予了高度的重视，无论是我国伟大的教育家陶行知提出的“生活即教育”的观点，还是西方实用主义教育家杜威表明的实践对“经验知识"的重要作用，都为我们探究实践教学提供了理论依据。教育界关于实践教学的探索从未停止，不同学者对实践教学的概念给出过不同的阐释。

本研究将尝试统一实践层面关于全程实践教学的认识。实践教学是现代教育理念、教育模式、教育实践的统一。实践教学不是一门课程、一次活动、一种方法或途径，而是一个统一的体系结构，不仅包括更加重视实践教育的现代教育理念，还包括为贯彻实施这种理念而形成的各种教育方式方法和教育活动形式的总和。它已经成为高等学校人才培养体系的有机组成部分，在高校人才培养过程中起突出作用。正是在这个统一体系的整体作用下，传统的实践教学与理论教学的二元对立关系才被打破。实践育人不只是在理论教学之外特别设计课程内容的实验环节，不只是把学生带出课堂、带出校门组织社会实践活动，而是要在整个教学过程中突出教育的实践属性，促使学生在接受实践教育的过程中实现自主参与和自主教育，使学生不仅在课堂理论教育中接受现成的知识，还在动态的实践教育过程中实现自主发展。

（二）有利于完善全程实践教学理论体系

我国政策多次提出要深化实践育人理念，充分认识实践育人理念的重要时代价值，以提高人才培养质量为目标，以强化实践教学有关要求为重点，以创新实践育人方法和途径为基础，以加强实践育人基地建设为依托，增强实践育人的自觉性，积极调动整合校内外各方面资源，形成实践育人合力，着力构建长效机制，努力推动学院实践育人工作取得新成效、开创新局面，完善实践育人体系。

培养学生的实践创新能力是当前高校关注的焦点，地方师范院校同其他类型大学在逻辑结构上具有相似性，培养具有创新精神和实践能力的高级专门人才是高等教育的任务。本书尝试建立起一个适合高师院校开展全程实践教学的体系，如培养应用型创新人才的目标体系，承接实践教学课程的内容体系，管理机制应该是以教务系统牵头、各部门综合参与的一种扁平化管理，评价体系则主要依托于过程性评价展开。实践创新能力的培养有赖于扎实的实践活动，实践活动既能检验学生专业知识是否掌握牢固，又能促使学生在实践活动中去发现、探索、创新，促进理论知识与实践相结合，提高学生的实践创新能力，因此构建一套完善的实践教学体系势在必行，它不仅关系着学生专业知识的践行，还有利于提高学生的创新实践能力，影响着学生的择业就业能力。

（三）有利于丰富教师职前培养理论

全程实践教学旨在锻炼学生岗位所需的基本技能，帮助其顺利适应工作岗位，做一名合格的职业人。全程实践教学的开展使地方高师院校、地方政府和中小学校的联系更加紧密，形成"U-S-G 三方"联动共赢机制，从理论上指导高师院校师范生教育实践能力不足及中小学在职教师素质提升问题，实现高师教育与基础教育的无缝对接，更好地服务于基础教育改革与发展，丰富教师职前培养理论。

本书以杜威的"教育即经验的改造"为理论基础，尝试建立一个适合高师院校开展全程实践教学的基本模式，从理论上对高师教育与基础教育的衔接提出指导，培养师范生的职业技能和实践、创新能力。通过学习者亲自参与各种教育实践活动，在具体情境中摸索、感悟、积累，并与教师和同伴协商、对话、交流，从而获得成长。

二、实践意义

（一）有利于推进高校人才培养模式改革

《国家中长期教育改革和发展规划纲要（2010—2020 年）》，教育部等部门《关于进一步加强高校实践育人工作的若干意见》，2013 年《关于进一步加强实践育人工作的实施意见》提出要深化实践育人理念，充分认识实践育人理念的重要时代价值，以提高人才培养质量为目标，增强实践育人的自觉性，积极调动整合校内外各方面资源，形成实践育人合力，着力构建长效机制，努力推动学院实践育人工作，切实推进人才培养模式的改革。

随着时代的发展和市场需求的多样化，全程实践教学的理念得到众多师范院校的认可与实施，这不但是师范院校新型人才培养模式的内在需要，而且对学生岗前培养和岗后发展的衔接具有深远意义，更对当今学生的专业素质、实践创新能力的发展起着至关重要的作用。通过研究全程实践教学对支教生专业素质、实践能力以及定岗实习支教的成效，分析全程实践教学对学生发展的影响，进一步探讨如何改进全程实践教学的开展和后继发展，并提出切实可行的对策，这有利于提高学生的专业素质和实践能力，强化学生对全程实践教学的正确认识，提高学校实践课程和实践活动的配置比例，探索多样化的人才培养模式和改革途径，提高人才培养的质量。

（二）有利于提高学生的实践创新能力

著名教育家杜威曾说过，"生活和经验是教育的灵魂，离开生活和经验就没有教育。"① 一些著名大学如哈佛大学、斯坦福大学、麻省理工学院等都积极鼓励大学生参加课外实践活动，而且课外实践活动的开展已经十分成熟，值得我们借鉴和学习。我国也十分重视大学生课外实践活动。一些大学已经实行课外实践活动课程化、学分制，其中天津大学、中南大学、吉林大学等学校，把课外实践活动添加到必修的学分中去，把实践活动作为学校日常培养中的一部分。通过这种方式，引起学生的注意，鼓励学生积极参加课外实践活动。

培养学生的实践创新能力是当前高校关注的焦点，而地方师范院校承担着培养未来师资，服务地方基础教育的重要任务。实践创新能力的培养有赖于扎实的实践活动，从实施角度看，实践教学活动的类型呈现出多样化趋势，如技能训练、科技创新、生涯规划、志愿服务、实习见习、社会体验、创业教育；教学方式灵活多样，包括实验、情景模拟、课题研究、项目设计、角色尝试、实地考察等。因此，实践活动既能检验学生专业知识是否掌握牢固，又能促使学生在实践活动中去发现、探索和创新，促进理论知识与实践相融合，提高学生的实践创新能力。总之，研究多样化实践教学活动的开展具有重要的应用价值。

（三）有利于提高学生的就业竞争力

高等教育大众化特征日益凸显，社会的高速发展给每个人都提出更高的要求，迫切需要重新思考高等学校培养什么样的人才以及如何培养有竞争力、符合社会发展需要的人才，样本高校作为地方师范类院校，面临着巨大的竞争压力。我国大学生的就业问题仍然引人关注，2016 年召开的两会中袁贵仁也说到大学毕业生七百六十万人左右，比去年增加了十多万人，就业人数也在不断增加，大学生就业越来越难。究其原因，许多高等院校均表现出学生理论性知识学得很扎实，但实践能力很低，因此相当一部分大学生从高校毕业后走向工作岗位时竞争力薄弱。面对这种形势，大学生不仅要掌握书本上的知识，还要注重实践能力的提升。这就要求学校科学发展，调整人才培养目标，构建适应社会发展的人才培养体系，提高大学生各方面的能力。

随着全程实践的不断发展，学生在支教过程中存在的问题也引起了相关部门的高度重视。尤其是在实习支教这一实践教学环节，很多支教单位反映了支教学生入岗后不能尽快地进行角色转变，支教适应期长等问题，这也正是学生将来就业中面临的一些问题。全程实践教学是高等师范院校人才培养的重要组成部分，

① ［美］约翰·杜威. 我的教育信条：杜威论教育[M]. 彭正梅，译. 上海：上海人民出版社，2013：27.

对学生综合运用所学知识和技能解决实际问题，提升教育教学能力具有促进作用。学生通过参加四年的全程实践教学，有助于其在毕业时更快地适应教师这个职业，完成学生角色向教师角色的转变。学生通过参加实践活动，可以丰富自己的知识、验证课本知识、发展人际关系、锻炼社交能力。大部分高等院校已为提升大学生的实践能力而开设实践课程，对样本高校来说，在校大学生大部分是师范类学生，学校开设了扶贫顶岗实习支教这类实践课程，可以提升大学生的就业竞争力。因此，大学作为国家培养高级人才的场所，为更好地锻炼大学生的各种能力，使之成为社会所需要的人才，必须积极开展课外实践活动来提高学生的专业素质和实践能力。

第二章　全程实践教学的概述

　　随着实践教学理念的深入执行，地方高师院校在不断探索区别于传统课程的新模式，很多高师院校改变课程内容比例，灵活处理教材内容，采用案例教学、研究性教学等方式激发学生的学习兴趣，将课程内容生活化，引导学生联系生活情境进行理解，同时多样化设计课程考核方式和考核比例，全面锻炼并考查学生的综合素质和能力。在课程改革中，正确处理好理论学习和实践训练的关系，不仅是课时比例，还有课程内容，不能出现"一边倒"现象，强调师范生的教育实践和实践性知识，选择恰当的理论学习。与此同时，我们应该清醒地看到，面向师范生的理论教学中的理论，不应是培养理论研究者的理论，而应该是那些来自实践并能指导实践的理论，是一定的理论指导与教育实践相互观照之下的理论再创造。这就决定了职前教师教育理论课程的教学，不是原理性理论知识的简单搬运和移植，而是把"实践"始终置于核心价值地位的理论教学。①

第一节　实践教学的内涵

一、实践教学的界定

　　学术界对"实践"给予了高度的重视，不论是我国伟大的教育家陶行知提出的"生活即教育"的观点，还是西方实用主义教育家杜威表明的实践对"经验知识"的重要作用，都为我们探究实践教学提供了依据。西方学者兰伯特指出在美国教师教育领域中，对"实践"存在四种不同的理解：①与理论相对的实践；②

---

① 李建军.从教育实践意蕴的转型看教师教育课程的改革[J].江苏教育研究,2011(10):13—17.

由整个课堂教学分解而成的实践单元；③作为"练习"的实践；④作为教学作业的实践。[①]还有一批知名教学研究者提出"高能实践"的教师教育理念，意在以"内在于教学"的立场确定教师教育所应聚焦的基本内容单元，从而合理地组织活动，为教师提供最有效的培训课程。实践课程应该为教师提供怎样的具体内容，一般的看法是为教师提供实地观察、亲身体验和探究反思的机会，这与我国《教师教育课程标准（试行）》中"教育实践与体验"部分的观点是一致的。实践通常被定义为人们改造社会和自然的有意识的活动，人在实践中"创造、生产人的社会关系"。实践活动是客观的物质活动，也是人的本质力量对象化的活动[②]。西方哲学中的实践概念以亚里士多德为代表，他的实践范畴构成了一个意义系列。在他看来，实践包括一般意义上的运动，以及生物的生命过程；后者又包括生物的生命功能和人的生存活动过程；人的生存实践又包括实践的理论和实践的活动。[③]

教育界关于实践教学的探索也从未停止，不同学者对实践教学的概念给出过不同的阐释。有些学者将实践教学理解为一种教学方法或形式，如张晋（2009年）指出："实践教学是指在实验室或生产现场，在教师的指导下，以学生自我学习、实际动手操作为主，从而提高其综合实践能力的一种教学形式。"[④]有些学者将实践教学理解为教学活动中一个重要的教学环节，主要包括实习、做实验、实践调研、毕业设计等内容，整个教学环节中学生在教师的指导下，以实际动手操作训练为主，以培养学生的动手能力、实践能力为目标。在中国教育百科全书中，张念宏（1990年）提出："实践教学是根据高等学校的培养目标，按照教学计划的要求，所进行的参观、实习、习题课、讨论课、设计等教学环节"；赵明刚（2011年）在美国高校的实践教学模式一文中提及："直接将其作为一个完整的教学活动，认为实践教学是指在教学计划内，以培养学生的创新精神和能力为主而独立设置的，以学生活动为主、教师辅导为辅的教学活动或是学生在教师指导下以实际操作为主，获得感性知识和基本技能，提高综合素质的一系列教学活动的组合"；蔡则祥、刘海燕（2007年）在论实践教学理论基础一文中则将其理解为一种教学理念，认为实践教学是以人为本，以学生为主体，以教师为主导的新教育观，以提高学生的三个能力（实践能力、设计能力、创新意识与创新能力），培养学生的一个

① Lampert, M. Learning Teaching in, from, and for Practice: What do We Mean? [J]. Journal of Teacher Education, 2010, 61(1-2): 21-34.

② 董武清. 关于实践的本质及其深层含义 [J]. 教学与研究, 1993（3）: 22-26.

③ 亚里士多德. 尼各马可伦理学 [M]. 廖申白, 译. 北京: 商务印书馆, 2003: 3.

④ 张晋. 高职实践教学的内涵及其特征 [J]. 继续教育研究, 2009(9): 115.

素质（综合素质）为根本宗旨，以能力培养为核心的教学理念。①

综上所述，实践教学是高校教学手段的重要形式，是培养大学生创新能力的重要渠道，对形成大学生的创新思维和动手能力具有重要作用。实践教学既不是单一的教学环节又不是教条的教学理念，而是理念与环节相结合的完整教学活动。实践教学以培养学生实践能力、应用能力、创新能力等综合素质为目标，强调学习者对理论知识的实际操作应用和亲身体验，以获取操作技能、直接经验等缄默性、实践性知识为主；同理论教学一样具有培养目标、教学目的、教学内容、教学手段、教学评价等教学环节；它不仅强调学生的"硬实践"，即动手能力、操作能力的培养，还强调理论知识的运用、心智技能的形成及实践经验的积累等"软实践"能力的培养，强调学生"思维"的训练，分析问题、解决问题等综合应用能力的培养和训练。在综合分析相关研究的基础上，结合实践教学的本质特点，本书认为实践教学是在一定的理论指导下，以学生为主体，结合具体培养目标，依照工学结合的培养理念，将实际动手操作和思维能力训练贯穿于校内校外整个教学环节，通过引导学生的实践活动，提高其动手操作能力，增强其心智技能的教学活动。

二、实践教学相关研究阐述

（一）关于实践教学范畴的研究

"实践教学是在一定理论指导下，通过引导学习者的实践活动，从而传承实践知识，形成技能，发展实践能力，提高综合素质的教学活动。"（张英彦，2006年）与理论教学不同，实践教学旨在通过更为丰富多样的活动形式，充分调动学生的主动性与积极性，提升学生的创新精神与实践能力。这就使实践教学的活动空间包括课堂、课外、校外多个场景，涉及专业知识、专业技能与专业品质多个目标，也决定了大学实践教学多样性的特征。②

有些学者从实践教学目标特色角度对其进行定义，如李文芹等人（2007年）认为，"实践教学就是在一定理论指导下，通过引导学习者的实践活动，传承实践知识，形成实践技能，发展实践能力，提高综合素质的教学活动，其真正内涵就是培养学生的实践动手能力、科研能力、适应力和创新能力。"洛阳师范学院梁晓

---

① 蔡则祥，刘海燕.实践教学理论研究的几个角度 [J]. 中国大学教学，2007(3): 79-80.

② 周文叶，崔允漷.何为教师之专业：教师专业标准比较的视角 [J]. 全球教育展望，2012（04）: 31-37.

丽（2015年）在研究教育硕士的基础上，指出"实践"不等同于"教学技能训练＋见习＋实习"的实践教学安排。全程实践中的"实践"，既包含教师和研究生到实践基地进行实践，又包含研究生作为个体在课程教学环节。在教师指导下进行的自主实践。从横向维度上分析，"实践"内容不仅包括教学技能，还包括教学目标与教学内容、教学方法等要素以及"实践"资源整合，集成跨领域、跨地域、跨行业的各类培养资源。

（二）对实践教学理论的探索

时伟对高师院校实践教学生成与运行机制进行了专门研究，他指出高师院校实践教学起源于17世纪末英国师范教育，到20世纪中后期进一步延长了教育实习的时间，强化职业技能训练，突出校外实践，增加社会实践，随后逐渐发展完善。现在高师院校实践教学以学科专业为平台，形成了以课程实践教学为主体，专业实践教学和社会实践教学为两翼的"一体两翼"逻辑实践体系，但是现有实践教学体系依然存在政府、社会、高校三方职能分离严重、实践教学实施缺乏理论关照、实践与理论构想相差甚远的问题，未来应该在转换实践教学概念、搭建实践教学平台、创新实践教学机制等方面做出努力。

还有学者认为教师职前实践教学应该从实践与理论二元对立的取向转换到"实践中之理论"的取向。（杨燕燕，2012年）也有研究指出关于实践教学理论研究的匮乏是制约实践教学有效开展的重要原因之一，呼吁加强实践教学的理论研究，并提出探寻理论的"整体性、分层分类、比较研究"三个新视角。

（三）关于实践教学内容的研究

实践课程内容的探索最早可追溯到人们对教师实践能力的相关研究，这些研究将教师的教学实践分解为众多的行为加以罗列。以休斯顿（Houston）和豪森曼（Howsam）在1970年所归纳的"教师能力"为例，其中就列举了数百项教师需要掌握的"行为"，如"给出表扬""提问"和"等待回答"等，这些实践行为虽然具体，但却庞杂烦琐，没有主次和层级之分，对如何在有限的时间给予教师最有效的帮助并没有给出让人满意的答案。着眼于教师教育条件的现实，对高能实践进行奠基性研究的学者是兰伯特（Lampert）。她于2001年出版的《问题教学与教学的问题》一书被认为是最早对数学教学中的高能实践（或核心实践）进行探索的研究成果——虽然她本人并未直接提出这一概念。[①] 高能实践这一概念于2007

---

① 杨兰，杨帆. 高能实践与教师教育实践课程的探索 [J]. 全球教育展望，2012(6)：32—38.

年由加州大学洛杉矶分校的弗兰克和奇恩（Franke&Chan）以及密歇根大学的鲍尔（Ball）等人明确提出，弗兰克等将高能实践理解为"那些对于发展学生的数学能力具有核心意义的数学教学的各个环节"。这一定义突出了高能实践的两个重要特征：首先是这种实践是作为整体存在的课堂实践的一些片段或切面，它们作为教学中最重要的要素被抽出来，成为教师教育的重点内容。其次，他们将高能实践作为具有"生成性"的实践模块，即这些实践单元的数量虽然是有限的，但它们却是为教师提供大量的学习机会和之后不断成长的动力。这一主张很快受到欢迎，继而在学科教师教育中进一步发展，其中斯坦福大学格罗斯曼（Grossman）在此基础上提出的"核心实践"（core practice）较有影响力，后又引入到英语教师教育中。鲍尔也将高能实践定义为"最可能让新手教师胜任基础的专业工作，却不太可能从他们自己的经验中习得的实践"。高能实践的内容体系可以分为四个层次：教学领域、教学实践、教学策略和教学技术。围绕高能实践而展开的教师教育过程需要的教学法称为"施行的教学法"（pedagogy of enactment），其流程大致为观察—集体分析—准备、练习与反馈—根据教与学的录像实施高能实践—集体分析—进入下一轮流程。[1] 我国学者关于教师教育实践课程具体内容的研究也产生了不少重要的成果，其中包含三种典型的观点：第一种是将"实践性知识"视为实践课程的基础。他们所强调的"实践性知识"是一种将教师的认识、行动、表征形式、媒介和环境等以"打包"的形式加以呈现的整体，因此，研究者不太在意这一整体应算作是"知识"还是"实践"。第二种观点将"课例"作为实践课程的基础。基于"听、说、评课"的传统，进行同课异构，强调研究的过程。第三种观点将"研究性变革实践"作为实践课程的基础。同样强调"以研究促实践"。它的基本单位不是"课例"，而是更加抽象的"互动生成"（其下又分为"资源生成""过程生成"和"拓展生成"等次级单位）。这是一种有着明显学者理论倾向的实践观点。

（四）对于专业的教师实践之理解

舍恩把专业实践分成两大层次，一是属于"高硬之地"的层次，这里的情境和目标都是清晰的，实践者能有效地运用科学理论和技术去解决问题；另一是"低湿之地"，充满着"复杂性、模糊性、不稳定性、独特性和价值冲突"，是实践的"不确定地带"。处于这一地带中的问题，书本的知识、技术的手段都是无力解决的，所要借助的只能是"行动中的知识"。舍恩1983年在纽约时报发表

---

[1] 杨兰，杨帆. 高能实践与教师教育实践课程的探索 [J]. 全球教育展望，2012(6)：32—38.

The Reflective Practitioner：*How Professinals Think in Action* 一文，认为包括教师教育在内的所有现代专业教育中存在的严重问题，就是对实践的"不确定地带"的忽略和轻视，没有给"艺术性"留下空间。舍恩在《反思性实践家——专家如何思考实践过程》（1983 年）一书中，区分了两种实践："技术性实践"和"反思性实践"，指出"技术性实践"是以任何情况下有效的科学技术原理为基础的，而"反思性实践"则是"调动经验所赋予的默然的心智考查问题，在同情境进行对话中展开反省性思维，致力于复杂情境中产生的复杂问题的解决"。他通过研究得出"'活动过程的反思'是实践性思维的本质特征"的结论，并且提出了专业实践面临的范式转换，即在实践性认识中，理论不是从外部控制实践过程的基础，而是作为实践主题的思考与行为的框架，在活动过程内部发挥作用，这个过程是"理论的实践化"向"实践中的理论"的转换过程。① 正因为此，舍恩认为"专业"的教师，并不是指在教学过程中熟练地运用教育学、心理学已经阐明了的原理与技术的"技术熟练者"，而是直面"教学"这一问题情境，运用来自经验的知识来反思教学实践，从而创造性地开展教学的"反思性实践家"。②

　　总体上，我国各类高校人才培养方案中均设计有一定比例的实践教学环节，但缺乏系统性研究和科学性指导，实践方案与培养应用型、复合型人才目标有较大的距离。从研究所涉及的层面上分析，既包括对实践教学的模式建构、体系生成、路径探索、质量监控、创新人才培养等较宏观层面的研究，又包括大量针对某一项实践项目的具体分析，比如"三位一体"的顶岗实习、置换培训模式、案例教学、第二课堂、课外实践等。此外，关于国外实践教学的探讨也有一部分，例如，对比美国通才教育模式下的实践教学与德国专才教育模式下的实践教学认为，其共同点是结合本国发展实际重视实践教育环节。借此提出重视实践教学环节和开展"产、学、研"合作的重要性。

---

① ［日］佐藤学 . 课程与教师 [M]. 钟启泉，译 . 北京：教育科学出版社，2003：218.
② 钟启泉 . 教育的挑战 [M]. 上海：华东师范大学出版社，2008：218.

第二节　全程实践教学的阐释

一、全程实践教学的界定

实践教学和全程实践教学是近年来高等教育教学改革不断深化过程中频繁使用的概念。最初的提法是"实践性教学环节"，后来进一步简化为"实践教学"。近年来探讨实践教学的整体优化、强化实践教学环节的内在联系与有机整合，强化实践教学环节与理论教学环节内在联系与有机整合，实现实践教学系统的整体功能，进一步提出了"实践教学体系"的概念。在实际的应用中，尽管目前"实践教学环节""实践教学""全程实践教学""实践教学体系"等概念仍然没有被严格区分，但是从概念的逐渐分化中可以看出，对实践教学的研究逐渐向整体、系统的角度延伸。实践教学并非理论教学的辅助教学方式，而是逐渐被视为与理论教学同等地位的，各个环节相互影响、相互渗透、相互联系的有机整体。[①]

全程实践教学有广义和狭义之分。广义上指贯穿于整个人一生每个阶段的教学和实践；从狭义来讲，全程实践教学就是为培养符合市场需求的优秀师范生，根据学生的发展特点制订培养方案，贯穿大学四年中各个阶段的教学和实践活动，通常指大学生在课内外、校内以及合作单位（中小学、幼儿园）进行有计划、有目的、有组织、有指导的实践锻炼活动。全程实践教学培养模式的核心理念是"理论与实践相融合、实践育人"。从广义层面讲，"理"即学校教学理论，"实"即社会实践活动。理论与实践相融合也即学校和社会相结合，具有全程化、多场所、多样化、"双导师"的培养体系特点。"实践育人"则践行"学习知识和技能"与"修炼品德和能力"互相促进紧密融合。[②] 徐金寿（2011年）在《全程式实践模式下开放式实训体系的建构》一文中提到有些学者从"工学结合，合作育人"角度对全程实践教学进行定义，认为全程实践教学就是在充分理解"学生"的基础上，强调教学的实用性、开放性和职业性，重视在实验、实训、实习情境中构建知识与行动之间的联结，使学生在校期间就能够积极完成"预备职业人"向"职

---

① 蔡则祥，刘海燕. 实践教学理论研究的几个视角 [J]. 中国大学教学，2007(3): 79-80.

② 史晓红. 教师教育背景下体育教育专业全程实践教学的研究 [J]. 湖北体育科技，20114
(2): 167.

业人"转变的过程。① 全程实践教学模式是一种旨在培养基础教育领域应用型人才，与社会基础教育合作，立足于实践，重视实践能力培养的教学模式。因此，全程实践教学模式需要与当地教育管理部门和教育教学机构紧密合作，打造研究生实践教学合作平台，为基础教育改革提供实验实习基地完善实践教学管理体制和运行机制。学校要成立专门的研究生实践教学工作领导小组，负责实践教学具体实施和考核评价，使课堂教学、教育见习、基本技能训练、教育实习、教育调研或专题报告五个环节相互嵌入，相互渗透，改进高校人才培养模式，提高学生实践能力，为基础教育提供合格人才，实现"基地圈"效益最大化。②

全程实践教学应该包括大学期间的所有实践教学环节，具体可以有案例教学、情景模拟、教育实习、毕业论文（设计）、社团活动等，是课内与课外的结合，也是校内与校外的结合，更是专业知识和基础知识的整合。全程实践教学如果仅仅作为一门独立、具体的课程建构课程体系，难以实现大学四年间全部实践教学环节的有效衔接。因此，本书研究全程实践教学具有全程性、实践性、多样性和整合性的特点，要将全程实践教学看成贯穿大学四年的、系统化的、与专业成长直接相关的一种实践课程群或者实践课程体系。全程实践教学在时间上最突出和最首要的特点就是全程性，与传统教育教学的差别就在于实践教学贯穿学生从入学到毕业的四年八个学期的全过程；在实践性上相对于传统教学注重理论知识学习，全程实践教学注重在实践的基础上验证理论知识的可行性并将理论知识内化；实践教学实施的方式、方法和组织方式是多种多样的，包括课堂内的研究性教学和案例教学等的探索、模拟讲课、课外活动、见习、实习和毕业论文等。学生实践能力的培养不是一蹴而就的，需要将各方面因素统筹起来构建成一个系统工程。全程实践教学将校内外各种资源进行多方面有机组合，让学生在全程实践教学中实现实践创新能力的提高。

我们普遍赞同实践教学旨在培养学生适应社会的能力，促进学校理论知识向实践性知识以及实践行为的转化，强调教学的实用性。然而，实践教学不是一门课程、一次活动、一种方法或途径，而是一个统一的体系结构，不仅包括实践育人的现代教育理念，也包括实施这种理念而形成的各种教育方式方法和教育活动形式的总和。实践教学已经成为高等学校人才培养体系的有机组成部分，在高校人才培养的过程中起着突出作用。正是在这个统一体系的作用下，传统的实践教

---

① 梁周全. 专科层次学前教育专业全程实践教学的模式建构 [J]. 学前教育研究，2011（5）：31.

② 梁晓丽. "全程实践培养模式"的探索与思考——以洛阳师范学院全日制教育硕士为例 [J]. 洛阳师范学院学报，2015（6）：123-126.

学与理论教学的二元对立关系被打破。实践教学不仅仅是在理论教学之外特别设计课程内容的实验环节，也不仅仅是把学生带出课堂、带出校门组织社会实践活动，而是要在整个教学过程中突出教育的实践属性，促使学生在接受实践教育的过程中实现自主参与和自主教育，使学生不仅在课堂理论教育中接受现成的知识，也在动态的实践教育过程中实现自主发展。因此，在这层意义上全程实践教学与实践教学模式、实践教学探讨的范围是一致的。

二、全程实践教学模式阐释

全程实践教学是各高校培养学生创新能力、创业能力和综合实践能力的关键环节，在人才培养中起着至关重要的作用。随着社会对人才的知识结构、能力和素质要求的不断提高，全程实践的地位和作用越来越突出。尽管"全程实践教学"这一术语已在一些文献中使用，但不同学者对这一术语的理解仍有不同。例如，赵燕（2014年）认为，所谓"全程实践"是指专业发展全程中所有实践环节做一个整体系统定位，统筹安排，即在整个课程教学活动中将理论教学和实践教学充分融合，依托课程知识的教学进行实践能力的培养和训练。徐金寿（2011年）指出，大量的教育研究证明，实践性知识不能以形式化的方法进行传播，只能由受教育者本人在特定的实践中体验和建构。郭会宁、边国栋（2015年）认为，全程实践教学有利于学生缩短职业模糊期，更快地确定专业意向，增强专业实践能力，还有助于培养专业精神，为今后顺利上岗做好准备，消除学生对社会过于乐观或过于悲观的心态，为学生平稳进入社会架起一座桥梁。但在实施过程中又存在一些问题，例如，实践形式单一；实践时间短，内容简化；实践活动缺少连续性，操作能力得不到加强；教学方法呆板；指导力不足，组织管理松散等问题。

（一）高师院校与中小学合作育人的实践教学模式

1.U-S共生性合作关系的全程实践教学模式

全程实践教学模式最终目的是锻炼学生岗位所需的基本技能，在实践中形成实践性个人知识，帮助其顺利适应工作岗位，做一名合格的职业人。对一个职业的喜爱很大程度上反映在职业指标认同上，但是学生对职业认同程度却不容乐观，这就为全程实践教学提出新方向和突破口。新乡学院郭晓薇（2014年）从提高学生职业认同感，改善合作双方关系的角度提出了U-S共生性合作关系的全程实践教学模式。模式中U-S共生性合作关系打破了传统U-S模式（中小学作为练兵场，高校作为权威掌控绝对话语权，合作缺乏深度）的实质性状态。指出要打破中小学失语状态。共生性合作关系是一种平等的协商性资源交换，是教育理论转换成教学临床经验的有效途径。在该关系中高校与中小学紧密联系，理论主体与实践主体密切配合，高校教师理论植根于中小学实践，在实践中验证理论；同时在课堂教学中可以把中小学实际案例作为理论解说，帮助学生消化所学理论，消除对中小学一线教学陌生的状况；中小学在职教师能够充分体验吸收最新理论知识，创新变革自身实践教学。而教师教育学生可以深入中小学了解一线工作具体流程和操作，形成自己的实践性知识，提高自身职业认知。

U-S 共生性合作关系的全程实践教学模式从建立心理契约角度出发，让师范生尽早进入教学一线参与教学实践，并全程、定期地参加教师职业活动，帮助其与学校进行直接交流与沟通，促使双方在心理上达成认同，形成一种有关权利与义务的隐形心理约定，形成心理契约。基于现实基础规范师范生职业期望，提高师范生对教师职业角色认知。例如，大一开始可以进行定位教育，使之了解教师职业，适应师范生活，对自身职业有一个准确定位，形成合理的职业期望和理念，坚定理念型心理契约的稳定性；大二、大三期间对学生进行定向教育，通过贯彻全程教育见习和实习、亲身参与课堂教学进行观察及灵活机动、形式多样实践任务让学生逐渐由观察性实践过渡到操作性实践，在一线学以致用教学实际中端正教师职业态度，养成较高的职业素养，推动职业认同的形成和巩固；在大四阶段主要针对学生毕业就业情况进行定向教育，帮助学生在毕业、择业、就业过程中坚守教师职业志向，克服挫折，清晰认识自我价值，增强自我效能感，以足够的信心和勇气面对教师职业，不为外界因素所动摇。U-S 共生性合作关系的全程实践教学模式使学生可以从低年级开始接触教师行业，亲自体验教师角色、全面了解学生身心特征和教学实际，深入了解教师职业实质，形成稳定的职业情感和职业素质，合理调整职业期望，最终建立职业意志，获得高度职业认同感，这对于高校、学生、基础教育单位才是真正多赢。①

2. 职前职后三位一体的教师教育实践教学模式

广西师范学院吴靖认为，教师教育实践教学存在各环节缺乏联系、理论与实践脱节、实践教学内部各活动之间各自为战的问题。实践教学时间短，教育见习安排在大三，为期 1 周；实习集中安排在第七学期，为期 7～8 周。蜻蜓点水式实践方式难以让学生积累充足的实践经验，难以实现理论知识转化。实践教学指

① 郭晓薇. U-S 共生性合作关系的全程实践教学模式对师范生职业认同的影响 [J]. 湖南第一师范学院学报，2014（2）：53-55.

导不力。实践基地缺乏等都督促教师教育实践模式进行革新。吴靖指出,"教师教育实践教学要依据教师教育一体化,以教师教育系统性、教师专业发展、国际教师教育实践教学改革趋势为依据,坚持教师教育连续性和教师学习提高的终身化,对教师教育实践模式进行探索。"高师院校的职前教师教育培养不是教师教育的终点,而是起点和基础。地方高师院校是地方基础教育师资职前培养和终身教育的基地,既要关注如何帮助职前教师深入实践、提高自身教学技能和增长实践性知识,尽快适应教师职业,又要关注在职教师如何实现专业成长,提升自身专业化水平。教师教育的内容具有系统性,它包含教师的知识、态度、行为、技能等方面,因此教师教育课程一方面要求学生掌握教育学、心理学等基础课程知识,另一方面又要有"三笔一话"、绘画、人际沟通、管理等方面技能。教师教育课程不仅注重学生专业知识和专业技能的增长,还要关注学生专业情谊和专业认同感。教师教育是一个包括课堂教学、教学研究与教学实践等多个环节的系统工程,这决定了传统的"以学院为基地"进行教师人才培养的模式是行不通的。教师教育实践教学必须与地方中小学、幼儿园基础教育合作,与地方中小学建立联动伙伴关系,帮助学生提高"利用理论知识指导实践"的能力,并能够理解教育情境、针对不同情境做出合理判断和决策,实现角色转变。国外许多国家教师教育模式也逐步走向实践主义,正在建构一种实践指向的现实主义教育学,例如,美国的职业发展学校模式(Professional Development School,简称PDS),英国以学校为本的教师教育模式,俄罗斯从大学一年级开始并持续到大三的教育实习,法国同样延长实习学时、将教育实习提前等。不同国家的不同举措都充分体现了世界各国对教师教育实践环节的重视。延长实践教学、加强职前教师实践能力和实践性知识锻炼与培养已成为世界各国教师教育改革发展的趋势。

教师教育实践教学体系首先要坚持教师学生能力取向。广西师范学院以职前教师传统能力为基础,结合现代教育技术能力、心理健康教育能力和教育科研能力形成新时代教师教育培养目标能力平台,建构了包含基础实践、教师职业技能训练、教育实践和创新教育实践4个教学模块的"平台+模块"教师教育实践教学体系,形成了三位一体实践教学新模式。

具体而言,在与中小学合作方面,建立地方高师院校与城区中小学、农村中小学三方联动机制,在互相尊重、能力所及的范围内实现中小学与高校教师合作培养教师教育专业人才,签订"基地共建协议",在教师教育专业学科建设、教学管理、学术研究方面深入交流达成合作,施行双导师制。

实际教学和培养方面,实施四年不断线的教师职业技能培养计划、"三年一贯制"的教育见习制度和"二次置换"的教育实习模式。在具体实施过程中以四年为整体，进行四年连贯的有基础有重点的课程学习和实践锻炼。例如，在校 1~2 年主要学习"老三手"和"新三手"技能：大一开设口语课、粉笔字、教师书写技能课程，大二开设新时代教师所需的心理健康教育、教学应用文写作等。大三的技能训练主要集中在学科教学和教学活动设计、实施、评价和课件制作等方面，还有初级班级管理、人际沟通与交流等，在大三开设各类学科教学法、班主任工作技能、现代信息技术与教育等课程。大四主要锻炼学生丰富实践经验，开设研究方法、论文写作指导等相关课程。广西师范学院分阶段、有重点地开设课程，有效地锻炼了教师所需的各项理论知识和实践操作技能，为师范生深入一线和入职岗位做充足准备。

在教育见习方面，广西师范学院采取置换脱产、二次置换的"认识—实践—再认识—再实践—能力提升"的独特实习、见习思路。教育见习从第以学期开始，采用集中见习和分散见习相结合的方式进行，每个阶段有不同的见习目标，一直持续到大三见习结束。例如，第二、第三学期，学生第一次见习，接触到教师一线工作和生活。这一时期任务主要是观摩课程教学，参观、走访学校基础设施和基本构建，对基础教育有直观形象的了解。第四、第五学期就要担任相应职务，如中小学班级小助手，结合课内教学法和各类学科教学知识在高校教师和中小学教师指导下尝试备课、写教案、组织班主任工作等。"三年一贯制"的教育见习制度由浅入深让学生地了解教师这一职业，为教育实习做充足准备。教育实习在第六学期开始。与一般学校教育实习不同，广西师范学院教育实习结合当地国培项目，探索出了"二次置换"教育实习新模式。在第六学期师范生到当地城区中小学进行 4 周的课程教学和班主任工作等内容的跟班实习，接受城区优秀中小学教师的现场指导。第七学期实行"顶岗实习"，师范生到当地农村地区置换出当地教师参加高校国培项目，师范生可以深入农村基础教育一线，独当一面，充分锻炼学生所学知识和实践能力，也为农村教师职业成长提供了机会，促进了农村教师专业成长，创设了地方高师院校、城区中小学、农村中小学三方合作互利、职前职后"三位一体"的实践教学新模式。为保证教师教育职前职后"三位一体"实践教学模式顺利实施，当地教育行政部门、高等院校、城区中小学和农村中小学建立互动合作机制，构建了四元一体平台，通过平等对话竭尽自身所能解决场地、设备、资金等需求，保证了"三位一体"实践教学模式顺利可持续开展。[①]

3. 三位一体（CTP）实践教学模式

湖北师范大学黄娅等人对湖北地区服务地方师范院校、引领基础教育三位一

① 吴靖 . 地方高师院校教师教育实践教学改革探析 [J]. 前沿，2012，9（20）：186-188.

体模式进行述评。三位一体模式又称CTP模式，是指地方高师院校以合作项目或横向委托项目为依托，对中小学校和教师进行专业引领与服务，融学校文化设计、教学有效性提升和教师专业发展指导三个核心任务为一体的服务与引领模式。该模式的实质是通过高师院校的专家团队深入中小学，遵循"为了合作学校""源自合作学校"和"用到合作学校"的服务理念，与中小学合作组建研究共同体，建立起高等教育与基础教育、教育理论工作者和实践工作者之间有效协同合作桥梁。CTP有一个鲜明的特点就是实践性。该模式中高师院校理论工作者必须深入中小学一线，从实践中寻找真问题进行探讨，以理论指导实践，同时用实践反思高校各项工作中的课程体系不足等人才培养问题，了解学生实际情况，切实找到高校课程改革方向和意义，用新的教学和课程理念反推基础教育课程改革。总之，以基础教育一线实践为依托和着力点，不断优化高师院校教育教学，服务地方，促进基础教育发展和变革。CPT模式中高校教师不能只是居高临下对基础教育工作者侃侃而谈，或是单纯"坐而论道""书斋论道"，坐在主席台上搞改革，CPT模式合作必须是深入的、有实质性联系作用的。高校教师必须深入基础教育一线，体验听评课、诊断课堂教学、分析学生的课堂学习行为、构建特色课堂模式等一系列方式方法，并针对不同学校特色，提供不同指导策略，扎实、深入、有针对性、有效地为中小学课堂教学提供指导和帮助，提高高校教师科研、教学技能等，实现高校双师型教师培养。[①]

这种模式通过具有实践性、深入性、针对性、稳定性合作，可以让高校师生一起深入中小学，观摩、体验、参与各种活动，大大地增加了教育实践的机会，强化了教育实习的指导与过程监管。在日常教育实习过程中经常出现高校指导教师数量不够、精力投入不足的情况，学生实践中遇到问题得不到很好解决，甚至造成学生见习、实习流于形式现象。在CTP模式中高校组成专家团队在深入一线过程中可以直接对实习、见习学生进行跟踪和指导等一方面增加了高校教师技能知识、课堂案例的素材，另一方面及时解决了学生实践困惑，提高所培养学生的实践能力。

（二）教师教育全程实践教学模式

1."实践型"教师教育培养模式

广西师范大学教育科学学院杨丽萍提出要构建"为了基础教育、针对基础教

---

① 黄娅，田澜，邓李梅.地方高师院校服务和引领基础教育的"三位一体"模式 [J]. 高等工程教育研究 . 2015(6): 117-121.

育、在基础教育中"的"实践型"教师教育培养新模式，实现由师本向生本转型，将师范生培养成基础教育合格教师。具体做法如下。

第一至第四学期主要进行基础理论学习，夯实师范生理论根基；在教育学、心理学、学科教学论基础上增设基础教育课程改革、人际交往与教育、试卷编制与测评、教学设计、中小学教材分析等与基础教育教学联系紧密的应用性课程，利用案例教学、讨论法等多种教学方法帮助学生了解一线教学过程，消化理论知识，提高"应用理论解决实践问题"的能力。分阶段训练学生基本技能，教师教育实践性很大程度上体现在教师基本技能训练上。可以将原本一个学期基本技能训练延长为一学年，并采用理论与实践相结合、边讲边练习，应用互联网技术开发教学技能训练主业，采用线上线下相结合的方式训练学生基本技能。

在第五、第六学期主要在实践中强化教师技能训练；这一阶段的学生已经具备基本理论知识和基本教学技能，重点任务变为将理论知识与实践教学相结合，真正转化为实践能力。第五、第六学期教案设计、说课、试教、班级管理等专项训练必不可少。该阶段采用"一对一师徒带教"形式，通过教学设计、说课专项训练、试讲、班级管理工作专项训练、组织教师技能竞赛等方式提高学生实践能力。

第七学期进行实习。在实习过程中要注意教学技能训练、教学见习、教学实习之间的全程性、连贯性。从整体上连贯地规划实践课程，并整合课堂教学实习和教育调研、学生课外活动指导、学生思想教育与管理等实习内容。

第八学期教研结合，培养研究型教师。实践所得不能只停留在经验积累和表象上，还要积极思考并进行理论研究和提升，确保实践类课程学术内涵，这也是贯穿于整个教学各个阶段的任务。①

2. "互联网+"教学实践新模式

传统实践模式常常存在以理论教学为主，实践环节薄弱，双师型教师缺乏，理论与实践脱节，经费不足、实践教学条件差，教学模式单调等问题。在新时代下，将信息技术"互联网+"与高校教育相结合，对高校教学进行数字化改革，形成"互联网+"教学实践新模式。

在观念上要加强"互联网+"意识。教师应自觉地加强对"互联网+"信息技术的学习和实践，提高自己的信息化技能，并利用互联网加强实践操作知识学

① 杨丽萍."实践型"教师教育培养模式的建构[J]. 广西师范大学学报：哲学社会科学版，2013(1): 143-146.

习。学校更应该加强对双师型教学师资队伍的培养和建设，打造一支既具备专业技能知识，又熟练掌握互联网信息技术的"互联网＋实践"的教学教师队伍。在实践教学内容上应该摆脱传统的章节教学和教材体系，积极构建基于"互联网＋"的新型教学模块和现实体系，紧密联系社会实际，不断跟踪互联网大数据，从中汲取理论和技术应用前沿知识，及时增加一系列具有专业特色、有利于提高学生综合素质、促进学生个性发展的实践教学内容，确保实践教学内容的多元化。教学方法上可以将传统教师演示与学生模仿和现代慕课、微课堂、翻转课堂、云课堂相结合，超越时空限制，开发制作用于实践教学的新型课程等。教学条件上将老旧设备与"互联网＋云计算"技术结合，将旧机房改造成"云机房"，用少量的经费使旧设备焕发出新的生机；同时要构建"互联网＋实践教学"共享平台，与其他学校互通有无、取长补短，共享实践教学资源，弥补实践资源缺乏的短板。在具体实习基地上可以利用"互联网＋大数据"技术，开发数字化、开放式的远程实践教学教育资源，提供网络化教育服务，解决实践基地不足的问题，另一方面可以利用互联网机制建立"互联网＋实践基地"平台，由学生自主选择实践基地，实现学生与实践基地的直接对接，减少中间环节，提高实践资源利用效率。①

3. 六环节融入式全程实践教学模式

与学术硕士相比，我国教育硕士培养的是立足于教师职业的背景，且有鲜明的应用性，为基础教育培养下得去、留得住、高层次的教育教学及教育管理人才，尤其是全日制教育硕士。相对于从工作岗位上来的在职硕士，全日制教育硕士从本科直接升学，在实践教学经验、实践教学经历上要差很多，还不能将理论知识高效地转化为实践历练和指导。

鞍山师范学院探索出各环节相互交叉，将实践教学贯穿研究生培养全过程，并与理论教学密切联系，水乳交融，相互贯通，相互促进的包含"教育预习—教育见习—课程实践学习—教育演习—教育实习—教育研习"的全日制教育硕士"六环节融入式"全程实践教学模式。

教育预习：教育预习在研究生入学前进行，为期1周。教育预习是教育实践"热身"环节，主要为了增强学生对基础教育以及教师职业的感性认识。具体做法是学生以"准教师"身份自行到中小学、幼儿园初步体验和审视基础教育，切身感受基础教育教师的实际工作和生活，为即将开始的教育硕士学习生活做准备。在教育预习环节教师给学生布置了详细多样的任务保证该环节高质量完成。

---

① 郑亚娟."互联网＋"高职教育实践教学模式改革与探索[J].成人教育.2018(02):78-81.

教育见习：在研究生第一个学期，学校根据培养方案，将统一组织学生到当地幼儿园或中小学进行为期4周的教育见习，并安排理论导师和实践导师共同指导。在教育见习阶段研究生需要在相对集中的观摩、参与过程中加深对当前基础教育发展状况的了解，亲身感知体验基础教育教学、管理、流程，熟悉各种工作法规和守则，并和自己实践导师积极联系，协助所在学校或幼儿园日常管理工作，参与相关会议和教学研讨等。学生在见习结束后需要完成1份见习报告，不少于8份课堂观摩观察记录表、学前专业学生还要完成见习院所情况介绍、见习日志、教学实践活动与研究(包括教学活动观摩、游戏活动观摩、区域活动观摩、户外活动观摩、参与教育活动)并将表现和成绩计入学分。

课程实践学习：为了提高学生分析问题、解决问题的能力，在理论教学基础上设定了课程实践学习，主要内容为课程案例学习与分析、听取基础教育行家专题报告等校内专业技能实训和校外基础教育调研两大类。这些课程实践学习是在教师指导下穿插在理论学习过程中的教育实践活动，使学生理论学习与基础教育实践相融合，系统感知与接受实践教育相衔接，形成自身默会性知识，提高对未来工作岗位感知和实践操作能力。

教育演习：全日制教育硕士在实践和理论双导师指导下，进行模拟教学实践活动，主要通过微格教学和教学技能竞赛进行。微格教学是一种利用现代化教学技术手段培训师范生和在职教师教学技能的系统方法，通常安排在第二学期进行，主要训练学生的导入、讲授新课、提问、板书、列举、结束、多媒体教学、说课、评价等多种教学技能。微格教学不单单是在学校微格教室进行还可以在中小学、幼儿园实地进行，并有理论和实践双导师进行点评指导，在微格教学之后学校会进行各种相关技能大赛，增加了教学训练时效性。

教育实习：学生真正走进工作岗位对所学所练进行实地检验。教育实习有助于学生检验自己所学知识、积累教学经验，形成教育智慧，是由学生走向准职业人的关键。一般安排在第三学期，12周到一个学期不等，在实践过程中学生要全面参与所在学校或幼儿园教学、管理、研讨等活动，并积极转化自己角色。学生在教学实践中要主动进行课堂观察、听课评课、备课、教案设计、课例分析等，从事的管理活动主要包括班主任工作记录和计划、班级主题活动、学生个别辅导、学生团队活动等。在实习结束时完整填写实习手册、上交1个小时公开课视频，并在学校举行教学技能大赛。

教育研习：与本科生相比，教育硕士除了要有实践能力还需要有一定的科研能力，毕业论文是检验科研能力的重要指标。教育研习旨在培养学生发现问题、解决问题的意识，提高教育研究能力，顺利完成硕士学位论文的选题、开题、调查数据的收集及学位论文的写作任务。教育研习第一阶段在一年级第二学期,在双导师的指导和支持下,学生有效地开展调研、分析和研究工作,确定研究主题,完成学位论文选题设计;第二阶段在第三学期,结合论文选题和撰写要求展开调研,搜集数据,完成学位论文。

"六环节融入式"全程实践教学将理论教学、实践教学和学位论文撰写三大部分相互联系、彼此促进,重点训练教育硕士教学技能,提高其专业素养,缩短其职业适应期限,提高其职业适应能力,有助于学生将所学转换为实践性智慧,对其专业成长有很大的促进作用。当然该模式也有其不足和缺陷,例如工作随意、缺乏系统规划,对不同形式实践教学难以区分,使实践教学流于形式等,日后应该在突出功能、精心指导、与实践基地合作共赢方面做出努力。①

(三)职业教育为主全程实践教学模式探究

以职业教育为主,为培养生产、建设、服务和管理第一线需要的德智体美全面发展的高端技能型人才,高职高专院校结合全程实践教学思想提出了新型实践模式。例如,焦作高等师范专科院校为提高教师教育专业学生职业能力,遵循专业化结合全程实践教学理念,提出了在时间、空间、资源、课程体系全面融通整合,"教学做合一,智能行并融"的"1234"实践课程教学体系。其中,"1"是指一个直接指向教师职业能力的具体实践教学目标;"2"是指来自校内、校外技能训练指导的两支师资队伍;"3"是指校内实训基地、校外教育见习实习基地、学生社团活动平台三个实践教学平台;"4"是指包括见习实习指导方案、实训活动指导方案、毕业论文指导方案、专业成长指导方案在内的四项专业实践活动指导方案。其中,教学课程体系设计是"1234体系"的顶端,教师队伍是实践体系的保证,实践场和实践共同体是实践体系践行的平台,各项指导方案是实践体系的指南针。为了保证实践体系的完成,提出了"四·四"职业技能训练模式。"四.四"模式由"四要求"和"四结合"组成。四要求指职业技能训练力求实现训练内容具体化、具体目标实用化、质量检验标准化、训练时间全程化,对职业技能训练目标、标准、内容、时间做了详细规定;四结合指在具体操作上坚持做到课内训练和课外训练、自主训练和重点指导、单项训练和综合训练、创造氛围与技能比赛和展示四个结合。通过全程化严格细化实践训练使学生在步入工作岗位前就获得岗位所需的实践性知识和各项基础技能,培养专业能力、专业品格和专业精神,

---

① 杜秀娟,康婷."六环节融入式"全程实践教学的实践与反思[J].鞍山师范学院学报.2016(5):75 - 78.

为提高职业能力和促进专业化成长打下良好基础。[①]

（四）学前教育专业全程实践教学的模式

绍兴文理学院上虞分院以学前专业"幼儿园教育活动设计"课程为试验田，通过与校外品牌教育机构建立互利互惠的校外实训基地、强化"幼儿园教育活动设计"课内的教学实践训练及加强学生到幼儿园进行教育教学实践能力的锻炼等措施，构建了"自主·合作·实践"的全程实践教学的模式。幼儿园教育活动设计是高职学前教育基础课，兼具理论实践和时代性特点。在实际操作中，绍兴文理学院上虞分院打破"口耳相传"传统教学模式，激发学生自主性，以学生为主体，在课内实践方面通过撰写案例、说课训练、模拟教学方式掌握幼儿园五大领域教学活动基本要素和流程，为校外实践奠定基础。在实习、见习上，上虞分院采取集中组织实（见）习、假期回乡实（见）习、穿插回乡实（见）习、回乡顶岗实习等多种形式，使实践时间上全程贯穿、空间上全方位拓展。[②]

梁周全（2011年）针对现有专科层次学前教师要么人文素养厚实、理论知识系统，但从教学技能方面难以满足职业需求，要么教学基本功扎实，但缺乏教学智慧形成两极分化现象，结合现代教育心理学成果和自身院校实际提出了以职业能力培养为主线，以课程内的实践教学、专业技能培养体系、校内实践教学、校外实践教学四大模块为操作内容的，具有从单一走向综合、从简单到复杂特点的，致力于全方位提高学生的职业能力全程实践教学模式的新型教学模式。该模式要求所有专业课程教学的实践环节所占课时比例均应在50%以上，而且实践教学主体囊括了职前教师、在职教师和高校教师三大主体，形成多环节、多层次的"离就业最近的实践教学模式"样板之一。[③]

郑州高等幼儿师范专科学校王新兴在《专科层次学前教育专业全程化实践教学体系构建研究》中根据《教师教育课程标准》《幼儿园教师专业标准》形成包括幼儿教师基本技能、幼儿教师课程、实训实验知识、教育实习、毕业论文设计五大模块的全程实践操作体系。以操作为主的幼儿园教师基本技能模块包括弹、唱、跳、画等；理论与实践并重的幼儿教师课程模块包括学前教育学、学前科研方法和五大领域教学法；强调实训实验知识模块包括学前保育学、学前心理学、学前

---

① 高闰青.探索"全程"培养模式着力提升学生职业技能[J].中国高等教育.2013(19):50-51.

② 马静，袁玲俊.自主·合作·实践——《幼儿园教育活动设计》全程实践教学的探索[J].绍兴文理学院学报，2013(12):39-42.

③ 梁周全.专科层次学前教育专业全程实践教学的模式建构[J].2011(05):30-33.

卫生学等。另外还有教育实习模块、毕业论文设计模块。该体系中实践教学与理论教学相得益彰、相互配合，实践教学由集中转向日常渗透、紧扣未来幼儿园教师所必须的能力，通过实训、实习、实验综合沟通锻炼方式，增强专科学前学生实践能力。同时，在实践教学管理评价上注重团队建设和常规制度建立，使实践教学规范化。①

焦作高等师范专科院校为提高教师教育专业学生职业能力和专业化，结合全程实践教学理念提出了在时间、空间、资源、课程体系全面融通整合，"教学做合一，智能行并融"的"1234"实践课程教学体系等；湛江师范学院构建起"实践取向课程—参与体验课程—模拟体验课程—探究体验课程"等层次的职前教师教育实践课程体系。课程体系在具体操作和实施中主要采用基于课例研究的认知学徒模式。②

除了从学前教育整体专业角度进行全程实践探索外，学者还从学前教育具体某门专业课程进行全程实践探索。如赵燕结合全程实践理念对学前心理学进行改革和探索，针对传统学前心理学存在教学模式落后、教学目标单一、教材陈旧、实践教学缺乏、教学评价落后等问题，提出了教学模式多元化，改传统"教师、教材、课堂"三中心为以学生为中心，把学生当作课堂主体，实现由"教"向"学"，由"知识授受"向"问题解决"转变；坚持"育人为本、实践取向、终身学习"课程改革理念，使教育目标人性化，不仅关注学生知识增长，更要关注学生能力、情感、思想道德提升；在教学内容方面，教师首先要改变课程观念，积极整合校内外的最新科研成果，结合学生的生活实际，激发学生的学习兴趣等。总之，要利用全程实践理念对课程进行改革，使实践诸要素在时间上全程拓展、在空间上全程顺通、在内容上全面整合，将实践放在中心地位并与理论紧密结合，真正做到教学做合一，提高学生实践、品德等综合素质。③

（五）其他专业实践教学模式

方爱莲（2010年）在《体育教育专业"全程实践教学"培养模式的构建》一文中结合高校体育专业等提出，坚持"少而精、新而实、薄而通"的原则，增加

① 王新兴.专科层次学前教育专业全程化实践教学体系构建研究[J].教育探索，2013(5)：145-147.

② 刘晓玲，程可拉.多层次职前教师教育实践课程的建设[J].教育评论，2013(1)：48—50.

③ 赵燕.全程实践理念下地方本科院校学前心理学课程教学改革初探[J].兴义民族师范院学报.2014(2):68-71.

实践性、应用性、小型化、专题性课程，实现课程设置上文理渗透，创新与实践相关课程内容、优化课程内容教学顺序，为学生构建一个智力生态圈，从而提高学生综合素质，改变体育专业学生"头脑简单、四肢发达"刻板印象。[1]袁康、何明胜（2014年）在《土木工程专业全程实践教学体系探索》一文中提及石河子大学坚持"请进来、走出去"思想，结合土木工程专业提出了基于"强化工程素质"的全程实践教学体系，采用"双导师制""专题讨论""循环实习"提高实习成效，改革实习模式，为当地建设培养大批工程技术人才。侯翠平、乔亮国等人（2015年）在《实践教学体系构建与实施——以忻州师范学院会计学专业为例》一文中提出"四层次八模块"全程实践教学体系。该模式中"四层次"包含：①基础技能培养层次，通过计算机、管理沟通学、经济学实践训练学生基础技能和基本业务相关能力，通过军训、劳动训练养成吃苦耐劳的精神，为人处事的道理等；②专业技能培养层次，通过专业实验课、专业案例课、专业讲座及顶岗实习等实践活动培养学生陈述、处理会计业务，撰写工作总结和财务分析报告的能力；③创新能力培养层次，通过各类实验设计和社科竞赛、社会活动、毕业论文方式培养学生运用理论知识指导实践、解决问题的能力，提高学生的逻辑思维能力和对知识的综合贯通能力；④创业能力培养层次，通过创业教育培训、创业模拟实训、创业实践活动、创业计划竞赛各种创业实践激发学生创业意识和热情，提升学生创业运营和实施能力。[2]

随着实践教学理念的深入执行，地方高师院校在不断探索区别于传统课程的新模式。很多高师院校改变课程内容比例、灵活处理教材内容，采用案例教学、研究性教学等方式激发学生的学习兴趣，将课程内容生活化引导学生联系生活情境理解，同时采取多种设计课程考核方式和考核比例，全面锻炼并考查学生综合素质和能力。课程改革尤其要正确处理好理论学习和实践训练的关系，课时比例和课程内容的处理不能出现"一边倒"的现象，强调师范生的教育实践和实践性知识，选择恰当的理论学习。因此，我们应该建构"实践取向"的理论教学模式，注重引入教育理论研究的前沿成果，不断创新教师教育课程的内容，充实教师教育课程的内涵，强化教育专业理论的深度与广度。与此同时，我们应该清醒地看到，面向师范生的理论教学中的理论不是培养理论研究者的理论，而应该是那些

① 方爱莲等.体育教育专业"全程实践教学"培养模式的构建[J].北京体育大学学报,2010(1):80-84.

② 侯翠平,乔亮国,郭昌荣.实践教学体系构建与实施——以忻州师范学院会计学专业为例[J].会计师,2015(6):66-67.

来自实践并能指导实践的理论，是一定的理论指导与教育实践相互观照之下的理论再创造。这就决定了职前教师教育理论课程的教学不是原理性理论知识的简单搬运和移植，而是把"实践"始终置于核心价值地位的"实践取向"的"为了实践"的理论教学。实践教学与理论教学不再是二元对立的关系，而是相互融合、相辅相成的关系。①

（六）国外具有代表性的实践教学模式

国外主要的实践教学模式，不论是美国通才教育还是德国的专才教育，都强调实践教学环节的重要性，并注意与中小学基础教育合作和产学研结合的重要性。国外大学非常重视学生实践能力的培养，采取的措施也非常有力，成效显著。不只是本科院校，国外高职院校对实践教学的创新举措同样值得我们借鉴。

1. 美国产学研结合实践教学模式

美国高校创造的实践教学模式有实习—见习模式，以案例、问题、项目为中心的教学模式，产学研模式，合作教育模式和社区服务模式等。赵明刚（2011年）在《美国高校的实践教学模式评析》一文中提出，"美国高校创新实践教学模式受到了政府高度重视、社会大力支持以及高校积极鼓励。当前，我国高校应借鉴美国高校实践教学模式的成功经验，完善实践教学形式。"②

美国的MIT。很多学生在校期间就参与工业界的实际项目实践，学校被视为"动手"的地方。学校鼓励学生做敢于创新、勇于承担风险的"探索者"。不仅工科、理科如此，文科也非常重视学生实践能力的培养。MIT为文科生提供在政治和公共事务领域参加实践研究活动的机会，包括让学生到议员办公室、法律事务机构参与一定的工作，目的是使学生在课堂以外增加参与政治活动以及决策与实施方面的实际经验。

美国的职业发展学校模式（Professional Development School，简称PDS）。PDS由大学教育学院和中小学创办的一种新型学校。在准教师培养的过程中，中小学教师和大学教师组成合作小组，共同负责教师教育专业学生培养。学生可以到合作中小学进行为期一年的实习，较早深入一线课堂，了解基础教育实践和学生特点。该模式加强了中小学与大学的联系，使大学教师教育能够紧跟中小学实

① 李建军. 从教育实践意蕴的转型看教师教育课程的改革[J]. 江苏教育研究，2011(10)：13—17.

② 赵明刚，美国高校的实践教学模式评析[J]. 教育评论，2011(1)：156—158.

践需求，并根据需求及时做出变革。中小学也能够及时从大学那里得到最新教育理念、方法、知识、技能等内容，促进中小学课程改革和实践发展，获得更多职业发展的机会。

2. 英国以学校为本的教师教育模式

英国采用以学校为本的教师教育模式。在第一学年（共 36 周）学生有 24 周留在中小学接受优秀中小学教师指导，时间约占整个学年的 70%，剩下 12 周留在高校学习理论和课程内实践，而且理论课程内容多与中小学教育实践和活动相关。英国教师教育模式提倡前后一致，对前期实践经验进行消化和理论提升，为下一阶段理论指导实践做准备。英国的学校每年分 3 个学期，各大学一般在最后一个学年安排集中教育实习。PGCE（Postgraduate Certificate in Education，教育研究生证书）课程的 36 周学习时间中有 25 周进行教育实践课程，穿插在一年的 3 个学期中。根据教育实践课程的需要，每个学期安排不同的内容。第一学期的 1 ~ 9 周，每周有 2 天时间到中小学全面熟悉学校情况、学习课堂管理和学校纪律，在指导教师辅助下进行课堂教学；第 11 ~ 14 周进行教学实习，进入正式教学活动，要完成教师工作量的 30% ~ 40%。第二学期（12 周）有大约 10 周的实践在中小学进行教学。第三学期（10 周）有 6 周时间进行实习。BED（Bachelor Education Degree，教育学士学位）课程从第一学年开始就安排师范生到伙伴关系学校参与实践性课程。一般在第一、二学年实践课程较少，主要是教育见习，了解学校的教育活动，三年级后课时增加，每年有 8 周主要进行课堂教学实习。

英国的教师教育实践课程几乎贯穿于教师教育的全过程，既分段进行，又相对集中。英国教育科学大臣克拉克（Kenneth Clarke，1992 年）："理论学习不能代替面对面的指导，不能代替职前实践过程。因此，师范院校学生要花更多时间到学校课堂上接受教师的指导，而在师范院校只需较少时间即可。"杨婧（2015 年）在《入职教师教育实践环节教学改革——以英国入职教师教育实践为例》一文中提出，英国的师范生在入职教育中就能够有充足的时间了解和实践教学活动，教学能力也得到逐步提升。在教育实习方面，英国坚持"以学校为基地，通过大学与中小学之间建立伙伴关系培训教师"指导思想，施行大学教育学院、中小学实习学校和地方教育行政部门三位一体的教育实习模式。教师教育实践教学取向势在必行。[1]

---

① 杨婧，入职教师教育实践环节教学改革——以英国入职教师教育实践为例，北京教育学院学报，2015,29(1):6—11.

3. 德国的双元制实践教学模式

德国应用技术类大学实践教学中多采用双元制人才培养模式。陈裕先（2015年）在《德国应用科技大学实践教学模式及其对我国应用型本科教育的启示》一文中提及"双元制"，指出双元制是一种"校企分工合作，但以企业为主；理论与实践相结合，但以实践为主"的职业教育模式。[①] 这种实践教学模式的显著特点是在实践教学中企业为主体，企业不仅仅是学生实习场地，不是旁观者而是在职业人才培养中起主导作用、占核心地位的培训主体。在实习过程中实际是按照企业要求对学生进行培训，学生以企业准员工形式进入生产一线，接触到企业设备和技术并得到企业导师直接指导，而且在毕业论文选题上必须与企业实际相结合，切实贴合企业难题，为企业提供直接服务。在课程设置上，德国应用技术型大学实行以实践能力为核心的模块化专业教育，理论讲授和实践课程的比率基本达到1：1。课程教学强调科学知识与方法在企业中的实践应用，入学资格上强调实践经历，教学环节实践性突出，实践教学方式多样化。师资方面，德国应用技术型大学教授必须是双师型教授，在学术上要求必须具有综合大学的博士学位，且有2年以上的教学或培训经历并通过国家统一考试，在实践上要求有5年以上企业工作经历，其中有2年以上担任部门经理及以上职位经历。

德国的双元制实践教学模式实现产学研紧密结合，确保了理论教学的应用性和实效性。学生实习考核和最终毕业论文答辩都有企业人员参与，淘汰率达到30%，切实发挥高校科研反馈企业实践作用。这些都为我们国家实践教学改革提供了有益的借鉴。

此外，加拿大的"以能力为中心"的实践教学模式，通过 DUCUM 分析课程，将课程开发为途径设计的实践教学计划。英国的"三明治"的实践教学模式和俄罗斯教师教育实践教学同样高度重视实践操作。教育实习从大学一年级就开始安排，一直到大三，连续4个学期每周4个学时，多达256个学时。美国教育实习主要通过在校外与多样中小学等实践基地合作，培养学生面对多样化中小学生综合能力。法国为了延长实习学时同样将教育实习提前，最终使教育实习学时多达486个学时。这些都充分体现了世界各国对教师教育实践环节的重视。延长实践教学、加强职前教师实践能力和实践性知识锻炼与培养已成为世界各国教师教育改革发展趋势。

综上所述，国内全程实践教学模式研究除了基本思路和探索外很多是结合具

---

① 陈裕先. 德国应用科技大学实践教学模式及其对我国应用型本科教育的启示 [J]. 国家教育行政学院学报,2015(5):84-89.

体专业进行实践探究的，针对传统实践教学在形式和功能上的一些缺陷，更好地提升学生创新能力以适应千变万化的社会需求。据此，还有学者对新型实践教学模式进行探索，例如，朱元春（2006年）提出"以综合实践—实验教学—技能训练—毕业实习—课题研究"五个环节贯穿本科四年，兼具全程性、阶段性、完整性、递进性为一体的新型教学模式，使学生的各种素质、技能和综合能力得到有效训练。发达国家一般没有专门的师范院校，教师培养主要依靠综合大学教育院系，非常重视教师教育实践能力锻炼。国外许多国家教师教育模式越来越走向实践主义取向，并正在建构一种实践指向的现实主义教育学。美国认为教师教育课程要能够培养具备"制订教学计划能力、教学活动能力、课堂管理能力、知识传授能力"的学生。教师教育应该关注专业实践，教育学院的工作应该以中小学校为基地；要积极有力地改革教师教育项目，取缔不合格项目、推广效果显著的项目；建立有效的教师教育质量保障制度，以学生的学业成绩判定一个教师的教育是否成功；推广五年一贯制教师教育项目。[①]英国的教师教育实践课程几乎贯穿于教师教育的全过程，既分段进行，又相对集中。德国的双元制实践教学模式实现产学研紧密结合，确保了理论教学的应用性和实效性。学生实习考核和最终毕业论文答辩都有企业人员参与，淘汰率达到30%，切实发挥高校科研反馈企业实践作用。这些都为我们进一步研究实践教学改革提供了借鉴价值。

（三）全程实践教学体系阐释

俞仲文、吴国英等明确指出，实践教学体系的概念有广义和狭义之分。广义的实践教学体系是由实践教学活动各个要素构成的有机联系整体，具体包含实践教学活动的目标体系、内容体系、实现途径体系、管理体系和保障体系等要素。它们各自发挥作用，又协调配合，实现实践教学体系的总体功能。狭义的实践教学体系则是指导实践教学的内容体系，即围绕专业人才培养目标，在制订教学计划时，通过合理的课程设置和各个实践教学环节（实验、实习、实训、课程设计、毕业设计、创新制作、社会实践等）的合理配置，建立起来与理论教学体系相辅相成的教学内容体系。

郑春龙等人分析了高校实践教学的现状与创新人才培养之间的差距，构建了以创新实践能力培养为目标的高校一体化实践教学体系。高校实践教学体系由实验实训、实习、综合设计、社会实践、创新创业五个子系统组成，通过校内外不

---

① Levine A. Educating School Teachers. Executive Summary.[J]. Education Schools Project, 2006:14.

同的实践教学场所的培养，达到各专业具体的实践能力标准。郭亚利等人在分析实践教学体系内涵的基础上，提出了以提高应用型人才实践能力培养为核心的实践教学体系，并从教学目标体系的确立、内容体系的架构、保障体系的完善、质量监控体系和管理体系的完善等方面分别做了具体阐述。实践证明，该实践教学体系在实践教学中具有积极的指导意义。付兴峰等人从理论和实践两个层面对实践教学体系的构建进行了探讨，从教师、学生和教学过程三个方面出发，构建适合各个水平层次学生的教学模式，要采取有效措施把实践教学和实验室建设、师资队伍建设、专业建设、科研发展等几个方面有机结合。潘海涵等人提出了通过课内与课外、专业内与专业外、校内与校外等方面的结合优化实践课程体系的举措，明确了实践教学模式的再构建的两个方向，实现从以学科知识体系为主线的教学模式向以能力为本的教学模式转变，从注重知识的验证向注重问题的解决转变。时伟提到，实践教学的基本特征是问题探讨、深度体验和批判反思。实践教学的空间差异性以及目标多元性决定了其教学形态的多样性，存在着由课程实践教学、专业实践教学与社会实践教学构成的逻辑体系。王源远等人对高校实践教学客体的多元性、目标的全面性、体系的系统性、形式的多样性等理论认识进行阐述，对基于理论认识的高校实践教学改革做出思考，并以南京师范大学的实践教学体系为例，阐述整体性、有序性、效率性三大原则，包括"认知实践—理论学习—实践—再学习—再实践—探索性认知实践"等几个层次。每个层次对应不同的实践教学阶段：认识实习、基本技能训练、专业技能训练、生产实习、科研能力训练、毕业设计（论文）和创新训练。以上文献从具体实施的不同角度对如何构建实践教学体系进行了分析。在构建的过程中，前人并未脱离理论教学对实践教学体系进行探讨，而是以理论结合实践为基础建设实践教学体系。有的学者倾向于实践教学体系的整体建构，兼有理论和实践两个层面；有的学者侧重于从要素入手建设实践教学体系，如内容体系、质量体系等；有的是从实践教学开展的空间探讨，如课内、课外和校外等。学者们都能意识到实践教学体系在教学中发挥的重要作用，以社会需求为参考，以服务地方经济为己任，以学生发展为根本，从实践教学目标、内容、管理、质量监控、管理等方面出发，结合不同的实践教学阶段，培养学生的综合素养，提高学生的实践能力。普遍形成了这样的认识，实践教学体系区别于实践教学，不是一门课程、一次活动、一种方法或途径，而是一个统一的体系结构。

1.基于多元智能理论的多元实践教学体系

美国心理学家加德纳提出人身上至少存在言语、数理逻辑、空间关系、人际交往、自我反省等 9 种智力。这 9 种智力在每个人身上以不同方式、不同程度的组合存在着，个体通过自身智能在实践中解决问题，创造物质和文明财富。因此，实践和创造能力实质是个体智能的不同组合方式。个体身上智能的不同组合方式使每个人的智力各具特点，这就是智力的差异性。这种差异性就要求我们在实践教学中要根据不同智力的特点因材施教，也决定了实践教学中要采用多元化评估方式，多元化的实践教学目标、教学内容、教学方式等，即实施多元化实践教学模式，才能与人的多元化智能发展理论相适应。

罗文广等人（2013 年）以电气信息类专业为例指出多元化实践教学体系中教学内容应针对专业特点，突出专业核心的能力培养，在选择实践教学内容时要针对专业特点，依据社会及经济发展对专业的主要能力要求进行设定，如电气信息类可以围绕仪器仪表的应用能力、电子技术应用能力、计算机应用能力、专业综合能力尤其是前三种核心能力选择实践内容，避免实践内容过于宽泛或流于形式化。在教学资源上要注意校内、校外资源整合，学校可以将校级、院级、专业内容、创新基地资源进行梳理整合，完善资源网络化建设；校外资源整合则要充分挖掘社会资源、企业资源和其他院校资源，和相关企业院校达成深度合作，形成多层次、多样化的资源库。教学方法要采用普适性和个案教学相结合的方式，以"做中学"为教育教学理念，实施"以学生为主体，以项目为载体，任务驱动，自主实践，重在过程"的多元化实践教学方式。评价方式应改变传统单一维度评价方式，建议以教师、社会、学生为主体，注重学生个性的差异、实践过程、能力以及建模知识养成的，形式多样的多元化评价方式。多元智能理论下人际关系是和谐的、多元的，因此在实践教学中教师也是多角色的。教师是引导者、合作者、支持者，也是参与者和学习者，学生才是真正主体。教学是一个以教学资源为中介，学生和教师相互作用和师生同构的过程。[①]

2. "项目引导教学法"实践教学体系

刘泽发等人（2018 年）以农业专业为例，借鉴产学研人才培养模式，提出了"项目引导教学法"实践教学体系。项目引导教学法是以学生为中心，以项目为主线，通过模拟项目开发过程培养应用型人才的一种方法。它关注学科关键概念和核心原理，让学生在复杂的真实的现实世界中解决真实问题，要求学生以完成最终作品的形式完成相关知识和技能学习。项目引导教学法在美国、德国、中国制

---

① 罗文广，陈文辉，胡波，蓝红莉，曾文波. 电气信息类专业多元化实践教学模式的构建[J]. 实验室研究与探索,2013(5): 137-141.

图和模具设计、计算机网络课程、办公管理自动化等专业得到应用。该体系通常以高校双师型教师和企业行家和资深管理人员为教学团队，通过项目引导、实景教学而非模拟教学达到全面接触行业企业的目的，将项目贯穿于理论课、实践课、专业实习、实践和毕业论文设计五大环节。同时，改进教学评价体系，建立以工作过程（25%）、工作态度（20%）、创新能力（20%）、成果呈现或者合作单位评价意见（25%）和其他的形成性评价体系，对学生综合素质能力进行全面测评。该模式将教学资源全面整合形成拳头效应，打破原有教学实践的局限，满足学生要求，达到培养学生动手操作能力，巩固理论知识，满足企业人才需求目的。刘泽发等人（2018年）在《产学研合作模式下"项目引导教学法"在农学专业实践教学中的应用探索》一文中提及的校企合作实践教学模式与之有异曲同工之处。

肖志涛等人（2017年）基于 SWOT 分析对电子信息类本科专业优势、劣势、机会和威胁进行全面分析，提出了"校企合作"实践教学模式。首先，建立由企业高级管理人员、校内专家和高校相关领域专家组成的校企合作人才培养专家委员会，实行校企互动教学；然后，在委员会指导下根据市场需求和行业现状以科研项目为依据改革实践内容，并引入企业工程师培训课程，联合建立以培养应用能力和创新能力为核心的实践教学体系；最后，校企协商形成更为完整、权责明确实习方案，产学研相结合培养人才，实现校生企三方共赢。[①] 那景芳、徐小平、段建民针对国内理工类院校常用的三级能力培养环节和三层次实验内容实践教学模式内容分散人力、财力花费大情况提出了各层次之间互动共融、相互作用、不断建构的多层次内容循环渐进实践教学模式。[②]

3. 六要素实践教学体系

吴国英结合营销专业，对教学型本科高校人文社科专业实践教学体系做了全面建构，形成包括目标体系、内容体系、实现途径体系、管理体系、保障体系和评价及反馈体系在内的六要素实践教学体系。

在贯彻教育必须与生产劳动相结合方针和教育、营销理念的前提下，六要素实践教学体系充分体现按市场需要（学生、家庭和社会需要）培养适用人才的管理思想，依据学校和专业定位，结合社会评价和学校自评结果，考虑各专业人才培

① 肖志涛，吴骏，郭翠娟，李贺，王雯. 基于 SWOT 分析的电子信息类本科专业校企合作实践教学模式研究. 实验室研究与探索，2017(11):226-228.

② 那景芳，徐小平，段建民. 多层次内容循环渐进实践教学模式的研究与实践[J]. 实验技术与管理,2010(2):107-108.

养目标的要求和特点提出适宜本专业的分层级的实践教学目标体系；在目标体系驱动下，确立核心内容体系，包括实验、实习、实训、课程设计、毕业设计、科研训练、社会实践等各个环节合理配置而呈现的教学内容，涉及学生能力培养的各个方面；管理体系在整个体系中起指导和调控作用，主要包括对实践教学管理对象的管理、对学校的宏观管理、对学生的管理和对教师的有效管理；保障体系是实践教学活动的必备条件，这里仅指学校的资源设备管理、学习环境和后勤服务工作；评价及反馈体系包括社会对学生实践活动的评价、教师对学生实践活动的评价、专家对实践活动的评价、学生对实践教学的评价，是实践教学体系调整完善、保持良性循环运行的关键。为了便于量化和操作，根据具体实践内容，结合实践要求六要素体系又分为实践教学目标和起点、实践教学内容、实践教学的途径、实践教学的管理对象、实践教学保障和实践教学评价及反馈 6 个一级子系统和社会对于毕业生的评价等 16 个二级子系统，及满意率、毕业率、直接就业率等 69 个三级子系统。①

4. "任务驱动"型实践教学体系

衡阳师范学院以 GIS（Geographic Information System）专业为例，进行任务驱动型实践教学体系构建。该校 GIS 专业以人文地理学省级重点建设学科为支撑，通过省工程实验室、省重点实验室和省协同创新中心等学科平台开展研究实践。学生通过省大学生创新训练中心和校外地质测绘公司开展校内外科研创新实验和教育实习；该专业在特色教学基础上为了更好地提高学生实践能力，提出了任务驱动型实践教学体系。

课程教学中的"任务"指教师为了达成知识与能力目标而设置的明确的、不可分解的问题。任务的解决需要学生具备一定的专业知识，并综合运用多门课程知识设计出解决方案，最后以团队形式完成；任务具有详细的技能评价指标，包括课题发布、学生选择、阶段性检查、成果验收等阶段，是课外联系教师和学生、理论与实践的纽带；任务结束时学生需提交完整的报告、研究资料、数据成果等，既可以作为学生实践学分，还可以用来参加各项竞赛；任务驱动型实践教学可以让学生在团结协作中锻炼与专业相关的各项技能，便于教师指导操作，各任务之间逐层递进，根据学生实际情况，任务难度各异，让学生在自己基础上得到最大发展。②

---

① 吴国英. 高校人文社科专业实践教学体系的构建研究：基于营销理念 [D].天津：天津大学，2010.

② 胡最，刘沛林，郑文武，等. 地方高师院校 GIS 专业实践教学方法研究 [J].衡阳师范学院学报，2017(3):140-142.

5.教师教育实践活动课程体系

张洁认为，师范院校培养人才要具有师范性、高教性，师范院校应用型人才应具有教育理念层面、情感态度层面、专业素养和专业能力层面、方法技能层面以及基本素质层面的素质，这些素质主要通过理论课程和实践课程融合教育而养成。教育理念层面的素质在理论课程上主要以教育学、心理学等专业基础课、专业理论课作为支撑，在实践活动课程中，主要结合中小学教育教学改革的背景、动因，新课程改革理念的理解和把握，以形成正确的教育观、学生观和课程教学观；情感态度层面的素质可以通过优秀教育著作读书活动、优秀教育主题影视作品赏析活动，或是优秀人物事迹和传记，邀请当地合作学校优秀教师举行讲座、座谈等现身说法方式，让学生近距离地感觉到教师工作和生活，并切实理解教师权利和义务，从情感上接受教师职业，爱上教师职业，获得职业情谊和高度认同感，从情感态度层面加深对教育教学活动的体验和理解；专业素养和专业能力层面的素质主要通过集中和渗透在日常教学中的实践活动课程培养形成学生教育反思、人际沟通、知识更新转换等方面的能力，实现知识性和应用性的有机结合；方法技能层面的素质主要包括教学活动的组织实施技能，中小学教育活动和校园文化活动组织技能，班主任工作技能，教育观察、课堂教学评价技能，现代教育技术应用技能等，需要学校统一设计、统筹规划，专业或是独立学院认真落实，在反复训练中形成；基本素质层面的素质包括钢笔字、毛笔字、粉笔字、普通话"三笔一话"基本功，还有初步班级管理能力、人际沟通能力等。为了切实培养这些素质，楚雄师范学院规定第一学期主要进行"三笔一话"教师基本功训练；第二、第三学期通过教育名著阅读及教育类优秀影片观摩赏析，引导学生走进教师真实生活、感受职业情感、理解教育对象，让职业理想落地；在第三、第四学期主要是教育基本功训练，主要通过多种方式（如担任班主任助理）锻炼自己初级管理能力和教师应有的专业技能，如计算机基本操作技能，对网络资源搜集和应用的能力，班级活动组织和设计能力及专业所学的简笔画、画图等各方面的能力；在有一定校内锻炼的基础上，第四学期可以到合作中小学或幼儿园担任班主任助理工作，在真实职业情境中得到进一步锻炼；第五、第六学期主要以比赛、竞赛、说课、课件制作能力；大四年级结合教育实习和日常班队活动进行教育调查和研究。总之，应用型本科学校教师教育实践教学必须端正自己的定位，本科教育是为培养能服务于地方、有较强实践和应用能力的创新型应用人才，在教学过程中要处理好理论课程体系与实践教学体系的关系，在统一要求的基础上灵活贯彻，并注意相应评估监督体系等后续操作或设备完善和配备。[①]

　　全程实践教学体系也是基于学生实践能力的培养，提出具有可行性的实践教学体系，从目标设定到实践环节的监督更完整、更合理。除了以上对于实践教学体系的探索外，还有以下实践教学体系：①"三段一体化"实践教学体系。"三段一体化"的实践教学体系认为实践教学体系的结构由基础能力、综合能力和应用能力组成，每个模块下又分为若干个实践项目。其特点是以实践能力训练为主线，由低级到高级，由简单到复杂，逐步靠近培养目标的实践环节体系。②"内外一体开放式"实践教学体系。"内外一体开放式"实践教学体系认为实践教学体系的结构包括内部要素和外部要素。内部要素包括实践指导教师、实践教学内容、学生和实践教学实施；外部要素包括实践教师来源、就业机制和社会实践教学机制。③"三层次、六模块"实践教学体系。三层次是指基础层、提高层、综合层。六模块包括基本实验模块、专业技能训练模块、专业实习见习模块、科研训练模块、综合实习模块和社会实践模块。④"三体系、四层次、八模块"实践教学体系。三体系包括一体化实践教学体系、实践教学成果示范体系和实践教学条件支撑体系。四层次包括基本素质层次、基础能力层次、专业能力层次和综合训练层次。八模块包括素质拓展模块、基础能力模块、专业实验教学模块、专业综合能力模块、工程训练模块、综合实习模块、科研训练模块和科技创新模块。

　　现有实践教学体系或模式构建可以归为以下几个角度：从实践教学实现途径角度将实践教学体系分为实践教学目标体系、实践教学内容体系、实践教学条件体系、实践教学管理体系和实践教学评价体系，并对每一体系实现的可能路径进行详细罗列，从该角度构建的实践体系主线单一，但是细节琐碎零散，整体性不够。从实践教学要素角度出发对实践教学体系进行构建，如沈时杰等人（2000年）提出实践教学由实践性教学计划、实践性教学大纲及教材、"双师型"师资队伍、实验实习设施与场地、技能考核和质量控制组成六要素实践教学体系；沈时杰等人（2000年）在《高等职业教育实践性教学体系的构建》一文中认为，该角度构建方式强调了实践教学的各个环节和流程，但是环节并不够完整，包含专业理论、技能，灵活运用知识分析问题和解决实际问题的能力，语言表达能力，专业综合能力测试以及毕业论文设计和答辩，才能为高质量专业教学提供保证。武汉大学新闻学院按实践教学三级协调管理制度对实践教学体系进行构建，创造性地实行了以主管院长为中心的院级领导班子、由各专业资深教师组成的实习协调小组，

① 张洁.地方本科师范院校应用型人才培养教师教育实践活动课程体系的构建[J].楚雄师范学院学报，2014(10)：62-65.

以主管系主任为中心，各班导师为主体的基层班子三级协调管理制度。以系为基础，整体规划，分头运作，从课堂实验、假日实习再到专业实习的梯级实践体系责任明确，分工清楚，效果明显。按实践教学领域和阶段（环节）进行构建，如赖志群（2003 年）从学生教育实践角度把高等师范教育实践教学体系归纳为 8 个领域、12 个阶段，8 个领域 (课堂教学实践、课外活动教育实践、参与性教育实践、模拟性教育实践、观摩性教育实践、研究性教育实践、探讨社会实践、整体性教育实践)、12 个阶段（从新生入校第一个学期开始，每个学期、假期各为独立的一个阶段）安排不同实践内容，最后达到大学教育实践教学要求。[①] 绵阳师范学院以德育为先导，围绕学生创新精神和实践能力核心，利用大学生科技创新、社会实践和文化艺术活动三大实践教学平台，于 2005 年提出了"分层次—模块化"实践教学体系的思路，构建了以创新措施与保障机制相结合的实践教学体系。还有学者按学科大类、专业、课程构建的实践教学体系等。

综上所述，学者们对实践教学体系研究多停留在实践教学模式、实践教学体系、实践教学实施等方面，研究成果较多体现在高职院校、理工科类实用性强的学科，尤其研究某一专业的实践教学体系，其他类型的高等院校文科专业研究则较少，这对应用型本科院校有指导启示的作用。虽然研究角度不同，呈现多样化、多层次、个性化、紧跟时代发展趋势的特点，但是总结来看，现有的实践教学体系还存在一定的问题和缺陷，如在整个实践教学体系中仅有教育见习和教育实习两个环节，而缺乏更为灵活、随机的实践方式。在现实应用中又出现实践教学过于分散、实践无目的、看热闹的困境；此外，理论和实践教学相互配合、融合不够，理论和实践两张皮，双师型教师缺乏；实践、实训基地管理不够正规，造成实践资源浪费等问题，有待进一步探究。

（四）实践教学评价机制阐释

实践教学质量评估监控体系是指围绕相关专业人才培养中的实践教学各个环节，通过完善质量标准、开展教学过程监控和教学质量评价而建立的监控体系。各高校已经意识到实践教学的重要作用，开始了多种多样的实践教学探索，但是由于实践环节众多，实践背景、方式活动多样，实践教学体系评估和监管体系构建成为最重要而又最难以操控的一环，实践教学评估体系构建的首要一点是明确实践教学的价值，明确实践教学在教师教育培养中的关键作用。目前，国内实践教学评价的方法从总体上可分为自我评价法、教师评价法、过程评价法、目标评

---

① 赖志群 . 高等师范教育实践教学体系的探讨 [D]. 南昌：江西师范大学 .2003.

价法和其他评价方法等。

国内学者们普遍赞同实践教学质量评价的核心任务是找出能准确反映实践能力变化的要素，根据其对实践教学质量的影响程度加强控制和管理，最终达到实践教学质量的目标。现阶段，各高校已开始积极尝试利用多种理论、结合国内外经验进行实践教学评估体系构建的探索，但是，实践教学评估依然存在评估目标不明确，实践教学评估标准与专业认证相互独立，评估方法凌乱或过于单一，过程性支持资料零散、短缺不成体系，评估与教学过程相脱离，具体操作复杂等问题，给教师、学生增加了很大压力，而实际效果又不太令人满意，造成人力、物力浪费。此外，评估导向和激励作用缺乏也是现阶段实践教学评估体系的一大问题。

国外高职教师教育实践教学评估体系有：英国在教师教育上采用 BTEC 教育模式及其能力考核方式，BTEC(Business & Technology Education Council) 是英国资格开发和颁证机构，该模式在评估学生过程中坚持基于学生学习的动态性评级，通过课业 (如案例研究、作业及以实际工作为基础项目) 的完成过程来全面评估学生学习到的专业能力，并测量通用能力的发展水平。澳大利亚采用TAFE(Technical And Further Education) 教育模式和能力导向的评估模式，在评估中注重学生实践操纵能力，评估模式从重考试、重分数向重实践、重能力转变；评估方式由考试评估向实践评估转变；由 "一卷" 定音转向多层次、多层面、多渠道全面评估。德国采用的教学内容和评估方式由校企共同参与指导，培训对象具有学生和企业学徒双重角色的 "双元制" 教育模式及其能力考核方式。

而在国内，衡阳师范学院舒易红、何敦培从实践教学各环节出发，建构了包括目标体系、组织体系、方法体系、制度体系在内的 "监控目标—检查评估—反馈信息—督促整改—信息收集—自我评价" 的完整、闭合的监控体系。[①] 梁志星等人在借鉴现有实践教学评估体系构建观点的基础上，重点从实践教学评估目标、评估标准、评估方法三个关键环节进行论述，指出评估目标层面构建不能脱离企业、社会利益主体需求，评估标准层面构建要以相关专业认证标准为指南，评估方法层面构建要以学生为本，发挥教师、学生在评估中的积极性，并与教学过程融合进行[②]；华南理工大学金亚飞基于CIPP(背景评价、输入评价、过程评价、成

① 舒易红，何敦培.试论教师教育实践教学质量监控体系的建构 [J].教育教学论坛，2015(21)：28-29.

② 梁志星，初晓，曹淼孙.我国高等院校实践教学质量评估体系构建 [J].重庆理工大学学报 (社会科学版)，2012(5)：104-107.

果评价）评价模式，确立了实践教学评价的实践教学背景、实践教学输入、实践教学过程、实践教学成果的一级指标，利用德尔菲专家咨询法确立二级评价指标，利用层次分析法计算了指标权重，最终确定形成了一套新的实践教学评价体系，并付诸实施①；李春晖、张学睦、李健楠等在对影响实践教学质量五大因素（生源质量、师资队伍、物质条件、大学氛围、管理水平）进行全面分析的基础上，引入全过程质量管理的思想和方法，针对实验、实习、课程设计、毕业设计等实践环节的不同特点，强化跟踪评价和质量控制，构建了一套集学生评价、管理机构评价和同行专家评价在内的"三位一体"的实践教学质量综合评价体系②；燕山大学基于教学评价、教学督导、信息沟通、领导听课、学生参与以及专家决策建立了"六种机制"的实时全程教学质量监控与评价体系，使教、学、考、评、管、建良性互动，评教结果客观公正、反馈及时，出在学生身上的问题由学生管理部门解决，出在教师身上的问题由教学相关部门解决，让师生感觉到关爱和激励，而非惩罚和监督，从而使模式发挥作用③；昆明理工大学构建了以"实验教学规范性""实验课程质量"和"专业实验教学质量"三个层次为基础的实验教学质量监控指标体系框架。

针对实践教学体系建设的研究成果范围狭窄，研究缺乏系统与深度。比如，全程实践教学模式多是经验积累，缺乏系统梳理和横向比较总结，很多经验都具有专业或者学院的特定性，难以推广普及，也没有形成相对系统的理论体系，全程实践教学理论深度、广度有待进一步挖掘提炼；全程实践教学解决了传统实践教学时间较短、过于集中，高校和中小学、幼儿园实践合作深度、广度有限的弊端，但是在现实应用中仍存在不少问题，有待进一步探究。学者们普遍认同把全程实践教学作为一种体系理解，前人的观点对此并没有太大的分歧，基本都是从广义、狭义两个方面理解。狭义的实践教学体系就是实践教学内容体系；广义的实践教学体系，是由实践教学活动中各要素构成的有机联系的整体，包括目标体系、内容体系、管理保障体系、考核评价体系。地方师范院校以此为内在逻辑，以实习支教为时间轴线划分为岗前、在岗和岗后三个时间段，围绕目标分段开展实践教学内容，再分模块深入探讨管理保障及考核评价，形成地方高师实践教学体系框架。

① 金亚飞.基于CIPP模型的研究型大学本科实践教学评价研究——以广东省研究型大学为例[D].广州：华南理工大学，2012.

② 李春晖，张学睦，李建楠.高等学校实践教学质量综合评价体系研究[J].实验技术与管理，2009(3)：222-224.

③ 于恩林，孔祥东，傅万堂等.实时全程教学质量监控与评价体系的探索与实践[J].中国大学教学，2008(1)：55-57.

第三节　全程实践教学的背景分析

一、全程实践教学的实施情况分析

在教师教育改革的背景下，样本高师院校于 2008 年开始实施教师教育全程实践教学活动方案，该方案隶属于"地方师范院校人才培养模式综合改革"项目的成果。其产生的动因是为更好地践行实践教育思想，配合扶贫顶岗实习支教和全面教学改革。学校规定要坚持四年有目的、有计划的教师教育全程实践教学活动。具体做法包括为每位教师和参加支教的学生订购一套相关专业的中学教材及教学资料，帮助师生熟悉中学教学内容；以班为单位将学生分为若干课外实践小组，每个小组 10～15 人，利用课外时间研究中学教学的内容和方法，有组织、有计划地进行小组模拟试讲，每组每周至少活动一次，系统训练口语、书面表达、讲解及教具制作等各项实践能力；充分利用微格教学设施，理论与实践、课内与课外紧密结合，强化教师技能训练。

2011 年，学校规定将全程教育教学实践的重点放在备课、试讲及评课议课上，放到培养学生的职业道德和职业技能上，不断改进教学实践效果，保证每个学生在实习支教前有 5～10 次登台讲课的机会。为适应实习支教多数学生在小学、部分在初中、少数在高中的实际需要，学校积极探索中小学全科型教师培养模式，努力使实习支教学生在受援学校能够适应实际需要、胜任各科课程的教学工作。按照"强化专业基础，加强创新创业，突出全程实践，培养卓越人才"的基本思路，学校统筹与全程实践教学活动的融合及衔接，抓住重点、优化体系，以社会需求为导向，以能力培养为核心，依据社会对应用型本科层次人才的知识、能力和素质要求，整合课程内容，构建适应学生素质能力发展的课程体系，使各门课程和各项教育教学活动与培养方案的总体目标保持一致。2013 年，各系进一步落实应用型人才培养的目标要求，进一步修改完善了《全程实践教学体系实施方案》，分解和细化了各个项目的内容和操作要求，使之更加符合应用型人才培养规格要求。本节综述样本高校的全程实践教学实施背景，包括教师教育全程实践教学活动、优秀本科生导师制、实验模拟训练、专业实习、课题研究、毕业论文、假期社会实践活动七个方面，对代表系部的各项情况分别进行整理。

（一）教师教育全程实践教学活动

政史系的教师教育全程实践课程从开展至今，已经形成了所有学生都积极参加的局面，遵循理论与实践相结合的原则，实现理论指导实践再上升到理论的目的。他们的实践课程主要包括《学科教学论》《教师职业道德养成与技能训练》《中小学教育教学系列讲座》《中小学教育教学管理》《现代教育技术》和《社会调查理论与方法》。可以说，到现在政史系取得的成果颇丰。在《教师职业道德养成与技能训练》课程中，班里的学生分组进行讲课，然后同学们采用组间与组内结合的方式进行评课，各组同学分别进行评分，最后由教师做出总体评价，另有同学担任秘书记录学生和教师的评语。刚开始同学们很积极，因为这对支教学生以及以后当教师都很有用，教师也很负责，每堂课都很认真地听课、评课；但是后来同学们听课不认真了，有的同学甚至抱有应付差事的心态，大家在微格教室讲课的时候也不认真，在一定程度上是因为教师监督不力。该系实践课程最大的特色就是社会调查，《社会调查理论与方法》这门课是专为思想政治教育和行政管理专业学生所设，在这门课上教师会和同学们共同确定一个调查题目，然后做调查提纲、分小组布置调查任务，各小组用一个学期完成调查报告，之后以调查报告的质量评定成绩。在平时的课上教师也会讲解一些社会调查的基本理论和方法，以便更好地把理论运用于实践。在这个过程中，许多优质的调查报告得以完成，成为"兴晋挑战杯"大学生科技学术作品竞赛的备选作品，很多调查报告因此取得了非常优异的成绩。2010年3月28日，政史系0803班还主办了"大学生职业规划与就业状况调查报告展览"，成为2010年度"大学毕业生与用人单位双向选择洽谈会"会场的亮点、特色。此外，政史系的另一特色就是历史学专业的野外参观调查，每届历史学专业的学生都会去山西博物馆、乔家大院等名胜古迹参观，还要去考古现场进行考察。野外参观调查主要是根据《历史专业人才培养方案》的有关规定，结合《考古学通论》《中国古代史》《中国近代史》等课程开展的，是历史专业实践教学的重要组成部分。每个教学单位都要由带队教师、辅导员带领，在保证安全的前提下，参观一些历史遗迹、博物馆，目的是通过实物参观，让同学们感悟历史，这是课堂教育的重要延伸和补充。对于这个活动，参与其中的教师和学生的积极性很高，都把它当作一个难得的学习机会。但是，这项活动近几年开展得少了，主要是因为经费和同学们的安全问题。这项活动的开展对更好地完成课堂教学，提高同学们对知识的兴趣作用显著，应该予以继续保持和发扬。政史系全程实践教学活动是在大一到大四学习的全过程中，根据学生各阶段特点而展开的时间性、系统性和连贯性的实践教学方式。活动内容包括学生在从事教师职业后需要掌握的一些能力和职业道德素质，对于促进学生自身能力水平的提高，具有很大的现实意义。一年级的同学主要是进行基本技能训练，包括普通话、"三笔"字，更重要的是胆量；下一步是了解中学的基础教育发展状况，包括研究性教学、开放式教学等最新课改要求；再下来是备课，进行实战训练。系里发放的思想品德课本和历史课本，都是为备课和讲课做准备的。在支教开始之前，同学们要进行大量的模拟教学训练，讲课过关后去支教，回来之后进行总结交流，再讲课，这就是所谓的"精彩一课"，把自己最好的一课展示给大家。

　　教育系自从 2008 年 5 月份以来，积极响应学校的号召，开展了全程实践教学活动，这项活动在系里已经形成传统，确定了开展的时间、开展的场所和相应的指导教师，对学生的教师技能进行了全面的辅导和培训。教师采取分组听课的方式，对学生的理论和技能情况进行了了解，从备课、讲课到评课等各个环节都给学生提出了具体的建议和指导，学生们表示获益匪浅。为了学生能够顺利地参加学校的"扶贫顶岗实习支教"活动，教育系相关的教师积极组织开展"扶贫顶岗实习支教"的岗前培训活动，安排了专门的岗前培训课，由专业的教师指导，教授同学们当教师的基本功（粉笔字、钢笔字、简笔画等），让同学们登台讲课，亲身感受教师的职责以及教师如何管理学生和如何备课、讲课、评课等。通过支教岗前的培训，同学们锻炼了实践能力，能更好地适应支教生活。

　　中文系的全程实践教学活动分为教学和实践两个部分，以中文系制订的《特色专业建设方案》为指导，有计划、有步骤地开展。学生从入学到毕业，每个学期都有针对性的练习，"三笔"字、普通话都是大一的必练内容，大二时为了配合顶岗集中做支教前的准备工作，训练教师技能；大三支教返校后进行总结，以便积累经验，吸取教训，配合支教工作；大四时对学生进行毕业论文的指导。从第三个学期就开始讲课能力的训练，每个学期 10 周以上都以小组活动为主，每周每小组至少活动一次，通过小组内组员评课，从中选出优秀者参加系里的教师技能大赛。具体来说，就是各班分组进行活动，每个学生要认真备好教案，做好课件，写好板书，讲好普通话，班里各小组做好记录，然后班里进行总结，最后系里再总结。从各小组长到班干部、辅导员，最后到系里都会进行不定时抽查。成果通过教师技能大赛这一平台进行展示，表现优秀者给予荣誉证书。经典诵读是中文系的一大特色，也是该系三个平台中的一个，主要是采用朗诵的形式，每个班选出朗诵比较好的同学参加，每个学期举办两次，具体由团委组织负责。多举行像这样的活动可以提高学生的普通话水平，也可以加深对诗歌中作者的思想感情的理解，进而理解全文内容。这项活动是学生和教师共同参与的，只是表演，所以没有评奖。

外语专业学生基本上都能够按照教学培养目标和规格，系统地掌握专业知识，尤其是在教师技能方面，由于外语系在教学中的重视和对实践性教学环节的严格把关，绝大部分的学生能够较熟练地应用所学知识开展教学活动，在实习当中得到实习单位的肯定；通过举行各种英语演讲、辩论、朗诵等活动，大部分学生的知识能力、基本理论与技能等方面受益很大，很多同学在各种竞赛中获奖：杨丽同学和赵芷芳同学2006年12月在第三届全国高师学生英语教师职业技能竞赛中荣获一等奖；王燕燕同学2007年5月在全国大学生英语竞赛中荣获一等奖；闫啸坤、刘玉2007年11月荣获院粉笔字展示一等奖，外语系获奖数达到10%。但不可忽视的是，部分学生各方面的能力仍有待提高，针对这种情况，外语系准备将教师及学生按合理比例进行分配，以期得到每个学生均能过关的良好效果。

体育系积极贯彻全程实践教学活动的文件要求，安排各年级根据自己的情况举行活动，包括在校期间和假期。从大一到大四，每个年级都要制订自己的计划，然后各个班级再根据自己的情况拟订方案，确定时间和具体活动内容。大一第一学期，因为同学们刚刚进入大学，要学会融入大学生活，融入班集体，所以有的班级会倡导学生们在一起，每天唱一首歌，锻炼自己的胆量，协调同学们之间的关系；另一方面，对于提高同学们的语言表达等各方面的能力都有帮助。大一第二学期要求同学们对专业知识进行了解，安排关于专业方面的活动，如举行各项运动比赛等。大二第一学期主要是锻炼同学们的教师素养，诸如语言表达能力、普通话、粉笔字等。大二第二学期主要是进行顶岗支教前的准备训练，包括备课、讲课，体验当教师的感觉。大三要去支教，自己处理面临的困难，解决自己的问题，协调各方面关系。支教回来以后要全力总结自己存在的问题，无论是生理上还是心理上，找出问题、解决问题，都要使自己各方面逐渐提高。假期中，系里要求同学们针对自己的专业或其他方面写一篇社会实践调查报告。这一方面可以提高同学们对专业的认可，另一方面也可以认同学们走向社会了解现在社会对人才的需要情况、就业情况，丰富知识，使同学们能够了解社会，朝着自己规划的方向发展。学校也定期对各个班级实行的全程教育实践活动进行检查。

法律系的全程实践教学活动只在专科生中进行，培训实践活动种类多，内容丰富，主要表现在：第一，学生纪律检查部组织"三笔"字（钢笔、毛笔和粉笔）的比赛以及普通话的比赛，详细组织安排活动的时间、地点、具体活动的方式、比赛规则、评分标准等。公布比赛结果并对获奖的同学给予适当的鼓励。比赛圆满结束后，同学们还对自身的不足总结一些经验教训，如公文写作水平有待提高、工作分配要合理顺畅、活动前要向教师请教有关问题、活动中戒骄戒躁等。第二，组织未来教师职业技能竞赛。由相关教师担任指导组长，按照评分标准对参赛学生进行听评课，给出分值。每组评出三名学生参加复赛。评分主要包括对课堂教学的评分和对课件制作的评分。课堂教学的评分内容主要有说课、教案评选以及教学。课件制作评分的项目主要体现在教学性、科学性、技术性和艺术性。

化学系是一个实践性很强的系，他们的每一门课程都是理论加实践的，课时比例约为 1 : 1。比如，赵老师所教的《化学教学论（理论）》和《模拟化学实验（实践）》，他非常重视实践能力的培养，经常在教学过程中组织学生试讲和六人行演讲比赛。还有薛宝龙和刘老师所教的《无机化学》《有机化学》《物理化学》《分析化学》等课程，一般都是按课本的要求进行基础操作，考核时，会让全班同学随机抽取一个实验，然后按书上的要求先预习，写好预习实验报告，然后凭记忆脱离实验报告去做实验。这时，教师会在旁边观察。对于操作正确、做得好的同学，教师会打高分，作为期末成绩；对于做得不好的同学，教师也会及时予以指导。范老师所教的《中学化学教法实验》《化工基础实验》和《中学化学教法实验研究》，这些课主要是让学生们学做一些基本的中学化学实验，一般会让学生模拟教师的角色，全程参与教学活动。首先，会让他们就要讲的课程内容自己先查阅相关资料，写出教案；其次，预做实验（在开放的时间里提前预约实验室），教师也会在这个过程中给予循环指导，然后上课模拟教师给学生讲课并演示实验；最后对模拟教师的讲课做出评议，教师也会加以点评。化学系这项活动一直都搞得很认真，会把每个班分成六个组，每周活动一次，每个组都有教师指导学生讲课、练习普通话、粉笔字等，而且系里也会随时抽查活动进行的情况。如果要进行活动会提前两三周通知同学们，让他们准备得尽可能充分一些，每次会选一些人讲课，其他同学参与听课、评课活动，这项活动的形式也很多样，如讲课、模拟一些课堂上突发的情景、利用化学药品之间的反应变一些小魔术等，同学们都很喜欢。

数学系的全程实践教学活动第一学期以强化教师基本技能为主题，围绕提高基本技能、口语技能、手工技能等方面开展活动，如粉笔字、钢笔字、演讲比赛，普通话、英语口语沙龙，绘图竞赛，教具制作观摩等；第二学期以强化组织管理能力为主题，围绕如何增强班、团干部工作技能和班主任工作能力开展活动，如谈心、家访、模拟组织班级集体活动、教学评价、编制班级工作制度、班主任工作研讨等；第三、第四学期以强化备课授课为主题，组织一些讲课和听评课活动、教案评比、观摩活动，示范课活动；第五、第六学期以创新设计为主题，围绕如何拓展思维、提高创新理念和能力开展活动，如组织开展小报设计，课外知识扩展阅读，课本难点知识探究，个人学习成果展示，集体撰写趣味数学谜语、故事等；第七学期以强化就业准备能力为主题，围绕如何进行社会调查研究开展活动，如中小学课程与教学改革现状调查、中小学教师专业知识需求状况调查、研究生升学与就业状况调查和其他行业发展状况调查研究；第八学期考虑到学生考研，撰写毕业论文，参加专升本、村干部考试，参加各类招聘会等，这些安排在时间上的不确定性导致全程实践教学活动不好开展，故学生毕业前最后一个学期未安排全程实践教学活动。为充分发挥学生自主学习积极性，锻炼学生创新思维，每周活动内容未做具体细化，由每个指导教师协助所指导班级各小组在学期初第一周确定活动日程，填写《数学系教师教育全程教学实践活动各班学生分组表》及《数学系教师教育全程实践活动各班分组活动日程表》，每次活动都有记录，并填写《数学系教师教育全程教学实践活动记录表》。

计算机系教师教育全程教学实践活动主要是针对支教和教学整体过程中的一些薄弱环节，如学生实践能力薄弱、理论与实践脱节等，发现漏洞，及时补充，培养学生教学实践能力和多方面素质，同时也为学生将来就业做准备，结合教学计划而进行的一项教学实践活动。从2008—2009年计算机系教师教育全程教学实践活动的一系列相关文件中可以看出，计算机系在这方面做得细致认真。从活动计划、具体组织到能力考核，再到活动总结与情况反映，都有相应的安排。从工作目标上看，其主要针对实习支教的本、专科生展开，包括课内、课外多方面的实践活动，具有完整的活动系统和细致的计划部署，以求培养具有实践能力和创新意识的高素质中小学教师。活动内容广泛也很全面，主要是组织学生通过多种形式，如教师示范、上对比课、大家评课、大家说课等形式进行试讲。试讲内容主要包括中小学教学内容。另外，除了试讲还有其他形式，如训练口头表达、书面表达、问题分析讲解及教具制作等实践能力的培训。

（二）优秀本科生导师制

学院为了贯彻落实教育部文件精神和《忻州师范学院教学质量和教学改革工程实施方案》，进一步深化样本院校教学改革，有效培养本科生的实践能力和创新意识，经忻州师院院长办公会议研究，决定启动优秀本科生导师制项目，制定了《忻州师范学院关于启动优秀本科生导师制项目的实施意见》（2007年）。第一条是根据"因材施教"的教育原则，在确保全面提高学生培养质量的前提下，选拔部分思想素质好、专业基础扎实、学习成绩优异、学习能力强的本科学生实行导师制培养；第二条第三项是在选拔条件中强调实践能力，即在某一学科或课外学术活动、社会实践活动、专业实习中成绩特别突出的。第六条是优秀本科生的培养措施，其中第一项是一般由各系推荐学术造诣深、责任心强、治学严谨且具有副高及以上职称的教师担任导师；第四项是在导师制订的培养计划范围内，优秀本科生可以跨专业、跨系选修有关课程，成绩以学分计入学期学籍中；第六项是优秀本科生在培养期内要在导师的指导下积极撰写论文，并能在公开刊物上发表，或在导师指导下参加实践调研活动并能取得较好的实践成果。学院将根据刊物级别、成果水平，分别给予导师、学生相应的奖励；第七项是鼓励优秀本科生参与指导教师的课题研究，并选择相关问题作为毕业论文（设计）题目提前进行研究。但是，这项制度并没有实施下去。教务处副处长赵老师就此项活动说："优秀本科生导师活动是想通过选拔平时成绩理想的同学（区别于'三好学生'，这些学生主要是具有较强的动手能力和分析、解决问题的能力）把学生纳入导师的课题中，结合教材并做到理论联系实际，经过四年培养逐步把他们培养成具有研究、分析、解决问题能力的创新型人才，但其中要求指导教师的侧重点不同。"教务处副处长王华荣老师谈道："这项制度在初衷上是好的，只是在施行的过程中出现了一系列的问题：一是在指导教师上有的分工不明，有的由于指导的优秀本科生太多而存在指导质量的问题，这也是和我校发展迅速有关，学校每年在扩招从而造成了师资上的严重不足；二是在优秀本科生的选拔上也存在不足，没被选上的同学在心里就存在一些不满，这不仅造成了同学之间的隔阂，也不利于辅导员对班级的管理；还有就是具体的制度本身就有一些问题，如经费等。"

政史系比较早地展开优秀本科生导师活动，后来曾向全院推广，但是由于种种原因没有能够落实。具体来说，政史系调出了主任、个别教师分管学生，形成了系统模式管理，具体到学生个人，指导他们开展独立研究，体会科学探索的真正快乐和艰辛，让学生直接参与导师主持的重大科研项目。这个活动对于老师和学生都是比较有吸引力的，大家的参与也是比较积极的。但最终也没能把这项活动继续下去，与这项制度本身存在很大问题有关。化学系张老师、范老师等认为此活动虎头蛇尾，不能稳定连续地走下去，很多同学都没有听说过。张老师非常喜欢这项活动认为很好，在担任导师时曾有一名学生还发表了一篇关于啤酒方面的文章，但因为学校没有经费支持，因此只办了一届。

（三）实验模拟训练

实验教学是教学工作的重要组成部分，它与理论教学、科研互为依托、相辅相成、密不可分，是培养合格人才必不可少的实践环节。为了提高样本院校实验教学水平和科研水平，提高办学效益，样本院校注重加强实验室的建设和管理，并制订了《忻州师范学院实验教学管理办法》（以下简称《办法》）。其中包括了实验教学的目的、任务、组织、要求、考核、信息等多个方面的规定，并附有《学生实验守则》，以保证实验的安全性。《办法》指出，实验教学能使学生加深理论知识，初步掌握科研的基本方法和技能；有利于培养学生系统分析问题、综合分析问题、解决问题的能力；有利于培养学生的创新精神和创新能力；有利于培养学生的优良工作作风和协作精神。各系可以根据自身的实际选择实验教学的种类（有演示性、验证性、设计性、综合性、研究性和开放性等实验教学），制订实验教学计划，经教务处审批后执行。另外，为了充分发挥样本院校实验室的资源优势，提高实验室的使用效率，促进实验教学课程改革，提高实验教学质量，学院还制订了《忻州师范学院实验室开放管理办法（试行）》，规定了实验室开放的形式、内容、条件及其组织实施、管理和程序，这样，就有利于规范有序地做好样本院校实验室的开放工作，也能够鼓励和支持学生在课余时间参加实验教学和科技创新活动。

政史系鼓励学生参与"兴晋挑战杯"竞赛，鼓励高校青年师生积极参与课外科技学术作品竞赛，旨在发现和培养在学术上有所作为的尖端人才，是广大学生参与素质教育的新载体和参加科技活动的新形式，同时也是高校之间彰显办学水平、教育质量和学生综合素质的一个重要窗口。政史系对"兴晋挑战杯"十分关注和重视，在宣传和组织工作上也做得很到位，学生的参与热情十分高涨，获得的成果在全院里也一直处于前列。2007年5月，政史系推荐的10篇调查报告中有6篇作品获奖，占全院获奖作品总数的35%，其中《山西省"大学生村干部"政策调查研究》获得一等奖，是样本院校参加此项赛事以来获得的最好成绩，为样本院校争得了荣誉，裴云老师还获得了"优秀指导教师"荣誉称号。2009年5月，该系又推荐15篇调查报告参加山西省第十届"兴晋挑战杯"高校青年师生科技学术作品竞赛，占样本院校全部推荐作品的25%。共有10篇作品获奖，其中金奖1个，银奖1个，铜奖8个，占样本院校获奖总数的50%，邢振江老师获得样本院校唯一的优秀指导教师奖。2008年6月，在教育部组织的高等学校本科教学评估中，政史系的社会调查活动成为全院的一个亮点，受到评估专家的高度评价。教学成果"以社会实践为核心的实践教学模式探索"在2008年5月获得样本院校教学成果一等奖，在2008年9月又获得山西省高等学校教学成果二等奖。

教育系的心理学专业同学定期去心理实验室做实验，教师将班里同学分成小组进行实验，最后还要写成实验报告。通过实验，学生对某些抽象的心理学概念有了进一步的认识和理解。学前教育专业开展的实验模拟训练也很有特色，据教育系团总支书记郝佩林介绍，教育系经常由系学生会、团总支组织，系领导和相关的教师指导，开展一些与教学训练课程相关的专业技能竞赛活动，诸如绘画作品竞赛（水墨画、水沙画等）、手工小制作作品竞赛（小动物玩具、布偶、剪纸、刺绣等）。这些作品的原材料来源于生活，与现实生活联系紧密。在各种活动中影响力较大的就是文化艺术节，该活动主要向同学们展示了教育系在绘画、手工制作方面的成果，在全院形成很大的影响。在科技竞赛方面，教育系组织学生杜玉平、徐艳、平静、史建国参加了 2006 年度的第二届山西省"兴晋挑战杯"创业计划大赛，其参赛作品《让隔代教育成为优势》喜获银奖。教育系刘老师组织大二学生利用课余时间去亲子园进行了一次观摩教学。在这次幼儿园萌班观摩教学中同学们学到了很多从课本中无法学到的知识。幼儿园萌班教学的最大特色就是小班制教学，一个班只有 10 个人，萌班教学有很多的优势和好处。比如，它的教具不仅丰富而且形象逼真，教学资源种类多，学习的内容也很广泛，它教授的知识一般都有超前性，是一般的同龄孩子学不到的东西，也使这些孩子们在起点上就有了优势。此次观摩活动令很多同学都非常激动，他们在孩子们身上看到了饱满的热情、活跃的思维，对自己有很大的触动。

化学系每个学期每个同学都会做很多基础实验，其余还有开放实验、研究实验，大多数同学都积极参与，而且形式很多样，如实验技巧的比赛、实验问题的对答比赛、探究实验的研究等，教师会随着一起实验、一起讨论、一起分析所有的实验状况，然后同学们以讲课的方式相互交流，这项活动极大地加强了同学们的实验技巧和实验能力。从大二开始，化学系每一位同学必须先备课，然后做实验。所有的班同时开始，以三人为一小组轮流合作讲课题，每个人只有一次机会。每年该系还组织"大学生实验技能大赛"，主要是考查实验操作能力，教师会在报名的学生中选择一些优秀的学生参赛并给予指导。此外，范老师还带领学生参加各类科技竞赛，其中最主要的是通过系里宣传动员、学生会自发组织参加的"兴晋挑战杯"。为了配合科技创新，化学系还专门成立了科技创新部，组织实验方面的竞赛。其中，2005 年获得 1 个三等奖和 1 个优秀奖；2007 年获得 1 个二等奖；2009 年获得 1 个银奖和 5 个铜奖。

（四）专业实习

生产实习（专业实习）是高等学校理论联系实际的重要教学环节和教学形式，是学生学习实践知识和技能，使专业知识与生产实践相结合的综合性教学过程和教学阶段，是实践教学环节不可缺少的重要一环。为了进一步做好这项工作，样本院校制订了《忻州师范学院生产实习（专业实习）暂行规定》和《忻州师范学院实习基地建设与管理暂行规定》。这两项明确了专业实习的各项规定，包括实习的目的意义、组织领导、基本要求、时间安排、地点单位、成绩考核、经费以及实习基地建设的原则、条件、步骤、经费、管理等内容。规定在教务处统一领导下，由各系独立负责完成本专业教育实习任务，实习的地点由各系联系选择。

为了进一步加强大学生实践与创新能力培养，学校决定依托校内重要的研究基地和资源，建设大学生实践与创新基地，从而更好地发挥我校学科平台和科研实力优势，加强科研对本科教学的反哺作用，坚持"加强基础、注重巩固、增强素质、培养能力"的教育方针，进一步完善人才培养模式，切实提高大学生实践创新能力。实际上，样本院校在师范生"扶贫顶岗，实习支教"方面已经做出了很大的成绩，但在非师范专业方面的实习还需要加强。

（五）课题研究

为了进一步贯彻学院"围绕教学搞科研，搞好科研促教学"的总体科研工作思路，规范和加强样本院校教学研究项目立项和管理工作，鼓励广大教师、教学管理人员积极投身教学改革和提高教学研究水平，样本院校制订了《忻州师范学院院级基金管理办法》，并决定启动学生科技创新立项工作。"院级大学生课外科技创新基金项目"就是为培养大学生的创新意识，于 2007 年专门为大学生设立的基金。申报者须是样本院校在册的普通本科学生，在具有硕士以上学历或副教授以上职称的教师指导下，在一定空余时间内从事、完成项目，可获得一定的经费支持，最后还可以根据成果给予相应的学分奖励。

政史系学生参与教师的课题近几年越来越多，情况也是比较好的，形成了有领导、有组织，前期有布置、后期有总结的一整套组织模式。很多教师都会带领学生做调查研究，但是，学生参与其中主要还是起资料收集的作用，真正参与研究的还很少。这与学生的知识基础是有很大关系的。所以，虽然做这些调查研究会让同学们写毕业论文的时候比较顺利，但从理论创新方面来说还是比较困难的。政史系学生自主申报研究课题的工作主要由团总支负责，2005 年有 5 项，2006 年有 4 项，2007 年有 6 项。开展一段时间以来，申报的项目不少，却只有少数学生能够完成结题，其他课题多是不了了之。赵新平主任说，教师都有自己的课题，没有多少时间对同学们进行指导，不能够监督课题的进度，使得很好的模式没有能够发挥出其真正的作用，立项后的工作也跟不上。

化学系大一部分学生暑假随教师做 40 多天的实验，主要是培训学生操作仪器规范方面的技能，大二寒暑假已经结束了《有机化学》课程，学生已有一定的基础，可以跟着教师做课题实验。化学理论是很抽象的，但做实验可以将它具体化。化学专业的学科性质决定了学生在理论学习的基础之上必须通过做实验才能对所学知识有更深入的理解，这对学生的学习是非常有帮助的。寒暑假期化学实验都是学生参与教师课题，跟着教师做实验。每次都有十几名教师带领学生进行课题研究和实验，每名教师带的学生人数不等，但都不会超过十二个。每个学生都有教师给的一个课题。赵老师在大学生科技创新方面做了大量的工作，利用寒暑假及节假日指导本科生科学研究，最近几年先后培养了 40 多名同学，许多同学都在读研深造，其中的典型代表 07 级毕业生贾肖飞同学，本科毕业论文被评为院级优秀论文，由于基本功扎实，在读研期间很快进入角色，在美国化学会期刊 *Organic Letter* 以及 *The Journal of Organic Chemistry* 连续发表高水平研究论文。

教育系就学生自己申报的研究课题来看，主要成果集中在样本院校的大学生科技创新基金项目上，他们获得的主要成果有：2005 年，教育系有两个研究项目获得了学校的 1 000 元资助，分别是《农村家庭教育现状及对策》和《山西省中学教学方法改革的调查研究》，并且这两篇报告都在省级刊物上发表；2006 年，教育系有一个项目《忻州市流动人口子女受教育状况》获得了学校的 1 000 元资助，并且还在省二级刊物上发表。在我们参与调查的学生中，大部分都没有参与过教师的课题，仅有一两位同学参与过教师的课题，还只是帮助教师收集一些资料，发放和回收一些调查问卷，并没有亲自参与教师的课题研究。虽然很多同学有很大的热情参与教师的课题，但是，不管哪所大学，学生参与教师课题研究的都很少，主要是因为理科教师研究的一些课题大部分都是与实验相关的，学生可以利用自己所学的知识，在教师的指导下做这些实验，可能会有很多的新发现，这样学生参与教师的课题研究的可行性和可操作性较大，但是对于文科的教师来说，他们所承担的研究课题大部分都是人文社科类的课题，由于学生阅读的书籍相当得少，知识积累得不够，自身还不具备研究这些课题的基本功，而且教师辅导一个文科生完成一项科研课题所耗费的精力比自己完成一个科研项目所耗费的精力要大得多，加上学生不能持之以恒，科研态度不认真，教师就不敢把课题拿给学生去研究。

（六）毕业论文

毕业论文（设计）是实现本科培养目标、培养实践能力和创新精神的一个极其重要的教学环节，是大学生学习深化和提高的重要过程；是培养学生探求真理的科学精神、科学方法和优良的思想品德等综合素质的重要途径。为了加强毕业论文的组织管理，样本院校制订了《忻州师范学院本科毕业论文（设计）工作规定》以及《忻州师范学院本科毕业论文质量评估方案》。其中，对毕业论文的时间、选题、开题、撰写、评阅、答辩、评分、保管等都有明确的规定，也对毕业论文的质量有具体的评估标准。为了能更好地严把论文质量关，学校也高价引进了一种论文检测系统，因此，样本院校的毕业论文质量总体上是提高了。

政史系是根据学校的规定来安排本系毕业论文的写作的，一般在十月份安排，十一月份着手，所以时间比较紧，与考研相冲突，同学们忙于考研也无暇顾及毕业论文，质量不高。学院对毕业论文采取了系统检测的方法后，同学们论文质量有了很大的提高。裴云老师为了缓解考研、就业与毕业论文的矛盾，自己带领一部分学生从大二开始着手毕业论文的准备工作，经过教师一步步认认真真地指导，学生扎扎实实地写作，最终在大三的时候完成了一篇质量比较高的毕业论文，这就为大家考研、找工作留出了时间。目前这个计划正在尝试之中，并取得了良好的效果。

化学系首先根据教师的科研方向确定学生选题范围，并从上一年的十月份、十一月份开始确定题目。在指导学生选题时，教师要查大量的文献资料，不断地发现新课题，再不断地完善。教师制作并确定路线，具体的还需学生去做，再由教师分析结果。如果选题不好，便一起讨论失败原因。根据教师的精力，一个年轻的教师一般会带一两个学生，老教师会带四五个学生，教师们经常在实验室解决学生遇到的不会的问题。在做实验之前给学生提供文献方案，以培养学生看文献、理解问题的能力，再由学生整理设计内容分为几个课时，经过教师批准后学生动手做实验。每周开一次会议，学生汇报自己的工作。在这个过程中需要学生投入精力，积极思考，学生能做又能想才达到了培养目标。该系大多数学生都是先考研再写论文的，系里的教师认为考研、就业与毕业论文之间不存在不可调和的矛盾。

教育系通过为大四学生开设毕业论文指导课程，使学生们能够提前掌握一些写作毕业论文的技巧与方法，了解毕业论文写作的基本格式以及收集和组织材料的方法，大大地提高了写作毕业论文的效率和质量。

（七）假期社会实践活动

团委的程老师在谈到这项活动时说："同学们要积极开展暑期实践创新活动，因为创新应用型人才是当代社会需要的，其自身除了要有丰富的知识之外，还要有很强的创新实践能力。暑假两个月的时间对我们而言是一个良机，实践创新活动是我们大学生开展综合实验、科研训练、广泛接触社会、增长知识、锻炼成才的有效途径，是我们了解国情、服务社会的必由之路，是广大同学知识常新的重要源泉和提高自身素质的重要推动力量。"但是，据了解，样本院校团委并没有组织过全院性的假期社会实践活动，所以很多系也没有开展这方面的活动。

政史系的社会调查活动是大学生参与社会实践活动的主要方式之一，特别是文科生培养实践能力和创新精神的较好途径。自 2004 年以来，政史系大力开展社会调查活动，取得了显著成效，同学们在活动中得到了发展，社会调查成为该系的教学特色。政史系的社会调查分为学生自主选定课题调查和学生参与教师课题调查两种方式。在赵新平、裴云等教师的管理和带动下，学生可以自主选定课题，也可以利用寒暑假期间做教师的课题调查，发放问卷，收集资料，书写课题调查报告。2005年及2006年上半年这三个学期基本上是作为课程实践的形式来进行的。从2006年开始，每个寒暑假，系里都会发放统一的文件确保社会调查活动的有序开展。2007年下半年成立了社会实践部对社会调查进行专门管理，2009年5月1日还开通了专门的网站——行知网进行展示。每个假期同学们所交上来的调查报告都会记录学分并评定等级，对于优秀者发放一定的奖金以示鼓励。这些优秀的调查报告中有很多也成了"兴晋挑战杯"的备选作品，可以说，这项活动的开展为参加"兴晋挑战杯"做了充分准备。

教育系由相关的教师积极组织学生在寒暑假深入社会进行实践调查，并顺利地完成了调查报告。教育系每学期从同学们的调查报告中评选出比较优秀的，并给予奖励。该系打算将这项活动继续进行下去，并且扩大调查的范围，确立更有深度的调查课题，把一批对此有研究的教师组织成为一个调查研究小组，对同学们的社会实践调查给予指导和帮助。

二、全程实践教学的不足分析

（一）课程设置尚需调整

（1）理论课程不注重学生实践创新能力的培养。样本院校的理论课程基本上是纯理论的讲述，尤其是文科专业，基本上都是教师在滔滔不绝地"灌输"，很少注重对学生实践与创新能力的培养，缺乏必要的实践，造成学生只会动嘴不会动手的现状。从我们的问卷调查中也可以看出，大多数同学认为只在1~5门以理论为主的课程上，教师组织过一些具有创新意义的活动，在理论课程的作业中进行了钻研，写出了自己独特的意见。在大学四年中，我们学习的课程至少有几十门，却只有1~5门理论课程是具有实践创新意义的，这明显地反映出了样本院校理论课程教学中的弊端。

经管系设有本科工商管理、会计学专业和专科会计电算化、电子商务等专业，专业的特点决定了其理论课程必须有很强的实践性，因此，经管系建立了多个实验室配合理论教学。ERP沙盘模拟实验是会计学、财务管理等专业继基础会计、财务管理、市场营销、企业战略管理、生产运作等管理类课程之后开设的一门综合性实验课程；在财会模拟实验室开设的课程有会计学基础、中级财务会计、成本会计等。实验室教学为教师教学提供了一个很好的平台，通过实验加深了理论，激活了思维，学生收获很大，教师教学也轻松了很多。但是，目前还存在很多问题，如经费紧张问题，实验室设备得不到及时更新，实验跟不上理论的步伐；学生课下对实验没有钻研，课堂学习是有限的；课上实验教学与课下反思未形成良性配合等。

艺术系是一个实践性占主导的系，与其他更注重理论课程的政史系、物电系、中文系、外语系相比，艺术系的一些主要工作都体现着实践创新性。因此，该系学生大部分时间都在参加各种实践活动，极大地占用了学习理论课程的时间，从而导致学生只懂得技术而不懂得理论，短期来看其技能有了很大的提高，但最终会由于知识水平的限制而阻碍其发展。

（2）设置一定数量的实践课为必修课，但比例很小。样本院校的课程体系中，理论课程比重高，实践课程比重低，虽然军训、劳动、支教等都是面向全院学生的实践类的必修课，但未体现对学生实践创新能力的培养，学生知识结构狭窄，教师权威式的教学方式不利于学生潜在能力的发挥。从问卷调查的结果中也可以看出，四年大学学习生活，大多数同学认为只学过 1～5 门实践课程，比例是非常小的，大多数学生只能应付考试，缺乏实践和创新能力。

教育系在实践课程方面成果不是很多，而心理学专业做得较好，开展了很多与专业相关的技能训练课程，如钢琴课、书画课、手工制作课等，还有英语教学论。这些课程充分丰富了学生的生活，开阔了视野，也能培养其多方面的素质和能力。但事实上由于开设的课程多，教授这些课程的教师缺乏，没有专职教师，大多是别的系的教师任教，自然不太重视这些课程，没有达到预期的效果。同时这些课程开设的课时较少，学生学的课程种类多，但大多只是习得一些皮毛而已。所以，现在一种普遍的情况就是文科类的课程较理科类的课程而言创新少，文科类的科研涉及的范围广，没有一个具体的评定办法，课内大多只能讲一些枯燥的理论知识，实践方面很难出成果，所以对实践课程也不够重视。

法律系开设了《法律职业技能训练》课程，这门课程可以提高学生的实践能力和法律职业技能，是法律系的一门必修课，在长时间的实践和探索中，已经取得了显著的成绩，获得了忻州师院教学成果一等奖、省级教学成果三等奖，发展前景是广阔而光明的，但类似的课程开设还是比较少的。同时，在目前法律职业技能训练过程中，还存在一些缺陷和不足：首先，它不仅仅要求有足够数量的教师资源可供调配使用，而且对教师的敬业精神和知识能力结构方面有着明确的要求；其次，案例来源数量少而且缺乏真实性；再次，在物质保障方面，主要还是靠自己解决，没有足够的资金可用，很难可持续发展。

（3）实践课程形式比较单一。中文系根据学院规划制订了本专科的《人才培养方案》，其中课程方面的设置也结合了本专业的特点，如写作课、课程教学论等，但这类课程仅占总体的 10% 左右，而且都是围绕教师技能来展开活动的，形式比较单一。比如，教学论这门课程是以学生讲课为主的，每个学生都有登台讲课的机会，学生们也倾注了极大的热情，因为他们意识到自己将来很有可能做一名教师，所以比较注重这方面的锻炼。同时，教师会针对教学的方法给学生一定的理论指导，当学生模拟教学时，会根据不同学生的不同情况予以评价和建议。数学与应用数学专业对学生的实践能力要求较高，但数学系的实践课程仅占总课程的 16.3%，相对来说还比较落后。《数学建模》和《数学实验》是两门综合性较强的课程，着重培养学生结合所学知识解决生活中的实际问题的能力。不像原来的数学教学，学生掌握的只是知识，欠缺动手能力，培养出来的学生根本不符合新世纪的要求。开设这些理论（实践）课程后，教师容易讲授，学生容易接受，利于培养学生对数学的兴趣。通过采用做实验、写论文的考核方式，进一步激发了学生的实践动手和创新能力，也符合"数学与应用数学"这个专业的要求。地理系的实践课程与理论课程接近 50% 的比例，每门理论课程都配有运用性、验证性的实践活动与实验，重视学生的参与性，对学生理论联系实际、运用理论指导实际是有很大帮助的。另外对学生的就业也起到很重要的作用，使学生得到能力上锻炼的同时，人生观、世界观、价值观也得到培养和锻炼，使其对社会形成新的看法，处事能力得到改善和提高，对事物形成感性和理性的双向认识。此外，余老师在案例教学中结合专业知识并穿插时事政治，注重学生理论知识的践行过程，对于学生夯实基础进一步挖掘知识体系是有帮助的不仅培养了学生应用能力，对现实问题的分析能力，还能培养了学生良好的表达能力。

（4）实践教师重视程度不够，实践资源有限。随着教学改革的不断深入，物电系的教师日益注重实践的作用并已经形成了"理论与实践二元一体，时间重于理论"的总体教学思路。在这种思路的指导下，物电系的学生在掌握好专业基础知识的同时，也很好地锻炼了自己的实践能力，为以后就业打下了坚实的基础。在实践中学，才能真正地学到知识，而且在学习的过程中享受兴趣，这一点值得其他各系借鉴。该系虽然日益注重实践教学的作用，但很大一部分只是思想上重视，并没有落实到行动中。在我们的调查中，我们发现该系的实践课程在整个课程体系中只是九牛一毛。在访谈中，很多教师也说到，理科生就应该多做实验，锻炼自己的动手能力，而不是只停留在课本。可是，我们在实际中，却并没有看到他们对实践课程的重视。追根溯源，之所以存在这一问题的原因就在于：第一，教师们的重视程度不够。他们并没有恪尽职守，认真地指导学生们的实践课程，空谈理论课程明显省心又省力，结果可想而知。第二，实验室数量有限。虽然物电系 2008 年购进了光学实验平台，但实验室器材贵重，明显供不应求，很难实现全天候开放。而且有些实验课程鉴于实验室有限，只能通过压缩实验课时来缓解这种供需矛盾。化学系的专业性质，决定了该系的课程没有纯粹的理论课程，基本上都是理论与实践相结合，理论课与实验课相配套，注重培养学生的实践能力，从而使学生更好地理解那些深奥的理论知识，提高自己的操作能力。因此，该系的理论和实践课程的比例是 1∶1，系里在这方面也给予了大力支持，比如实验室对学生完全开放，系里对开放实验室也制订了一些具体的规章制度来保障实验室的有效利用。

（二）实验模拟训练开展受限

1. 课内实验模拟训练组织少，效果差。从整体上看，大学生实践与创新工作在样本院校的实际地位并不高。因此，很多在这方面工作积极的教师都抱怨学校的不重视，大学生实践与创新工作在很大程度上是"虚""假""空"，有关部门所起的作用也很有限。从调查结果来看，一半以上的同学只参加过 1~5 次的实验模拟训练，文科与理科相比，更是少之又少。其中，只有 39.3% 的学生认为收获比较大，有 6.1% 的学生认为收获很大，可见这些活动的开展效果确实不尽如人意。在所有的实验模拟训练中，教师技能大赛的影响最大。可以看出，样本院校在培养学生教学技能方面的实践活动是比较重视的，开展得也比较成功，但是对于其他活动，如场景模拟、旅游管理教学实践等则效果很差，加上这类活动专业性程度高，因此，开展范围有限，数量不多，参与人数也很少。

2. 课外实验模拟训练参加人数少，影响范围小。参加各类学术竞赛，可以有效地激发学生的创新意识和精神，形成良好的创新环境和氛围，提高学生的创新能力。但是，样本院校大四学生中有 68.4% 从没参加过各级教育部组织的大学生科研成果竞赛活动，其余的同学也很少参加这种竞赛，参加 5 次以上的人只有3%，可见在这方面，学院做的工作还比较少，很多学生都没有听说过这些活动，更不用说参加了。即使一些同学比较了解这些活动，他们也没有强烈的意愿参加。一方面是由于自身知识等方面的能力限制；另一方面，学生获奖后，学校的物质还是精神奖励都很少，甚至没有，所以使大家表现得越来越不积极，很多同学只有在教师的严格要求下才会表现出积极的一面。

（三）专业见习、实习组织少

专业见习效果组织少。专业见习不同于专业实习，它是专业实习的前奏，有针对性、指导性较强的见习，不仅能够帮助学生更好地理论结合实践，强化专业知识，深入理解教育、教学的目标和策略，而且能很大程度地发挥学生的主观能动性，培养良好的学习习惯、探索精神和创新能力。通过教学实践中的摸索与探讨，专业教师的协助与指导，学生逐步获得实践工作的能力。但是据我们调查，样本院校 06 级学生四年时间，参加过 6 次以上专业见习的学生只占 23.8%，还有 26.1% 的学生一次也没有参加过。其中，只有 9.9% 的学生认为在专业见习中收获甚微。大多数同学还是认可通过见习可以学到很多在课堂上学不到的东西，但是，学校组织的见习活动太少，基本上只能依靠个别系、教师来组织，又局限于经费问题，因此，学校在这方面的重视程度还应该加强。

虽然"顶岗实习支教"活动开展得有声有色，但非师范专业的校外实习却不稳定。目前，"顶岗实习支教"已成为样本院校的一大招牌，通过一个学期真正深入农村接触基础教育，可以有效地提升学生的教学能力，对将来就业也有很大的帮助。而对于非师范专业如旅游管理、法律、经管，则没有那么稳定充足的实习基地，在很大程度上要靠学生联系实习单位，这不免会使实习效果大打折扣。很多同学可能并不去实习，而是随便找人代填一个实习证明了事，并不能使自己在实习中有所提高；还有的同学虽然去实习了，但做的都是一些本专业以外的事情，也不能有效地把所学理论运用于实践。

（四）课题研究参与度低

在课题研究方面，样本院校做得并不好，从调查结果可知，有 72.6% 的学生从没参加过大学生课题的申报活动，有 53.6% 的学生也从没参加过教师的课题研究项目，这两项数据均占了学生总数的一半以上，可见这些活动的宣传和开展并不到位。在所有的课题研究项目中，有 55.8% 的学生都认为没有对自己影响大的课题研究活动，认为"兴晋挑战杯"影响较大的学生数只占到了 1.9%，还有很多学生并不知道这项竞赛，更别说积极参加了，这说明样本院校在这方面的工作确实有很大的弊病，需要不断强化。

政史系表示参与课题研究很多，但成果不大。政史系学生参与教师课题比较多，这样可以充分调动学生的学习热情，促使他们把课堂学习的知识转化为科研探索的工具；也能够帮助大学生学习一些科学研究的方法，促进其实践、创新与科研能力；还能够帮助教师高质高效地完成科研课题，更好地完成科研和教学任务，巩固和发展已经取得的各项教学科研成果。此外，在 2005 年、2006 年、2007 年，政史系申报的院级大学生科技创新基金项目分别是 5 个、4 个和 6 个。但由于制度运作、教师精力、学生意向、资金等问题，最后结题并发表的却寥寥无几，也就不能激励学生参加这项活动。长此以往，必然会像"优秀本科生导师制活动"一样成为昙花一现的现象。

化学系表示一直致力于课题研究,但是很多项目都没有结果。对于假期学生参与教师课题方面,化学系还是取得了较大的成果。在每个假期,该系的几位教师都会带领一些学生做实验,他们放弃了休息时间,整日在实验室里研究、操作,最后写好总结报告或者论文,其中有很多优秀论文都可以发表或者作为毕业论文。通过操作实验,学生的科研能力和创新意识都有了很大的提高,也为考研增加了机会。但在2005、2006、2007年,化学系都申报了院级大学生科技创新基金项目,数量分别为7项、2项、3项,2008年申报省级大学生科技创新基金项目1项。虽然大学生科技创新项目口号很响亮,但具体落实到做和管理上都不到位,资金方面也比较缺乏,导致很多项目都无法继续进行下去。目前还存在这样一种现象,在核心刊物上发表了文章,第一作者署名是教师就有奖励,署名是学生就什么也没有。或许是因为当学生毕业走后,教师还留在学校继续为学校服务,就只奖励教师。或者教师发表的文章多了,会让外界觉得学校里教师水平高,会提升学校的形象,必须用物质的奖励鼓励教师多带领学生做实践与创新方面的工作。这种奖励制度在很大程度上扼杀了学生实践创新的激情。而且,有的学生发表的论文虽然得到了专业领域的认可,并邀请他去参加相关方面的专业研讨会,但因为缺乏经费,也得不到系里的支援,便只能放弃。

教育系表示课题研究取得了一定的成果,但覆盖面不大。2005年,教育系有两个研究项目获得了学校的1 000元资助,他们分别是《农村家庭教育现状及对策》和《山西省中学教学方法改革的调查研究》,并且这两篇报告都在省级刊物上发表;2006年,教育系有一个项目即《忻州市流动人口子女受教育状况》,此项目获得了学校的1 000元资助,并且还在省二级刊物上发表。教育系学生杜玉平、徐艳、平静、史建国还参加了2006年度的第二届山西省"兴晋挑战杯"创业计划大赛,其参赛作品《让隔代教育成为优势》获得了银奖。但在开展的科研课题研究中,主要还是以教师为主。教师做出了很多阶段性的成果,对学生参与教师课题研究和学生自主研究还不够重视,大多数同学都没有参与进去,或者只是做一些搜集材料的工作。有些教师谈到,对于教师的课题一般都是教师之间进行合作,学生的知识储备和学术水平不足以达到研究课题的程度。如果在教师指导下进行会花费很长时间、很大精力,最后效果也不好,有些教师让学生参与也只是要求他们负责联系做问卷,所以会产生许多困惑和问题。加上课题研究的现状主要表现在课题研究的功利性、浮夸性与无效性,概而言之就是缺乏求真务实的科研态度。

（五）毕业论文质量不理想

1. 毕业论文质量欠佳

虽然学校三令五申要提高毕业论文的质量，还购买了一套检测设备防止抄袭，但还是存在着极大的问题。虽然毕业论文关系到自己的毕业问题，只有少数同学不认真对待，但投入巨大精力的学生也只占45.1%，大四学生都忙于考研、找工作，精力分散严重，有些甚至找人代写，为了避免查重，将论文改得句不成句，对核心概念理解不到位，可以想象，毕业论文的质量很不理想，很多论文只是慌乱中材料的堆积，或者干脆是拼凑硕博士论文得来的，得不出自己的观点；加上教师的同情，不忍将学生的毕业论文判定为不合格，很多学生也觉得学校最终都会让其毕业，蒙混过关，认为毕业论文不需要投入太大精力，这点也是犯了极大错误的。

2. 师范专业学生选择教育类课题的少

样本院校是一所师范院校，大多数学生将来要从事教师职业，因此不能不懂教育，不能不钻研教育。但就目前的情况来说，样本院校大多数师范专业毕业生在进行毕业论文选题时，都是选择与自己相关专业性强的课题，而不选择与自己就业联系紧密的教育类课题，可见在实习支教时，并没有寻找自己研究课题的意识。没有问题意识，对基础教育实践中问题没有敏感性，这显然与我们专业的教育性不符，也与我们未来的发展方向不符。

教育系表示开设了专门的毕业论文指导课，但毕业论文质量较差。教育系在毕业论文这一方面，较其他系有一大特色：提前开设了一门毕业论文指导课。通过大四上半年的毕业论文指导课程的开设，不仅使学生们了解写作毕业论文的基本格式，而且还使学生了解怎么去发放和回收调查问卷，怎么去分析这些调查问卷，怎么去测评这些问卷的有效性和真实性，以及怎么去整理和加工收集回来的这些散碎的资料，同时还了解了怎么去完成写作调查报告，即自己的毕业论文。但现在毕业论文的操作规程已形成常规性的东西，也因为这样，使得学生的学习带有了很大的功利性，部分学生只挑选自己认为有用的学习，知识面比较窄，尤其是对于非心理专业的学生来说，由于涉及处理数据方面较少，对于SPSS学习没有硬性规定，学生在畏难情绪影响下尽量避开需要数据处理的选题，采用自己认为方便操作的观察法和访谈法。但是由于理论基础薄弱，观察和方法得不出有意义的结论，多是一些访谈资料大白话的堆积。有些利用问卷调查法，对问卷数据处理多处在基本百分比呈现，不能挖掘现象背后各因素之间更深层关系，这也使得毕业论文调查和没调查一样，不调查也能知道结论。同时他们在学习过程中忽视基础知识，学习内容单一，觉得理论知识学习好像就那么回事，甚至大四一些学生在学习期间就私自提前逃课工作了。到交毕业论文的时候就东拼西凑，大部分学生把其他一些好的硕士甚至是博士的论文复制过来，改一改人名、地名、时间和数据，就成为自己的论文了，没有严格做学问的态度。对于论文模板格式都要改到三到四稿的时候才有个正规论文的样子，很多教师表示前几稿根本就顾不上看内容，最终成型往往要改十多稿。出现这些现象的原因在于学生的专业书籍阅读得太少，仅仅局限于课堂上听听，课上模棱两可，课下不钻研当然写不出有水平有想法的论文。学生们的观念还没有改变，因此他们在学习上很懈怠，根本就不用心去学习。教学效果是双方的，教师指导了，学生却不用心学习，这也达不到预期的效果，而且由于教育系毕业生较多，每个教师都要指导将近十个学生甚至更多，导致教师没有精力和时间更多要求学生。

（六）假期社会实践活动缺乏管理

有44.3%的学生表示从没参加过各级团组织或系班组织的假期社会实践活动，这个比例还是很大的，很多系并没有组织过这样的活动。他们绝大多数的时间都在学校忙于学业，只有暑假和寒假两个长假得以回家休息，如果不利用这么长的假期参加社会实践，就会浪费宝贵的时间，难以使自己的实践能力真正得到提高。参加过假期社会实践活动的学生也只有28.5%的人认为收获比较大，有6.9%的学生认为收获很大，这说明我们组织的活动受到各方面的制约，效果还是不太好。其中，对同学影响较大的前两位假期社会实践活动是"三下乡"和社会调查，说明我们需要在这两个方面继续发扬，办出特色，并兼顾其他活动，带动大家在假期中积极参与社会实践，提升自己的实践能力与认识社会的能力。

教育系表示假期开展了社会实践活动，但缺乏必要的制度管理。教育系有一些教师在假期会组织学生做一些社会调查，对比较好的报告予以奖励。虽然在这方面也写出了一些较好的调查报告，但大多数同学的参与热情并不高，大都是为了拿学分，在网上剪切一些应付差事；还有就是学生本身对自己所学的专业不感兴趣，也就谈不上主动去调查与专业相关的一些课题了，大家对这个活动的认识不够，加之系里对这个活动的重视程度不够，不仅缺乏专业的教师，还没有对这个活动的评价机制、奖惩制度，没有形成体系，总体活动开展得不是很好。

（七）教师教育全程实践教学活动流于形式

学院整体情况是成果丰硕但内容陈旧，形式单一。样本院校在全程实践教学活动制订了相关的制度，采取了一定的措施保证完成，其中很多地方都取得了较大的成就。比如，全程实践教学活动在全院得到了推广，大四学生中只有26.6%的人没有参加过，参加过的学生有84.3%的人都觉得自己收获很大，表示这项活动是非常具有实际意义的，可以充分锻炼自身的教学素质和各方面的能力，对自己未来职业发展有很大的帮助。但是这些活动缺乏创新，内容单调，形式单一，少有突破，只不过是把教育方面的课程整合了起来，很多活动只是流于形式，走过场现象严重。

政史系表示全程实践教学活动虽然锻炼了学生的能力，提高了学生的素质，但过于形式化。全程实践教学活动是指师范大学生在大一到大四的学习全过程中，根据学生各阶段的特点而展开的时间性、系统性、连贯性特点明显的实践教学方式。活动内容包括学生在从事教师职业所必须掌握的一些知识、技能和道德素质的训练、评比。政史系各班在系里统一安排下，每学期都会将学生分成若干小组，制订本学期的活动计划，进行模拟课堂、普通话以及三笔字方面的活动。学生自己也可以从别人身上学习优点，弥补缺点。同时，系团总支学生会通常举办一些比赛，邀请一些教师和优秀学生做评委，并安排一些适当的奖励。全程实践教学活动深受教师和学生的喜爱。但是，整个活动缺乏系统性和连续性，经常为了检查被迫进行，这严重挫伤了学生和教师的积极性，只是为了完成任务而努力。

中文系表示全程实践教学活动涉及范围广，但内容单调。为了贯彻落实忻州师范学院"地方师范院校人才培养模式综合改革"项目实施方案和教师教育全程实践教学工作实施方案的精神，更好地践行实践教育思想，扎实推进教学改革，提高学生毕业后从事教学工作的基本素质和技能，中文系根据其专业培养目标，特制订了本专科《忻州师院中文系教师教育全程实践教学活动方案》。领导组织督促，教师专门进行指导，学生也积极投入到日常的学习训练中，使全程实践教学活动有序开展。但是，这个活动仅仅是围绕培养教师技能而推行的，因此非常单调，与课内实践活动相重合，时间一长很多学生便产生了懈怠心理，不再认真准备，只为应付检查，这种情况是非常有害的。

外语系表示全程实践教学活动极具特色。外语系从领导到教师、学生都比较重视这一活动，突出实行"教师教学技能训练计划"的专业方向性课程的教学模式，新计划中把各专业"英语教师职业技能训练"作为必修课程。据此，外语系拟订了教师职业技能训练计划，贯穿新生入学到毕业的全过程，内容包括：教学法和教师职业技能课程的师资建设、教学条件的改善、教育实习的实施、建立英语教师职业系统（分年级按层次进行）、建立英语教师综合素质的自评体系等，有望在未来三年内形成具有本专业师范教育特色的体系。外语系严格按照教学计划和学院的有关规定进行，有整体计划和具体安排，精心组织，严格检查和考核，认真总结。特别是外语系大部分学生在顶岗支教实习中表现良好，受到了实习单位的称赞，涌现出了像冯振霞、任晋萍这样受到周济部长赞扬的优秀顶岗支教实习学生，这与平时外语系注重课内外实践教学是分不开的。学生普遍反映在专业教学实践中增强了专业实践技能，提高了分析和解决实际问题的能力。2007年新修订的教学计划进一步加强实践教学环节，包括军训、顶岗支教实习、毕业论文、劳动等内容。为了培养学生的知识应用能力和职业素质，实现学校和用人部门相结合，理论与实践相结合，外语系全体师生按照教学培养目标，系统地掌握专业知识，尤其是在教师技能方面，全系教师对实践性教学严格把关，不仅是同学们巩固了专业知识，习得新知识，而且同学们也提高了实践动手能力、语言表达能力和创新能力等。

教育系表示全程实践教学活动有序开展，但学生在其中处于被动地位。自2008年5月份以来，教育系响应学校的号召，开展了全程实践教学活动，这项活动在系里面已经形成定制，确定了开展的时间、地方和相应的指导教师，对教育系学生的教师技能进行了全面的辅导和培训。教师采取分组听课的方式，对学生的理论和技能情况进行了解，从备课、讲课到评课等各个环节都给学生提出了具体的建议和指导，使学生们受益匪浅。同时培训的内容丰富（粉笔字、普通话、教学设计等）也使学生能够顺利地参加学校的扶贫顶岗实习支教活动。教育系由相关的教师积极组织开展扶贫顶岗实习支教的岗前培训活动，安排了专门的岗前培训课，由专业的教师指导，教授同学们当教师的各种能力和注意事项。但在这项活动中，教师教什么学生就学什么，实践的主动性不够，教师的指导热情也不够，同时专业课占主导地位，全程实践活动开设的课时比较短，学生多是一开始较为新奇，活动结束后缺乏进一步反思和改进，还是得不到充分的锻炼。

体育系表示全程实践教学活动很有特色，但社团活动不活跃。在体育系的全程实践教学活动中，与其他系不一样的地方在于非常重视对大一学生融入大学生活、融入班集体的培养，所以有的班级会倡导学生们在一起，每天唱一首歌，锻炼自己的胆量胆识。一方面，可以协调同学们之间的关系；另一方面，对于提高同学们的语言表达能力等各方面的都有帮助。但是，该系在社团活动方面还是比较缺乏的，只有一个对本专业实践性较强的"俱乐部"活动，在丰富学生课余文化生活方面还应继续努力。

法律系表示全程实践教学活动不深入，制度不完善。在全程实践教学活动方面，法律系还没有形成一个统一、完整的机制，而且这项活动只是面对专科生，本科生由于不去支教，所以就没有全程实践教学这一方面的内容。此外，另一个困难是如何把本系学生在授课过程中的大学思维改变为小学或中学思维，如何站在小学生或中学生的立场、角度去思考问题，要理解和把握小学生或中学生的思维方式，抓住他们的心理特征，只有这样才能融入学生中去，才能把学生教好。

化学系表示全程实践教学活动虽然开展得有声有色，但不应把非师范专业与师范专业同等对待。在全程实践教学活动方面，化学系和其他各系的不同之处在于他们成立了一个"全程教育教学实践社团"，参加的人数很多，形式也很多样，有比赛、演讲等。参加这个社团的大部分是大一大二的学生，他们自己准备课件讲课，也会组织一些人听课、评课，以此提高自己的教学能力。但从08级开始所招的学生都是非师范类的，没有专业实习方面的工作计划和建设专门的实习基地，还是按照师范类学生培养，目标是做一个合格的中学教师，在实践上也只参加扶贫定岗实习支教，这未免有些不妥。既然是非师范专业，就要与师范专业区别开来，他们的培养目标本身就是不一样的。

数学系表示虽然全程实践教学活动为支教做了准备，但形式化严重。数学系的全程实践教学活动有一整套执行方案，不同学期有不同的活动内容和要求，每周活动内容做了具体细化，由指导教师协助所指导班级，各小组在学期初第一周确定活动日程，填写《数学系教师教育全程教学实践活动各班学生分组表》及《数学系教师教育全程实践活动各班分组活动日程表》。学期中每次活动都有记录，并填写了《数学系教师教育全程教学实践活动记录表》。通过支教前的讲课、评课，可以让别人对自己提意见，也可以学习别的同学的长处。另外，开展这项活动对以后的就业有很大帮助，可以提前接触教师这个角色，相对于其他高校有更多的实践机会。但是，由于每个同学讲课的机会少，缺乏专业教师的指导，又使这项活动的效果大打折扣，由于不是强制性活动，很多同学并没有真正投入其中，而只是走走过场，导致效果不太理想。

计算机系表示全程实践教学活动认真开展，但缺乏社团活动。计算机系的全程实践教学活动主要是针对支教和教学整体过程中的一些薄弱环节，如学生实践能力薄弱，理论与实践有些脱节，通过检验一些不足，发现漏洞以期及时获得补充，以培养学生教学实践能力和多方面素质，也为学生将来就业做准备，结合教学计划而做的一项教学实践活动。它根据不同的年级做出不同的培训方案，举办了多种形式的活动，切实从情感和技能中提升学生的素质和能力。对学生增强实践、表达、沟通交流学习等各方面的能力，如吃苦耐劳、克服困难等。从近期看为学生打基础以备之后就业能有选择，从长远看为其以后成为一个有能力、有素质、合格的、有用的社会人做准备。这也是对教学的延伸，能促进教学水平的提高，培养较强的教学能力。总之，无论对哪个方面都是有意义的、有价值的一件事。但是，对于提升学生其他方面素质和能力的社团活动来说，计算机系做的还是不到位的。据我们调查，计算机系并没有成立自己的社团，不注重这方面的培养，仅仅局限于本专业的科研活动中，限制了学生其他方面的发展。

除了以上七项内容，还有优秀本科生导师制活动对学生的科研能力有很大的帮助，样本院校也在这方面做了很多努力。但是学院开展这项活动以来，效果却很不理想，有34.7%的学生都没有听说过，而有44.5%的学生虽然听说过，但是不太了解，只有9.7%的学生对这项活动还比较了解，但没有参加，只有1.1%的学生参加过。虽然在学校进行了组织，制订了计划，但由于没有配备指导教师及资金，导致无法继续下去，号召多，落实少，耗费了大量的人力、财力、物力。可见，这项活动无论从宣传还是实施上看，效果都不好，参加的人数少得可怜，各系都没能实施下去也就不足为奇了。社团活动很多，但与学生专业特点和知识结构联系不紧密。样本院校学生会、社团活动很多，但大多数活动都是娱乐性的，如文艺晚会、拔河比赛、模特大赛、放映电影等，真正让学生运用所学的专业知识发挥自己的特长，为社会做出贡献的很少。即使举办了这样的活动也激发不了学生的兴趣，参加的人寥寥无几。比如政史系的读书社，目的是让大家多读一些书，互相交流思想，但是大多数学生都不愿意参加，这与样本院校的文化氛围和学生的思想认识有很大的关系。

第四节　全程实践教学实施方案分析

院（系）二级全程实践教学体系的设计主要由三个部分构成。一是制定系层面的全程实践教学活动实施计划，针对不同学期、不同年级、不同专业的特点做出有针对性的实施计划，含有活动目标、内容和要求；二是制订每学期具体的全程实践教学实施方案，根据不同年级专业特点制订具体的实施方案，说明指导教师的具体工作内容，给出具体活动要求及考核要求；三是对每学期的全程实践教学活动做出总结，不足之处给予修订和完善。

系层面的全程实践教学设计旨在为了贯彻落实样本院校"地方师范院校人才培养模式综合改革"项目实施方案和教师教育全程实践教学实践工作实施方案的精神，更好地践行实践教育思想，扎实推进教学改革，提高学生毕业后从事教学工作的基本素质和技能。根据各系专业培养目标，特制订《某系教师教育全程教学实践活动方案》。全程教学实践活动以班级为主体，每班分成若干个小组开展教学技能训练（每小组不超过15人）。辅导员任组长，班团干部及各组长组织实施，并由组长具体负责考核，各小组根据每学期活动任务制订出该学期每周实施计划，开展各项教学技能训练和教学知识的学习。专任教师对教学法等进行指导，每小组活动时要有记录，活动结束要有小结，总结活动效果，各系组织定期深入班级考察，与学生进行座谈、讨论，保证教师教育全程教学实践活动的顺利进行。

表2.4 教师教育全程教学实践简表

一年级	第一学期	着重解决学生普通话及表达能力	除理论课讲述外，主要以活动联系带动能力的提高
	第二学期	着重板书能力、写作表达能力训练	
二年级	第三学期	语言表达能力训练	依托各种小组及社团活动进行技能培养
	第四学期	教法知识的学习	
三年级	第五学期	课件制作	掌握教师应有的技能，使学生能够运用现代教育技术从事基本教学工作
	第六学期	编写教案、登台试讲、综合训练	
四年级	第七学期	参加实习支教	到指定实习基地见习，校内外指导教师全程指导
	第八学期	实习支教总结提高与反馈	支教经验总结与反馈，召开支教生与支教学校指导教师座谈会，对校内教学进行反馈指导

一、全程实践教学活动实施计划

全程实践教学活动实施计划旨在结合学院要求，保证全系层面全程实践教学活动的顺利开展和实施。全程实践教学活动实施计划是针对不同学期、年级、专业的具体情况做出有针对性的实施计划，含有活动目标、内容和要求，结合每学期开设的专业课程内容及其难易程度，会对实施计划做出及时调整。

（一）某系2013—2014学年第一学期全程实践教学活动实施计划

为全面落实学院办学指导思想，培养大学生的创新实践能力和职业能力，提高实践教学质量，结合教育系各专业特点、年级特点及教学实际状况，特制订本计划。

一是全程实践教学活动的目标。围绕各专业技能的养成，依据不同年级的学科及其能力的培养目标，着眼于服务实习支教，强化各年级学生的教育教学技能的综合运用能力，培养学生良好的职业适应能力，为参与实习支教工作做好准备，为以后的职业生涯夯实基础。

二是全程实践教学的活动内容。教育学专业主要以教育教学实践为主，培养一专多能复合型人才；心理学以专业教育实践为主，培养具有较强实践与应用技能的心理咨询者；学前教育专业是以教育教学实践与综合实践为主，培养具有创业意识和自主创业能力人才。

三是全程实践教学的活动要求。①由指导教师和各年级辅导员领导，根据年级特点合理安排工作。各班及各小组在进行教学实践工作前做到有计划、有方案，一周活动不少于1次，每次1小时。②各班辅导员严格按照学院要求，在规定的时间周密规划、积极组织所带班学生做好各项工作，使学生的教师技能和综合素质不断得到提高。③各组及指导教师均应就实践教学活动制订计划，做好活动记录，撰写活动总结。④活动中注重发挥学生的主动性，创新实践活动环节，培养学生的合作互助的精神

（二）某系2013—2014学年第二学期全程实践教学活动实施计划

为全面落实学院办学指导思想，培养大学生的创新实践能力和职业能力，以服务于地方基础教育发展，结合教育系各专业、年级特点及教学状况，特制订本方案。

一是全程实践教学的活动目标。继续强化各年级学生的教育教学技能的综合运用能力，培养学生良好的职业适应能力，为参与实习支教工作做好准备，为以后的职业生涯夯实基础。

二是全程实践教学的活动内容。一年级主要侧重基本功训练，比如口语训练、普通话比赛、辩论赛、演讲、三笔字比赛等，以多种活动形式展开；二年级主要在学生掌握教法和教学技能基本理论的基础上进一步强化和训练，为下一步支教做更好的准备工作，主要以说课、导课、讲课、备课为主；三年级主要根据学院支教工作安排上学期的实践教学，下学期联系各专业实习基地，利用课外进行见习；四年级侧重综合实践提高和就业指导。比如开展一些研讨会，通过实践教学后，结合教学中所存在或遇到的实际问题进行研讨，有针对性地提高教学水平。

三是全程实践教学的活动要求。①各班及各小组在进行教学实践工作前做到

有计划，有方案，由指导教师和各年级辅导员领导，根据年级特点合理安排工作。每班根据实际情况将学生进行分组，通常以 10 ～ 15 人为准，每组要有专人具体负责。每次活动一周不少于 1 次，一次 1 小时。②各班辅导员严格按照学院要求，在规定的时间内周密规划、积极组织所带班学生，做好该执行实践教学方案各项工作，在本学期整个教学体系和过程中贯穿始终，使学生的教师技能和综合素质不断提高。③各组及指导教师均应就实践教学活动制订计划，做好活动记录，撰写活动总结。

（三）教育系 2014—2015 学年第一学期全程教育教学实践活动计划

为全面贯彻教育部等部门《关于进一步加强高校实践育人工作的若干意见》和学院办学指导思想，培养大学生的创新实践能力和职业能力，以服务于地方基础教育发展，结合我系各专业特点及教学实际状况，特制订本计划。

一是全程实践教学的指导思想。依据学院服务基础教育的办学定位，把提高大学生的实习支教质量、推动地方基础教育发展作为全程实践教学活动的重点，以培养学生的职业能力和创新实践能力为活动目标，并将其贯穿于整个教学体系和教学过程中，努力实现学科教育和教师教育的有机结合，使学生的教师技能和综合素质不断得到提高，进而提高学生职业能力，以推动高等教育改革，培养高素质的实用型人才。

二是全程实践教学的活动目标。以培养大学生职业能力为活动目标，在大学四年全程中，以班为单位将学生分成若干课外实践小组，利用课外时间研究基础教育的教学内容和方法，按照学习—实践—反思—学习—实践的学习程序，有组织、有计划地开展各种小组实践活动和模拟试讲，培养学生的教育教学思想和教育教学能力，培育教师职业道德和职业技能，促进学生教育教学实践能力的提高，有效推进学院人才培养模式和教育教学改革，培养具有创新实践能力的高素质的基础教育师资。

三是全程实践教学的活动要求。①精选活动内容。具体内容视专业而定，教育学专业主要以教育教学实践为主，心理学以专业教育实践为主，学前教育专业是教育教学实践与综合实践为主。指导教师应按照教育系人才培养方案的要求进行，参考教育系全程实践教学活动实施方案（2014 年修订）的内容，结合各专业和年级的特点，对学生进行相关内容的指导，以培养不同专业学生的职业能力。②创新活动环节。指导教师通过创新性实践教学环节，根据学生的具体情况进行灵活安排，针对学生的具体问题加以指导，培养学生的基础性的专业能力。通过小组活动，采用学生自评、组内互评和教师评价相结合的方式展开活动，培养学生的创新意识、合作意识和团队精神。③合理安排分组。本学期 19 个班级参加全程实践，由指导教师和各年级辅导员组织，根据年级特点合理安排工作。每班根据实际情况将学生进行分组，通常以 10 ~ 15 人为准，每组要有专人负责。④严格管理制度。本学期活动从开学第二周开始，活动总数不少于 13 次，每周活动不少于 1 次，每次不少于 1 小时。指导教师严格活动管理，学生要按时参加小组活动，按质按量地完成本组的活动计划。⑤做好计划和总结。各班及各小组在进行教学实践工作前做到有计划、有方案，各实践小组及指导教师均应就实践教学活动制订计划，做好活动记录，撰写活动总结，并将所有资料按时提交到系里。

二、教育系全程实践教学活动实施方案

（一）教育系全程实践教学活动实施方案（2014 年修订）

为全面落实《国家中长期教育改革和发展规划纲要（2010—2020 年）》，贯彻教育部等部门《关于进一步加强高校实践育人工作的若干意见》和学院办学指导思想，培养大学生的创新实践和职业能力，用以服务于地方基础教育发展，结合我系各专业特点及教学实际状况，特制订本方案。

一是全程实践教学指导思想。依据学院服务基础教育的办学定位，把提高大学生的实习支教质量、推动地方基础教育发展作为全程实践教学活动的重点，以培养学生的职业能力和创新实践能力为活动目标，并将其贯穿于整个教学体系过程中，努力实现学科教育和教师教育的有机结合，使学生的教师技能和综合素质不断提高，进而提高学生职业能力，用以推动高等教育改革，培养高素质的实用型人才。基本原则：①思想教育与专业教育相结合原则；②专业理论与专业实践相结合原则；③实践教育和基础教育相结合原则；④通识教育与个性教育相结合原则；⑤课外实践与专业特色相结合原则。

二是全程实践加教学的活动目标。以培养大学生职业能力为活动目标，在大学四年全程中，以班为单位将学生分成若干课外实践小组，利用课外研究基础教育的教学内容和方法，按照学习—实践—反思—学习—实践的学习程序，有组织、有计划地开展各种小组实践活动和模拟试讲，培养学生的教育教学思想和教学能力，培育教师职业道德和职业技能，促进学生教育教学实践能力的提高，有效推进学院人才培养模式和教育教学改革，培养具有创新实践能力的高素质的基础教育师资。

三是全程实践教学的活动要求。①成立全程实践教学活动领导组,由书记、主任负责,副书记、副主任及各班辅导员参与,选拔系部中符合条件的教师作为指导教师,统一协调安排各年级、各班学生进行实践教学工作;②结合我系人才培养方案,根据各专业特点进行实践教学。各专业实践活动侧重点不同:教育学专业主要以教育教学实践为主,培养一专多能复合型人才;心理学以专业教育实践为主,培养具有较强实践与应用技能的心理咨询者;学前教育专业是教育教学实践与综合实践为主,培养具有创业意识和自主创业能力人才。③活动安排应由循序渐进,根据不同年级学生的特点,安排不同的教学实践内容,并根据学生的具体情况适当调整。一年级主要侧重基本功训练,如口语训练、普通话比赛、辩论赛、演讲、三笔字比赛等,以多种形式展开;二年级主要是在学生掌握教法和教学技能基本理论的基础上进一步强化训练,为教育实习做好准备,主要以说课、导课、讲课、备课为主;三年级主要根据学院支教工作安排上学期的实践教学,下学期加强职业技能和专业能力的训练,联系各专业实习基地利用课外时间见习;四年级主要侧重综合实践提高和就业指导,开展一些研讨会,通过实践教学后结合教学中所存在的实际问题进行研讨,有针对性地提高学生的职业能力和社会实践能力。④安排业务能力强、实践经验丰富、认真负责的教师,对学生进行具体的指导,以培养学生科学、规范的研究习惯与方法,以及动手能力;指导教师应结合本专业特点以及自身的教育教学实践,把其先进教育教学理念和实践经验贯穿于实践教学全过程。在活动中,应做到全程参与,全程跟踪,全程指导。⑤各班及各小组在进行教学实践工作前做到有计划,有方案,由指导教师和各年级辅导员领导,根据年级特点合理安排工作。每班根据实际情况将学生进行分组,通常以 10~15 人为准,每组要有专人负责。每次活动一周不少于 1 次,每次 1 小时。⑥各班辅导员严格按照学院要求,在规定的时间内周密规划、积极组织所带班学生做好各项工作,保证整个实践工作各个环节、有条不紊。⑦在全程实践教学活动中,学生必须参加,要树立吃苦耐劳的精神,积极主动地参与各项实践活动,有意识地锻炼和提高自己,为教育实习和未来职业打下良好的基础。⑧认真开展全程实践教学活动的安全教育,提高师生安全意识,建立安全责任制,确保学生思想健康,人身安全。⑨各组及指导教师均应就实践教学活动制订计划,做好活动记录总结。学生参加全程实践教学活动的成绩可作为其实践学分的依据。

　　四是全程实践教学活动的内容及实施安排。

1. 教育学专业全程实践教学活动内容及安排

学年	学期	活动目标	活动内容	活动形式	考核方式	组织单位
第一学年	1	①侧重基本功训练；②开展初步的专业训练	①口语训练：普通话、三笔字、朗读、背诵等；②教育名著选读；③文字表达能力：读书笔记、读书心得	小组活动	考查	指导教师
	2		①口语交际能力训练：辩论、演讲、故事会等；②教育名著选读；③文字表达能力：读书笔记、读书心得	小组活动	考查	指导教师
第二学年	1	①训练和强化教学技能；②拓展专业学习	①课堂教学技能训练：教学基本环节训练（备课、说课、导课、讲课、板书、反思）、多媒体课件制作、教具制作、教案编写、模拟试讲、听评课；②教育名著选读及交流；③创新创业训练	小组活动 年级活动	考查	指导教师 教研室 组织部门
	2		①课堂教学技能训练：教学基本环节训练（备课、说课、导课、讲课、板书、反思）、多媒体课件制作、教具制作、教案编写、模拟试讲、听评课；②中小学课标和教材分析与研讨；③教育调查活动；④学科小论文	小组活动 年级活动	考查	指导教师 教研室 组织部门
第三学年	1	①强化和训练教学技能的综合运用能力；②专业实践研究能力及创新实践能力培养	（教育实习）			
	2		①模拟课堂教学试讲；②教育见习；③教育调查；④学科小论文；⑤社会实践活动	小组活动 年级活动	考查	指导教师 教研室 组织部门

学年	学期	活动目标	活动内容	活动形式	考核方式	组织单位
第四学年	1	①提高强化教学技能的综合运用能力；②培养适应社会的能力；③做好就业准备	①模拟试讲；②考研辅导；③就业指导	小组活动	考查	指导教师　教研室
	2		①就业指导；②简历设计；③模拟应聘	小组活动　年级活动	考查	指导教师

2. 学前教育专业全程实践教学活动内容及安排

学年	学期	活动目标	活动内容	活动形式	考核方式	组织单位
第一学年	1	①侧重基本功训练；②开展初步的专业训练	①口语训练：普通话、三笔字、朗读、背诵、讲故事等；②专业技能训练：手工、舞蹈、绘画、音乐等；③学前教育名著选读	小组活动	考查	指导教师
	2		①口语交际能力训练：讲故事、辩论、演讲等；②专业技能训练：舞蹈、绘画、音乐等；③学前教育名著选读	小组活动	考查	指导教师

续 表

学年	学期	活动目标	活动内容	活动形式	考核方式	组织单位
第二学年	1	①训练和强化教学技能；②拓展专业学习	①课堂教学技能训练：教学基本环节训练（备课、说课、导课、讲课、板书、反思）、多媒体课件制作、教案编写、模拟试讲、听评课；②幼儿园活动设计培训；③幼儿园游戏活动指导训练；④玩具教具制作训练；⑤创新创业训练	小组活动 年级活动	考查	指导教师 教研室 组织部门
	2		①课堂教学技能训练：教学基本环节训练（备课、说课、导课、讲课、板书、反思）、多媒体课件制作、教具制作、教案编写、模拟试讲、听评课；②幼儿园活动设计培训；③幼儿园游戏活动指导训练；④幼儿园课标和教材分析与研讨；⑤玩具教具制作训练；⑥专业技能训练：手工、舞蹈、绘画、音乐等；⑦学科小论文	小组活动 年级活动	考查	指导教师 教研室 组织部门
第三学年	1	①强化和训练教学技能的综合运用能力；②专业实践研究能力及创新实践能力培养	（教育实习）			
	2		①模拟幼儿园教学试讲；②幼儿园活动设计培训；③幼儿园游戏活动指导训练；④教育见习；⑤学科小论文；⑥社会实践活动	小组活动 年级活动	考查	指导教师 教研室 组织部门

学年	学期	活动目标	活动内容	活动形式	考核方式	组织单位
第四学年	1	①提高强化教学技能的综合运用能力；②培养适应社会的能力；③做好就业准备	①模拟试讲；②考研辅导；③就业指导	小组活动	考查	指导教师　教研室
	2		①就业指导；②简历设计；③模拟应聘	小组活动　年级活动	考查	指导教师

3.心理学专业全程实践教学活动内容及安排

学年	学期	活动目标	活动内容	活动形式	考核方式	组织单位
第一学年	1	①侧重基本功训练；②开展初步的专业训练	①口语训练：普通话、三笔字、朗读、背诵等；②心理学名著选读；③文字表达能力：读书笔记、读书心得	小组活动	考查	指导教师
	2		①口语交际能力训练：辩论、演讲、故事会等；②心理学名著选读；③文字表达能力：读书笔记、读书心得	小组活动	考查	指导教师

续　表

学年	学期	活动目标	活动内容	活动形式	考核方式	组织单位
第二学年	1	①训练和强化教学技能；②拓展专业学习	①课堂教学技能训练：教学基本环节训练（备课、说课、导课、讲课、板书、反思）、多媒体课件制作、教具制作、教案编写、模拟试讲、听评课；②心理学名著选读及交流；③教育见习：参观心理咨询中心、观摩初中心理健康教育课等；④创新创业训练	小组活动 年级活动	考查	指导教师 教研室 组织部门
	2		①课堂教学技能训练：教学基本环节训练（备课、说课、导课、讲课、板书、反思）、多媒体课件制作、教具制作、教案编写、模拟试讲、听评课；②中小学课标和教材分析与研讨；③观摩中小学心理健康教育课，尝试对中学生进行心理咨询与辅导；④学科小论文	小组活动 年级活动	考查	指导教师 教研室 组织部门
第三学年	1	①强化和训练教学技能的综合运用能力；②专业实践研究能力及创新实践能力培养	（教育实习）			
	2		①模拟课堂教学试讲；②教育见习：参观心理咨询中心、观摩初中心理健康教育课等；③教育调查；④社会实践活动	小组活动 年级活动	考查	指导教师 教研室 组织部门

学年	学期	活动目标	活动内容	活动形式	考核方式	组织单位
第四学年	1	①提高强化教学技能的综合运用能力；②培养适应社会的能力；③做好就业准备	①模拟试讲；②考研辅导；③就业指导	小组活动	考查	指导教师 教研室
	2		①就业指导；②简历设计；③模拟应聘	小组活动 年级活动	考查	指导教师

全程实践见习活动领导小组、各班辅导员和指导教师应加大教学常规的检查督导和巡视实践教学情况评教的力度，不断优化和强化全程实践活动实施过程的管理，提高实施管理的规范化、精细化水平。在强化学生教学实践能力的同时，要加强对学生的思想道德、社会责任、行为习惯、文化素养、兴趣爱好等素质的培养，充分利用各种活动载体，搭建培养平台，促进学生的综合素质，为学生就业、立业、创业打下坚实的基础。

（二）某系 2015——2016 学年第一学期全程实践教学活动实施方案

为进一步完善我系实践育人取向的教师教育人才培养模式，切实贯彻实施《忻州师范学院教师教育全程实践教学工作管理办法（试行）》，体现教育系实践教学的特色，培养大学生的创新实践能力和职业能力，结合我系各专业特点和本学期教学实际情况，特制订本方案。与 2014 年修订的全程实践教学活动方案相比更加具体、细化，从以专业角度为主的方案到学生班级专业年级的分组情况以及指导教师的配备都做了详细的安排，体现出更强的针对性和可操作性。

一是全程实践教学活动目标。以培养大学生教师职业基本技能、岗位就业能力和职业发展能力为活动目标，按照学习—实践—反思—学习—实践的学习程序，有组织、有计划地开展各种小组教学实践活动，创新实践活动环节，训练学生的教育教学思想和能力，培育教师职业道德和技能，逐级提高学生的教育教学实践能力，有效推进我系人才培养模式和教育教学改革，彰显我系专业建设的特色，培养具有创新实践能力的高素质的基础教育师资。

续　表

二是全程实践教学活动内容及安排。

学生	专业	年级	分组	指导教师	具体活动名称（推荐）	考核要求	时间地点
1201	教育学	4	1	弓青峰	①教育服务报告、教育教学案例、研究报告等；②中小学课堂教学研习、精读课标、教学方法研讨、创新课堂、教学反思；③就业能力培训、指导及简历设计、模拟应聘；④创业指导	各类报告研讨记录、阅读笔记、反思日记、指导评价	各组自定
1202	学前教育	4	1	赵建荣	①教育服务报告、教育教学案例、研究报告等；②幼儿园教学活动研习实、精读课标、创新活动设计、教学反思；③就业能力培训、指导及简历设计、模拟应聘；④创业指导	各类报告研讨记录、阅读笔记、活动设计、反思日记、指导评价	各组自定
1203		4	1	梁雪斌			各组自定
1204		4	1	陈金梅			各组自定
1205		4	1	赵莹			各组自定
1206	心理学	4	1	刘天月	①教育服务报告、教育教学案例、研究报告等；②中小学课堂教学及心理健康教育活动研习、教学方法研讨、教学反思；③就业能力培训、就业指导及简历设计、模拟应聘；④创业指导	各类报告研讨记录、阅读笔记、案例分析、反思日记、指导评价	各组自定

学生	专业	年级	分组	指导教师	具体活动名称（推荐）	考核要求	时间地点
1302	学前教育	3	1	李惠	①岗位实践能力培训（教学技能训练、模拟幼儿园教学试讲、幼儿园活动设计、幼儿园玩教具设计、幼儿园游戏活动指导训练、手工制作、环境创设等）；②幼儿园课标分析及实施研讨；③幼儿园各科教材分析及实施研讨；④幼儿园各科教案研讨；⑤幼儿园教学方法研讨；⑥幼儿园教学活动反思；⑦幼儿园教学活动观摩	训练实录试讲资料、设计方案、实物展示、研讨笔记、教案评比、反思日记、观摩心得	各组自定
			2	李光强			各组自定
1304		3	1	张淑清			各组自定
			2	刘建霞			各组自定
1308		3	1	郭巧欣			各组自定
			2	郑艳霞			各组自定
1309		3	1	琚圆圆			各组自定
			2	冯艳芬			各组自定
1306	心理学	3	1	张志越	①岗位实践能力培训（教学技能训练、模拟中小学课堂教学试讲等）②中小学课标分析及实施研讨；③中小学各科教材分析及实施研讨；④中小学各科教案研讨；⑤中小学课堂教学观摩与反思；⑥中小学教学方法研讨	训练实录试讲资料、设计方案、研讨笔记、教案评比、反思日记、观摩心得	各组自定
			2	王玮			各组自定
1401	教育学	2	1	弓巧平	①教学基本环节训练（备课、说课、导课、讲课、提问、语言、板书、结课、组织管理课堂、教学反思）；②专项训练（教学设计、课件制作、教具制作、教案编写、说课、研课、班会家长会组织等）；③中小学课标和教材分析与研讨；④教育名著选读及交流；⑤基础教育调查	训练实录各科教案、学习心得、研讨记录、读书笔记、调查报告	各组自定
			2	梁慧琳			各组自定

学生	专业	年级	分组	指导教师	具体活动名称（推荐）	考核要求	时间地点
1402	学前教育	2	1	王　静	①教学基本环节训练（备课、说课、导课、讲课、提问、语言、板书、结课、组织管理课堂、教学反思）；②专项训练（教学设计、课件制作、教具制作、教案编写、说课、研课、班会和家长会组织等）；③幼儿园课标和教材分析与研讨；④幼儿园活动设计、幼儿园玩教具设计、手工制作、环境布置等；⑤学前教育名著选读及交流；⑥学前教育调查	训练实录各科教案、学习心得、研讨记录、设计方案、读书笔记、调查报告	各组自定
			2	王白英			各组自定
1403		2	1	陈　歆			各组自定
			2	李　娟			各组自定
1404	心理学	2	1	梁　婧	①教学基本环节训练（备课、说课、导课、讲课、提问、语言、板书、结课、组织管理课堂、教学反思）；②专项训练（教学设计、课件制作、教具制作、教案编写、说课、研课、班会和家长会组织等）；③中小学课标和教材分析与研讨；④心理学名著选读及交流；⑤基础教育调查	训练实录各科教案、学习心得、研讨记录、读书笔记、调查报告	各组自定
			2	索淑艳			各组自定
1501	教育学	1	1	王利绒	①口语训练：普通话、朗读、背诵等；②三笔字、简笔画训练；③文字表达能力：读书笔记、读书心得；④教育名著选读；⑤中小学教学观摩；⑥师德师风讲座	训练实录书画作业、读书笔记、观摩体会、听讲心得	各组自定
			2	邓妍娜			各组自定

学生	专业	年级	分组	指导教师	具体活动名称（推荐）	考核要求	时间地点
1502	学前教育	1	1	陈海燕	①口语训练：普通话、朗读、讲故事等；②三笔字、简笔画训练；③专业技能训练：舞蹈、音乐、美术、钢琴等；④文字表达能力：读书笔记、读书心得；⑤儿童文学、学前教育名著阅读；⑥幼儿园教学活动观摩；⑦师德师风讲座	训练实录书画作业、读书笔记、观摩体会、听讲心得	各组自定
			2	王晓燕			各组自定
1503	心理学	1	1	周玲	①口语训练：普通话、朗读、背诵等；②三笔字、简笔画训练；③文字表达能力：读书笔记、读书心得；④心理学名著选读；⑤中小学教学活动和心理健康教育活动观摩；⑥师德师风讲座	训练实录书画作业、读书笔记、观摩体会、听讲心得	各组自定
			2	姚滢滢			各组自定
1504		1	1	任丽婵			各组自定
			2	樊晓晓			各组自定

三是全程实践教学活动要求。①本学期 19 个班级参加全程实践教学活动，由全系教职工全员参与指导，指导教师 31 人。各班班主任应根据班级实际情况进行分组，每组要指定专人具体负责。②具体活动内容根据《忻州师范学院教育系全程实践教学安排及要求》制订，各指导教师应结合各专业的特点和年级的特点针对性地精选活动内容，进行相关内容的具体指导，重点培养学生的教师职业基本技能、岗位就业能力和职业发展能力。③指导教师应积极创新全程实践教学活动环节，灵活多样安排活动，解决各阶段学生教育教学实践中的实际问题。④活动评价应多样化，采用学生自评、组内互评和教师评价相结合的方式展开活动，注重活动的实效，培养学生的创新意识、合作意识和团队精神。⑤2012 级、2013级、2014 级所有班级全程实践活动从第二周开始，本学期活动总次数不少于 12次，一次活动时间不少于 1 小时。2015 级各班和 1309 班全程实践教学活动从开课周开始，本学期活动总时间次数不少于 9 次，一次活动不少于 1 小时。⑥指导教师严格活动管理，学生要按时参加小组活动，按质按量地完成本组活动计划的内容。⑦各组指导教师在进行全程实践教学活动前应制订本组的活动计划，做好

活动记录，收集整理各类考核资料，活动结束后做好总结。在学期末将所有资料按时交回技能教研室。⑧系教师教育全程实践教学工作领导组负责统一协调和组织全系的全程实践教学活动，做好检查、监督、评价工作。

三、全程实践教学活动总结分析

教育系全程实践教学活动的总结既是对一学期工作的回顾也是对下一阶段工作的期许，既是对上一阶段工作中不足的重视又是对整个学年工作做出的及时修订，总结是非常必要的。教育系全程教学实践活动的总结逐层开展，具体详细，指导教师的小组总结是基础，全程实践教学活动由技能教研室根据不同专业年级做出具体实施计划与安排，因此，每学期各个教研室会依据实际情况归纳总结本学期的具体工作，在此基础上汇总形成整个系层面的全程实践教学活动总结。

（一）教研室全程实践教学活动总结

学期初围绕学院和系的工作目标和要求，在系领导、各部门的支持及全体教师的共同努力下，现将教研室的主要工作做出如下总结。

一是全程实践教学活动主要工作阐述及达成情况。①全面安排和实施全程实践教学活动。全程实践教学活动贯穿了整个学期，集中了全系师生的共同努力，取得了较好的活动效果。首先，在系里的统筹规划下，制订了本学期全程实践活动的计划，将不同专业、不同年级的学生分组，每个班分为两组，分别指派教师担任学生小组的指导教师，全系全员上岗，调集了所有教师的力量；其次，结合不同专业、不同年级的特点，有计划地为指导教师推荐活动内容参考，各指导教师根据实际情况再进行具体安排，体现了统一性和灵活性相结合的原则；再次，加强了组织管理，规定了全程实践教学活动的次数、时间、内容，所有指导教师均能按照要求开展，保证了活动的质量；最后，指导教师与各组学生群策群力，开展了丰富多样的实践活动，有效地训练了学生的实践技能。②举办第二届学前教育专业美术作品展活动。2015年；有计划地为指导教师推荐活动内容；2015年4月22日—5月22日，经过认真地准备、策划，在各班委、学生会、班主任的全力合作下，举办了第二届学前教育专业美术作品展活动。本次活动共收到来自学前专业各年级学生的近二百幅作品，经过初步筛选，有190幅作品参加了展示，作品包括剪纸、豆豆画、毛线画、创意手工画、折纸、立体制作、布艺画等类型。在活动中彰显了学前教育专业综合实验活动的效果，展现出学前学生的专业风采。③组织开展教师技能比赛。5月底6月初，经过各班推荐，由40名同学参加了教育系教师教学技能预赛，经过紧张的比赛，选拔出一等奖2名、二等奖4名、三等奖 4 名，其中 6 名优秀选手参加了学院"第七届未来教师教学技能比赛"。④开展青年教师的听评课活动。5 月份以来针对青年教师（35 岁以下）教学基本技能、教材处理、教学方法、教学手段、课题管理等方面的优点与不足进行了及时的反馈。⑤深入中小学进行课改调研。教法教师参加了深入中小学进行课改调研的活动，包括忻州五中、忻州六中、原平段家堡中学等初中，通过听课、参与教研室研讨活动，与一线教师近距离接触，交流，获得了有益的教学信息。

二是全程实践教学活动实施过程中存在的问题。①由于指导教师、学生、场景等方面的限制，全程实践教学活动效果不一。②教学技能比赛的组织时间紧促，活动开展效果受到了一定的影响。③活动作品展活动的组织仍有作品选拔、展示、安排等方面的不足。

三是全程实践教学活动改进措施。①加强全程实践教学活动的组织和管理工作，发挥指导教师的作用，调动学生集体的力量，开展丰富多彩的实践活动，重点开展课堂教学模拟训练活动，培养学生多种专业技能。②汲取技能经验教训，加强技能比赛前的初选、初赛、指导、参赛的各个环节的落实工作，广泛调动全系学生的积极性，真正选拔出代表教育系特色的学生选手，展现教育系不同专业学生的风采。③组织学前教育专业综合展示活动，做好活动计划、作品遴选、实施展示、作品保存等工作，提高活动的实效性。

（二）某系全程实践教学活动总结

1. 某系 2011—2012 学年全程实践教学活动总结

本学期全程教育教学实践活动开展以来，某系通过扎实有效的实践活动，循序渐进、完整系统地培养学生的教育教学思想和教育教学能力，培养学生的教师职业道德和教师职业技能。现就活动情况总结如下：第一，突出学生主体，以身试教。全程实践教学活动充分调动了学生的积极性、主动性，大多数学生能够精心设计并充分展示自己的设计，亲自尝试训练教师的基本技能，就教师安排的各项活动展开互帮互学、团结协作，提高了未来教师的教学技能及素质。第二，有效组织，认真指导。教育系各级领导重视全程实践教学活动的组织，这是活动取得完成的专业保障。各指导教师均能按照系活动要求开展指导工作，并制订了各自的计划，表现出认真负责、严格管理、有效指导的良好工作作风。第三，形式多样，针对性强。各班在指导教师的带领下，制订了与本班年级、专业特点密切结合的丰富多彩的实践活动，既训练了学生的专业技能，同时提升了学生的专业素养，最大限度地提高了活动的效果。

2. 某系 2012—2013 学年第一学期全程实践教学活动总结

本学期全程教育教学实践活动开展以来，针对学生的年级特点、实习支教基础等情况，制订了本学期全程教学实践活动的具体计划。循序渐进、完整系统地培养学生的教育教学思想和教育教学能力，培养学生的教师职业道德和教师职业技能。现就活动情况总结如下：第一，活动安排由浅入深、由简到繁、循序渐进，并根据学生的具体情况进行适当调整。第二，指导教师对学生进行具体的指导，培养了学生科学、规范的研究习惯与方法以及实际动手能力。第三，通过开展多样化的综合性实践活动，培养了学生分析问题和解决问题的能力。第四，通过小组活动，培养了学生的合作意识和团队精神。第五，通过创新性实践教学环节，培养了学生的创新意识。

3. 某系 2012—2013 学年第二学期全程实践教学活动总结

本学期在学院工作上台阶、上层次、普遍提高、重点突破的工作精神的鼓舞下，某系全程实践教学活动进一步扎实开展，取得了实效。现将具体情况汇报如下：第一，着力安排，注重实践。系（部）里做好全局的计划工作，着力安排有一定全程实践活动指导经验的辅导员开展带班指导活动，在熟悉学生各方面情况的基础上，开展针对性的实践活动，活动安排根据学生的具体情况进行适当调整。指导内容注重实践操作中的具体指导，以培养实际动手能力。第二，活动内容多样化，形式灵活。除了系推荐的各年级活动内容，指导教师和学生还能够结合自身的需要开展多样化的活动内容，充实了某系全程实践教学活动的体系，同时举办了不同形式的活动，学生的积极性提高了。第三，扎实推进，仍需提高。在全程实践教学活动中，不可避免有各方面的问题，仍需提高。在今后的全程实践教学活动中，应进一步加强引导、扎实开展、层层推进，善于反思问题，积极采取措施改进，使某系的全程实践教学活动取得长足的发展。

4. 某系 2013—2014 学年第一学期全程实践教学活动总结

本学期在学院进一步完善实践教学体系，提高教育教学实践活动质量的倡导下，某系全程实践教学活动稳步开展，真抓实干，取得了较为明显的成效。第一，高度重视，加强管理。系领导高度重视，严格要求，在具体开展活动中，关注活动的内容和学生的表现，并提出一些合理建议，同时要求在做好培养学生教师技能的基础上要重点突破，推出优秀学生。第二，主题鲜明，灵活多样。学生在准备教学内容时，能够根据所学专业内容，结合学院扶贫顶岗实习支教活动的需要并参照义务教育阶段课程内容来选定，发挥自身的学科专长，呈现出灵活多样的活动内容和形式，极大地丰富了某系全程实践教学活动体系。第三，突出特色，引导创新。指导教师和各班学生共同商讨，突出各专业的优势，如学前专业如何实践幼儿教师的各项技能，发挥先进理念和优化活动设计能力的训练等，实践教学中将台灯、毛巾、电池等生活用品充分用在课堂教学中，使教学内容贴近生活实际，课堂氛围特别活跃，锻炼了学生的动手能力、创新能力。总之，通过有目的、有计划、有组织地管理和指导，帮助学生掌握了一定的职业技能，为学生开展教育教学活动打下了坚实的基础。

5. 某系 2013—2014 学年第二学期全程实践教学活动总结

本学期我系全程实践教学活动进入到一个新的时期。在系党支部的领导下，全系上下开展了大讨论，对实施全程实践教学活动进行了全面地改革，加强了活动的效果。现将具体情况汇报如下：第一，修订方案，活动特色凸显。在原有实践活动和组织经验的基础上，结合某系各专业的培养目标和办学特色，全面修订了《忻州师范学院教育系全程实践教学活动实施方案（2014 年）》，进一步规范了全程实践教学活动的组织管理，专业特色突出，人才培养更为有力。第二，活动扎实开展，完成预定目标。指导教师认真做好个别化的指导工作，通过实践教学，结合实际问题进行训练，有针对性地培养了学生的教学技能，完成了预期的宏观目标。

6. 教育系 2014—2015 学年第一学期全程实践教学活动总结

根据学院文件要求，2014 年教育系在系领导指导、技能教研室通力配合下，重新修订了教育系全程实践教学活动实施方案，并以此方案为依据，各专业进行了有序的全程实践教学活动。现将这一年来的工作总结如下：第一，明确指导思想，重新制订全程教育教学实施方案。教育系依据学院服务基础教育的办学定位，把提高大学生的实习支教质量、推动地方基础教育发展作为全程实践教学活动的重点，以培养学生的职业能力和创新实践能力为活动目标，并将其贯穿于整个教学体系和教学过程中，努力实现学科教育和教师教育的有机结合，使学生的教师技能和综合素质不断提高，进而提高学生的执业能力，以推动高等教育改革，培养高素质的实用型人才，这是教育系上至领导下至教职员工都有明确的指导思想。全程教育教学实践活动领导组为主任、书记双组长负责制，主任主要是负责教育教学、学生的专业教育和理论教育，主要从专业的教学思想和教师职业技能等方面对学生进行培养教育；书记主要是负责组织学生围绕教学实践开展一些有意义的活动,有助于更好地将学生的思想教育与专业教育结合,有助于将学生的理论与实际结合,有助于将实践教育与创新教育、通识教育与个性教育结合。目前教育系有三个专业,教育学专业以教育教学实践为主,心理学以专业教育实践为主,学前教育专业以教育教学实践与综合实践为主,完全按照教育系人才培养方案的要求进行。第二,动员教师参与全程教学实践活动。今年教育系除三个班扶贫顶岗实习支教外,还有19个教学班。系领导动员教育系有一定工作经验的19位教师参与全程实践教学活动,每人带一个班,按照全程教育教学实施方案及专业、年级确定本班全程教育教学工作方案,每一次活动都有详细记载,一学期结束时交回系里留存。第三,全程实践教学活动过程中,在学生进行课堂教学时我们发现了一些问题:一是教育观念有待于进一步更新。在具体的教学实践中,我们有不少学生停留在教人读书这一层面,在启发学生潜能、发展人的个性上虽有所动作,但力度不大。二是教学目标把握层次不一。从知识与技能、过程与方法、情感态度与价值观等方面来看,学生对此认识不同、能力不同,故其把握的"度"也就各不相同。三是课堂教学组织有一定难度。我们学生在组织教学时应去思考一些问题,比如,如何积极引导学生主动参与,如何培养学生主动获取新知识的能力、分析问题和解决问题的能力,如何使所教学生真正成为课堂教学的主体等。因为,学生具体的实施过程是在教学虚拟情境中,学生配合太过顺利,导致比如目标脱离实际,过于理想化,按照统一进度、统一考试要求,或从网上下载教案教学却驾驭不了教案等问题,使学生根本无法去按照新的理念去组织与实施教学。对学生进行全程教育教学实践活动的最终目的要归结到学生的实践课堂教学中去。以上情况是我们在听取个别小组讲课时所发现的一些问题。

今年的工作将告一段落,新的一年即将开始,在今后的工作中我们将按照以下思路展开工作。以培养大学生职业能力为活动目标,在大学四年中,以班为单位将学生分成若干课外实践小组,利用课外时间研究基础教育的教学内容和方法,按照学习—实践—反思—学习—实践的学习程序,有组织、有计划地开展各种小组实践活动和模拟试讲等教学实践活动,培养学生的教育教学思想和教育教学能力,培育教师职业道德和职业技能,促进学生教育教学实践能力的提高,有效推进学院人才培养模式和教育教学改革,培养具有创新实践能力的高素质基础教育师资。工作中要努力进行专业思想渗透,多注重师生之间的相互学习,相互交流,这对于及时解决课堂教学实践中出现的问题具有十分重要的意义。

从以上示例中可以看出,样本高校的全程实践教学工作扎实、完整,无论是对实践教学工作的规划安排,还是对实践教学工作的总结与展望,都强调扎实推进、责任到人。实践教学工作计划完整、突出专业、层次清晰、分工明确、形式多样，能够保证实践教学工作顺利实施，更在不断总结提升实践成效。

四、学前教育专业全程实践教学实施方案分析

样本高校学前教育专业自 2008 年 5 月份开始开展了全程实践教学活动，这项活动在系里面已经形成定制，开展时间、开展场所和相应的指导教师相对确定，定期对学生的教师技能进行全面辅导和培训。

学前教育专业现阶段全程实践教学活动现状及问题：现有学前教育专业实践活动主要是为期一周的教育见习、第五学期或是第六学期为期一学期的扶贫定岗实习支教、学前作品展、三笔字比赛、未来教师教学技能大赛等，已形成一定特色。据教育系团总支书记郝佩林介绍，教育系经常由系学生会、团总支组织，系领导和相关的教师指导，开展一些与教学训练课程相关的专业技能竞赛活动，诸如绘画作品竞赛（水墨画、水沙画等）、手工小作品制作竞赛（小动物玩具、布偶、剪纸、刺绣等）等。学前教育专业近年来都会组织一次全院作品展，规模较大、作品质量精美、数量多，展示了学前教育专业绘画、手工制作等多方面的技能，这些作品原材料来源于生活，与现实生活联系紧密，还上了地方电视台，在全院影响很大。在科技竞赛方面，在 2017 年第七届华文杯全国教师技能大赛中获得 5 个特等奖、1 个一等奖、2 个二等奖佳绩。在平日课程教学中，教师也会带领学生到特色幼儿园或其他幼教机构进行观摩学习，增加课程内实践教学成分。

但是总体来看，存在实践教学相对集中，与理论教学相分割；实践教学缺乏监管，制度不健全、对社会活动重要性认识不足、社会活动散漫、参与度不高，在实践过程中教师教什么，学生就学什么，学生实践的主动性不够，且对社会活动评价和反思缺乏，很多教师布置完作业就不再管，或是简单地把学生调查结果收上来束之高阁，对社会实践活动成果处理不到位，也造成了学生层面不重视；毕业论文质量不高、学生口头讲来头头是道，面对幼儿园实际问题却束手无策，钢琴、手工等技能一知半解，很难胜任幼儿园工作，对本专业认同度较低、职业认同感差等的现象。

对此，结合全程实践教学理念对我系学前教育专业全程实践教学目标、内容、评估体系重新进行调整修订。

（一）学前专业全程实践教学内容

公民素质基础实践课程模块：根据学前教育专业特点，公民素质基础实践课程可以包括思想品德与政治教育、教师仪表仪容、军事理论等。

教师教育课程模块：教师教育课程主要是教师职业所需的一系列专业理论或

技能课程。科学设置师范教育类专业公共基础课程、学科专业课程和教师教育课程，结合学前教育专业可以设置学前教育学、普通话、三笔字、钢琴、舞蹈、手工等各类技能课。通过课程训练学生的导入、讲授新课、提问、板书、列举、结束、多媒体教学、说课、评价等多种教学技能，锻炼学生掌握教师所必须的语言技能、沟通与合作技能、运用现代教育技术的技能。提倡利用微格教学对学生进行模拟教学训练，微格教学不单单可以在学校微格教室进行，还可以在中小学、幼儿园实地进行，并由理论和实践双导师进行点评指导，大大地增加了教学训练实效性。在微格教学之后，学校还可以进行各种相关技能大赛，如学前教育专业学生必备的唱、跳、弹、绘画、讲故事、手工等技能，各学科教学所需的教案设计、三笔字、课件制作、说课、讲课模拟等，以充分检验教育演习的效果，为下一步走向工作岗位实习做准备。

专业课程模块：专业课程包括各类学科教学法、听评课、活动设计、论文设计与指导等，要将优秀中小学教学案例作为教师教育课程的重要内容。针对学前教育专业可以设置五大领域教学法、学前儿童心理发展与教育、学前儿童保育与教育等课程，在毕业论文设计方面开设相关数据处理方法课程，除了常用的量化处理方法，如 SPSS（"统计产品与服务解决方案"软件）课程外，还要结合幼儿园科学研究实际，开展质性研究课程，拓宽学生视野和思考、解决问题的角度；加强基础知识和基本理论学习和运用，为毕业论文打好理论实践双基础，防止言之无物，泛泛而谈；提高申请课题的数量和质量，促进学生科研能力发展；通过科研立项、遴选评优和海外引进等途径，构建丰富多彩、高质量的教师教育国家精品课程资源库；大力推广和使用"国家精品课程"，共享优质课程资源。同时要注意教学方式方法革新，利用案例教学、任务驱动、项目管理等方法，提高学生学习的积极性，在互助合作中提高成绩。

社会实践模块：社会实践主要包括见习、实习、各类社会调查等。入学前可以布置任务，调查走访自己家乡周边的幼儿园或其他幼教机构，初步了解幼儿园建筑特色、物资设备和基础设施等，并在开学进行汇报。在教育见习和实习方面，教育见习应该贯穿全程，且每个阶段目标不同，层层递进、环环相扣、步步提升，为成为合格幼儿教师做准备。在教育见习和实习开始前要安排专门教师或者邀请幼儿园教师来学校给学生进行分享交流，使学生有一个明确的目标和积极的心态对待教育见习和实习，避免抱着无所谓、混过去拿到学分的消极被动心态。大一第一学期可以进入幼儿园见习一周，时间安排在第一学期末，主要是了解幼儿园一日常规；第三学期可以进行第二次教育见习，这一时期已经接触了活动设计和教学方法、基本技能训练等，可以布置观察幼儿园教师教学活动，并进行记录和评析的任务，为下一步教育实习做准备；第五学期进行为期一学期的教育实习，主要是全方位了解幼儿园生活和工作，近距离地了解幼儿园教师的生活状态，自己单独带班，自己尝试组织活动、实施活动，管理幼儿生活起居，增长自己实践性知识和运用理论解决实践问题的能力，并注意不断记录和反思，提高自身综合素质，并为毕业论文选题做准备；到大四第七学期可以再次安排一周见习，这一时期主要是结合自己在教育实习中所思所感，发现问题，收集资料，为毕业论文做准备。在每次见习或实习之后，实践导师和理论导师要进行反思，及时和学生进行交流，解决学生实践中遇到的困难，检查学生预定目标任务完成情况，引导学生对实践现象进行深刻分析，挖掘实践活动、教师行为背后的专业理论依据，对自己所查所感进行记录、交流和讨论，邀请同学进行见习交流等，做好实践后总结、反思工作。通过教育见习、实习等各类实践活动，使学生深入教师一线生活，掌握管理幼儿、组织活动、人际沟通与交流等各项教育和管理幼儿的知识和能力。

（二）学前专业全程实践教学评估

评价制度要设计在全程实践教学的各个环节，如社会实践调查、教育见习、教育实习、技能课等都要有相应的奖惩和评价制度，与学生学分挂钩，形成规范操作；在实践教学评价中要实行双导师评价制度，理论导师评价课堂校内表现，实践导师评价实习、见习、一线实践中的表现；在各课程考核上要根据课程安排不同比例，并制订详细的评价标准，综合多种评价方式，除了试卷考查外还可以利用作品、报告、演讲、分享会、实际录制教学视频等多种方式方法。

（三）学前专业全程实践教学管理

学前教育专业全程实践教学保障制度：高校与幼儿园签订协议，协同培养人才，建立教育见习、实习基地，随时进入基地学习观摩；幼儿园与高校学前教育专业要及时交流人才培养计划和目标，知道彼此最近的工作重点，高校要让幼儿园知道学生见习的任务和各批次见习重点锻炼的目标技能，幼儿园也要让高校知道自己一个星期、一个月、一学期学年的计划和活动内容，对学生入园见习开始时间根据实际情况灵活调整；幼儿园实践导师和高校教师通力合作，可以让实践导师进入课堂，给学生进行讲解和演示，高校教师也可以常到幼儿园进行前沿动态和最新教育理念分享和交流，大家互惠互利，达到双赢局面。由教务处牵头，各系部配合成立全程实践领导小组，领导小组成员可以由教务处带领系部辅导员和学生代表组成，主要负责全程实践教学宣称、动员、安排和具体实施。管理制度一定要灵活，保证各部门协作，充分发挥各层级人员能力，权责分明，保证全程实践教学体系执行的效率和质量。

此外，学校要成立专项实践领导小组，对全程实践教学硬件、软件资源进行合理管辖和分配，并积极开源，与周围高校和地方基础教育通力合作，实行资源共享，为学生创造丰富的实践机会和充足条件，设立专项经费对设施设备和必要开销进行保障，充分发挥学生积极性，创造社会价值。优秀师资队伍是全程实践教学体系践行的重要保证，因此，要加强双师型师资队伍培养和建设，大力引进优秀实践型教师，坚持走出去和引进来相结合，提高在职教师实践技能和综合素质。

（四）学前教育专业实践活动内容及安排

学年	学期	活动目标	活动内容	活动形式	考核方式	组织单位
第一学年	1	①侧重基本功训练；②开展初步的专业训练	①口语训练：普通话、三笔字、朗读、背诵、讲故事等；②专业技能训练:手工、舞蹈、绘画、音乐等；③学前教育名著选读	小组活动	考查	指导教师
	2		①口语交际能力训练：讲故事、辩论、演讲等;②专业技能训练:舞蹈、绘画、音乐等；③学前教育名著选读	小组活动	考查	指导教师

学年	学期	活动目标	活动内容	活动形式	考核方式	组织单位
第二学年	1	①训练和强化教学技能；②拓展专业学习	①课堂教学技能训练：教学基本环节训练（备课、说课、导课、讲课、板书、反思）、多媒体课件制作、教案编写、模拟试讲、听评课；②幼儿园活动设计培训；③幼儿园游戏活动指导训练；④玩具教具制作训练；⑤创新创业训练	小组活动 年级活动	考查	指导教师 教研室 组织部门
	2		①课堂教学技能训练：教学基本环节训练（备课、说课、导课、讲课、板书、反思）、多媒体课件制作、教具制作、教案编写、模拟试讲、听评课；②幼儿园活动设计培训；③幼儿园游戏活动指导训练；④幼儿园课标和教材分析与研讨；⑤玩具教具制作训练；⑥专业技能训练：手工、舞蹈、绘画、音乐等；⑦学科小论文	小组活动 年级活动	考查	指导教师 教研室 组织部门
第三学年	1	①训练和强化教学技能的综合运用能力；②专业实践研究能力及创新实践能力培养	（教育实习）			
	2		①模拟幼儿园教学试讲；②幼儿园活动设计培训；③幼儿园游戏活动指导训练；④教育见习；⑤学科小论文；⑥社会实践活动	小组活动 年级活动	考查	指导教师 教研室 组织部门
第四学年	1	①提高强化教学技能的综合运用能力；②培养适应社会的能力；③做好就业准备	①模拟试讲；②考研辅导；③就业指导	小组活动	考查	指导教师 教研室
	2		①就业指导；②简历设计；③模拟应聘	小组活动 年级活动	考查	指导教师

（五）学前教育全程实践教学的实施特点

大多数高校的实践教学活动以顶岗支教为主，往往只是在上岗之前简单粗略的培训，时间短，实效性差，忽略了大学四年其他阶段实践教学的开展与实践能力的培养。忻州师范学院学前教育专业的全程实践教学活动恰恰弥补了以上不足，大学四年不间断地实践教学理论、教学环节和教学内容，保证了时间上的连续性，提高了课堂教学的实效。教师与学生构成了学校的主体，也是学校的活动主要参与者。教师是学生的引导者、合作者，全程实践教学正体现了两者亦师亦友的关系，学生在参与校内实践活动的过程中，都有相应的指导教师，离开学校参加顶岗支教，每五位同学还有一名指导教师进行跟踪指导，真正形成了全程参与、全程跟踪、全程指导的实践教学特色。

1. 课内教学实践活动

课内教学实践主要体现在学前教育专业的课程设置上，采取教育教学的理论课程与实践活动课程相结合的方式，注重理论学习的同时，也强调学生的动手操作能力，如幼儿活动设计与指导、幼儿园班级管理、幼儿园美术、幼儿园游戏活动指导、幼儿玩教具制作、蒙台梭利等专业课程。这些课程不仅有系统的理论学习，还有实践课时的安排，运用理论与实践相结合的方式帮助学生理解和掌握教学内容，培养学生用所学的专业理论知识解决实际问题的能力，提高学生的教学能力，为学生从事学前教育工作提供扎实的基础。

2. 课外教学实践活动

为鼓励大学生积极参加各类课外实践活动，提高学生的创新意识和综合实践能力，忻州师范学院出台大学生课外实践活动学分管理办法，活动内容包括学科竞赛与科技创新、社会实践与志愿服务、社团活动与社会工作、文体艺术与其他实践环节。系里则是开展了多种形式的活动，如口语训练、普通话比赛、辩论赛、演讲比赛、三笔字比赛、教师技能大赛、才艺比赛，还有学前教育专业学生作品展等，为学前教育专业学生参与课外实践活动提供了平台，鼓励学生积极思考、勤于动手，为学子们提供一个展示和锻炼的机会，旨在提高学生的综合素质。

3. 校内教学实践活动

校内教学实践活动以班级为单位分小组实施，大学四年分层次逐步地提升实践教学能力。每班根据实际情况将学生进行分组，通常以 10 ～ 15 人为准，每次活动一周不少于 1 次，一次至少 1 小时。每班由一名教学实践经验丰富、工作认真的指导教师负责，要求结合专业特点以及自身的教育教学实际，将先进的教育教学理念和实践经验渗透于实践教学全过程，在活动中做到"全程参与、全程跟踪、全程指导"。

一年级重在基本功训练，展开多种活动形式，如口语训练、朗读、背诵、讲故事，专业技能训练有手工、舞蹈、绘画、音乐等；二年级基本掌握教学理论知识和教师职业技能，教师督促学生掌握教学技能基本理论与课堂教学技能训练，如教案编写，教学基本环节说课、导课、备课、讲课、板书，幼儿园活动设计、幼儿园游戏活动指导、玩教具制作等；三年级在实习支教过程中，充分锻炼和提升学生的教学能力和管理能力，如独立完成完整的幼儿园教学、幼儿园活动设计、幼儿园游戏活动等；四年级侧重提高综合实践能力，如借助实习支教案例开展一些研讨会，结合实践教学中所存在的困惑或遇到的实际问题进行探讨，有针对性地提高学生的职业能力和社会实践能力，进一步强化从教意识和执教能力。

4. 校外教学实践活动

校外教学实践活动是全程教学活动的重点，也是学前教育专业实践教学的一大特色。以实习基地为主，定期组织学生走进幼儿园观摩学习，学以致用。每班一位带队教师，将学生分组带入幼儿园班级，实行班级教师和带队教师双责任制，共同组织与指导学生实习，要求学生翔实记录每日观摩学习的内容，并撰写实习总结。

一年级学生的校外实践活动时间为期两天，旨在了解幼儿园的整体概括，熟悉幼儿园的校园环境，比如了解幼儿园的教师、儿童与中学、大学校园以及学生的区别等，简单观摩幼儿园的一日活动，了解幼儿园开展教育活动的形式。二年级学生的见习时间为一周，旨在认识幼儿园的性质、幼儿园教育对象的特殊性，如人格上相对不独立、自理能力差等，了解幼儿的心理、生理特征，熟悉幼儿园的一日活动流程与教学内容。三年级学生的见习时间为一个学期，也就是顶岗实习支教，实习时间最长，对学生的影响也最为深刻，旨在充分实践课内所学专业知识。前两年是重理论基础与少量的实践相结合，大三的顶岗实习是将之前积累的实践教学经验与理论知识充分运用，了解并熟悉幼儿园教师岗位的任务，能够根据幼儿身心特点设计并独立完成教育和教学活动，积累带班经验，明确幼教工作的重要作用及今后的努力方向。四年级学生则由实践回归，借助实习支教实践活动沉淀、反思、总结教学实践活动中的收获与缺失，同时寻找毕业论文设计切入点，能够深入研究，解决幼儿实际问题，从实践经验升华为理论认识，进一步研究幼儿园教育教学改革和发展情况，强化从教意识和执教能力。

（六）学前教育专业全程实践教学活动的成效

1. 提高了学生的实践创新能力

全程实践教学活动要求学生能够运用教育教学理论知识解决实际出现的某些疑难问题，活动中要求学生自己是研究者，也是反思者。既锻炼了学生观察教育行为、教师行为和学生行为的能力，同时提升了学生分析、解决实际问题的能力，切实培养了学生的实践操作能力，还要求学生不断地进行反思，从教育行为、教学过程中获取有利的信息，提高学生的专业素养。

实践教学工作的开展促进了学生实践能力与创新能力的有机结合，促使学生在实践教学中，提高了认真观察的能力、实际动手操作的能力、勤于思考的能力，从而提高了他们的专业性，在这个持续不断的成长过程中积累经验、自主学习、独立思考、主动创造，培养了学生的实践能力和创新精神，既切合了新时期国家和社会给高校提出的重要任务，同时提高了人才培养的质量。

2. 提高了实习支教质量

从校内外实践教学活动看，为保证全程实践教学活动的顺利进行，系里采取了一系列措施。一是从各个教学活动实习点聘请基层教学经验丰富的教师，有计划地来校授课或开设讲座，全方位地介绍幼儿教育教学活动环节与处理突发状况的经验，对学生进行切实有效的教学指导，丰富师生对学前教育的认识，加深相互之间的了解；二是坚持学生进入幼儿园，切实了解幼儿园。一方面是进行观摩学习，熟悉幼儿园各项事物的具体操作流程以及操作规范，另一方面是鼓励学生参与其中，结合指导教师建议，切身体会幼儿园工作环境，强化学生的自主实践能力。

这夯实了学生的专业基础，为实习支教提前做足了准备，能够使实习支教的学生在教学过程中，紧密结合幼儿园的实际情况开展教学，提高了实习支教的质量。

3. 提升了学生的就业竞争力

忻州师范学院作为一所新建本科院校，面临着多方面的挑战，既有来自老牌本科院校的压力，也有来自一些专科学校的威胁。那么，在转型时期如何提升学校的竞争力，就需要在实践教学上创造优势，创建特色化实践教学环节，培养出满足用人单位需求的人才。

实践教学工作的开展，提高了师范生的综合素质，提高了人才培养的质量，校外实习基地为师范生拓宽了就业门路，提供了稳定的就业渠道，相当一部分学生在毕业时，直接与实习点签订协议，找到了理想的工作岗位。这些学生又积极地利用环境和条件优势，为系里联系新的实习点，介绍更多的学生去实习点就业，还有的学生自主创业，就业方面出现了良性循环的局面。

4. 提升了服务地方教育的能力

学前教育专业校外实习基地的建设，为幼儿教育注入了新的活力。实习学生不仅为幼儿园开设新课程，送去新思想、新知识、新信息，还直接减轻了幼儿教师的工作负担，使他们有机会到师范院校进行"充电"，在一定程度上解决了幼儿教师短缺、结构不合理、素质不高的问题。因此，校外实习基地促使高校与幼儿园之间的联系更密切；不仅对师范院校人才培养模式的改革有启发意义，而且推动了幼儿教育和文化事业发展；不仅使地方幼儿教育找到了正确的发展方向、培养目标，改善了教学组织和运行机制，实现教育资源的综合利用，而且实现了师范院校、幼儿园和社区三方共赢的理想效果。

实践教学工作的开展，为学生提供了实践学习的机会，有利于提高学生运用理论知识分析、解决实际问题的能力，有利于提高学生的综合素质，这对学生一生的发展将起到不可估量的作用。我系学前教育专业的实践教学模式，秉承学院办学方针与办学目标，是新时期地方师范院校提高人才培养质量的重要举措，值得进一步实践、研究和推广。

第五节　全程实践教学的特点

样本高校作为一所地方师范院校，在实践教育教学方面一直比较重视，十多年来努力践行实践育人理念，创新学校人才培养工作，坚持把"厚学启智、修德树人"的校训作为构建实践育人体系的核心理念，突出重点，创新模式，构建主要包括思想政治理论课实践教学、教师教育实践教学、专业实践教学（含军事训练）、社会与创新创业实践的"四位一体"实践育人体系。全程实践教学实施中呈现出定时监控适时出台新政策支持、课内与课外实践教学相结合、实践教学重点从数量要求深化为质量要求、实践教学形式多样四个方面的特点。

一、定时监控适时出台新政策支持

样本高校紧跟国家政策的脚步，积极践行实践育人理念，尤为重视实践教学，适时发出一系列相关文件给予支持。2001 年 6 月的学院发文《关于强化本科教学管理 提高本科教学质量的实施意见》中提出："突出实验实践教学环节的重要性地位，积极推进实验实践教学改革。要根据素质教育要求，修订实验实践教学大纲和计划，规范实验实践教学内容，使综合性实验和设计性实验比例达到 60%；要建立实验室开放制度，使学生充分利用实验室资源，提高实践能力；要开展形式多样的课外实践活动，建立稳定的校内外实践基地，鼓励学生进行各种科技创新活动。"

2007 年 12 月，教育部和财政部正式批准样本院校为 "2007 年度人才培养模式创新实验区" 项目单位，样本院校汉语言文学和数学与应用数学专业为教育部特色专业，这既是对样本院校长期坚持人才培养模式改革创新、践行实践教育思想的充分肯定，也为样本院校下一步人才培养和教育教学改革提出了更高要求。从 2008 年开始实施教师教育全程实践教学，选择最好的教师为学生开设学科教学法和教师技能课，实施学科教学法教师到中小学任教一学期或担任一学期实习支教指导教师的制度，进一步完善落实实验室开发制度，加强非师范专业的校内外专业实践。院党委、行政决定进一步调整 2008 级的人才培养方案，主要解决以下几个问题：一是充实思想政治理论课程，强化思想政治教育实践环节，在进一步优化教学内容、改革教学方法、提高教学效率的同时，设立思想政治教育实践学分（新方案暂定 3 学分）。二是有效强化实习支教学生返校后的针对性提高过程，增设约 30 学时的 "基础教育案例研究专题" 课程，该专题课程以学生反思、总结和提高为主，充分展示学生的课堂教学能力，研讨学生亲身经历的基础教育案例，介绍当前教师教育的最新研究成果。本课程从 2006 级学生开始实施。三是进一步提高实践实验课时、学分比重，丰富课内外、校内外实践教学内容，强化实验实践教学效果。四是进一步明确各门课程的教学目标，深入研究课程教学内容，有效删减陈旧知识，逐步形成集基础性、前沿性、实践性、综合性、创新性为一体的课程教学内容体系。五是更新教学观念和方法，探索促进知识、能力、素质协同发展，师生互动、教学相长的新型教学方法与手段。本项目由教务处和各系部完成。

二、课内与课外实践教学相结合

全程实践教学以此理论为基础，在实践层面主要表现为无论在课堂内还是课堂外，均应该渗透实践育人的精神。全程实践教学以实践问题为依托，鼓励学生以团队合作的方式展开具体地分析问题、解决问题的学习过程，这是全程实践教学理念对现实的具体影响。全程实践教学根据学生的发展特点制订培养方案，贯穿大学四年中每学期阶段的教学和实践活动，大学生在课内外、校内以及合作单位（中小学、幼儿园）进行有计划、有目的、有组织、有指导地实践锻炼活动。实践中表现为以解决问题为核心的各种形式的课堂教学改革，如研究性教学改革、案例教学改革等。

自 2003 年底样本院校案例教学改革启动以来，其先后组织了三次案例教学研讨会，改造和建设了四个案例教室，学院案例库建设初具规模，案例课教学模式在"五系一部"的部分课程中开始实施，案例教学改革取得了初步成果。特别是第二次教学工作会议召开以来，首批承担改革的"五系一部"普遍制定了改革规划，采取了有效措施，逐步形成了案例教学的运行机制。整体上说，学院案例教学改革发展势头比较足，工作进程比较快，效果比较明显。

样本高校采用案例教学形式的课程已达二十余门，涉及经管、法律、教育、地理、政治理论等多个学科，二十多名从事案例教学改革的教师，边学习、边实践，进行了可贵的探索，积累了宝贵的经验。师生普遍反映，案例教学模式有效地活跃了课堂气氛，激发了学习主体的主观能动性；将案例教学与传统理论教学有机结合，对本科教学模式大胆创新，学生是受益的主体，对更新教师的教学理念和革新教学模式将起到积极作用。2005 年 12 月，《忻州师范学院课外活动管理规定》中提及在课堂教学改革的同时，学院案例库建设也取得了新进展。到目前为止，经专家组审定的入库案例达到 32 个，其中自编案例 2 个，引用、改造的成功案例 30 个，不少案例具有很强的综合性和立体性，可满足多个学科的教学需要。我们准备将 32 个入库案例全部上网。届时，全院师生可从案例教学网站上浏览和使用教学案例。

校园内学生课外活动按性质分为思想教育活动、公益活动、文体娱乐活动和商业宣传活动等；按组织规模分为小型活动（人数在 50 ~ 100 人）、中型活动（人数在 100 ~ 500 人）、大型活动（人数在 500 人以上）和涉外活动（有校外人员参加的活动）；按活动地点分为室内活动（在教室、餐厅、体育馆及各场馆等举办的活动）和室外活动（在校内餐厅周边、主楼大厅、行知广场、操场、中马路、天桥等举行的活动）。部分专业课程可以外出实习（2006 年）：地理科学专业的本科生，在学制内可安排两次相关课程的野外实习，一次安排在忻州市，一次安排在省内其他地区；旅游管理专业的本、专科生和地理科学专业的专科生在学制内可安排一次课程实习，依照就近实习原则，实习地点安排在忻州市或省内其他地方；美术学专业的本、专科生在学制内可安排一次课程实习，实习地点在忻州市或省内其他地方；历史学专业的本科生在学制内可安排一次综合课程实习，地点在忻州市或太原市。

三、实践教学不断深化质量要求

实践教学不仅在于实践课程数量的增加，实践活动开设的多样化，而更多地应该体现在实践教学的质量，以量促质的发展，培养兼具专业能力提升和人格发展的"完人"，因此，立德是全程实践教学的重要组成部分，是卓越教师培养的重要理念。样本高校设立思想政治教育实践学分，引导学生以实习支教为平台，在实践中锻炼自身的思想政治素质，提高思想政治觉悟。学生返校后提交"大学生实习支教思想政治教育实践报告"，各系根据学生实习支教期间的行为表现和实践报告如实记录学分。思想政治教育实践学分纳入实习支教总学分，本、专科均为3学分。2008级本、专科生实习支教的总学分均为17学分（在实践教学进度表"实习支教"一栏的"备注"中书写"含思想政治教育实践3学分"的字样）。引自《关于调整补充2008级本、专科人才培养方案的意见》。

教学实践活动通过实现四个结合提升教学质量。第一，思想教育与专业教育相结合。思想道德素质与专业素质是大学生必备的两种素质。其中思想道德素质是根本，起着统帅和灵魂的作用。学生实践活动要把道德养成与学会做人放在首位，并渗透在专业教育之中，使两者有机地结合起来，促进学生的全面发展。第二，理论教育与实践教育相结合。动手能力差、表达能力弱是大学生中普遍存在的现象。"做中学，做中教"是克服这一弱点的根本出路。教学实践活动必须要提高学生适应社会的能力，必须把理论教育和实践教育结合起来，充分利用微格教学、多媒体教学及样本院校向学生发放的小黑板等设施，将理论与实践、课内与课外紧密结合，强化教师技能训练。教务处、电教中心、网络中心、图书馆等教育资源管理部门要保障教育资源向学生全面开放，使学生有场所、有设施开展全程教学实践活动。第三，实践教育和创新教育相结合。在实践教育中培养学生的创新能力与创新意识是全程教学实践活动的根本意义和目的所在，学院鼓励实践活动的多样性、特色性和创造性，使参与的学生有机会充分地展示自己的才能与智慧，相互启迪，在和谐的集体中共同成长。第四，通识教育与个性教育相结合。大学生教学实践活动要体现共性的规律，更需要充分发挥专业和学生个性特点。

为加强职业技能训练和培养实践创新能力，各实践性教学环节统称综合性实践课，包括教育实习、专业实习、军政训练、毕业论文（设计）、劳动等实践课程和政治理论课程，不得免修，其学分数按实际周数和难易程度分别予以计算。

学院设立创新与实践能力学分，鼓励学生发明创造，发表学术论文和文学作品。凡获得国家发明专利者，记6学分；在国家级刊物上发表论文1篇记6学分，在省级刊物上发表论文1篇记3学分；出版著作参照论文标准执行。文学艺术作品、译作等的学分认定标准另定。获得省级以上技能大赛奖（如挑战杯、数学建模、英语口语、辩论赛等）者按等级分别记分（省级奖最低等者记1分，以此类推；国家级奖最低等者记2分，以此类推）。学生在校期间完成获奖科技制作作品，经系评审组评审认可，记2~4学分。参加优秀本科生导师制项目的学生，根据参与程度、项目进展及作品发表情况，由系评审组评审，记1~2学分。

四、实践教学的形式多样

实践教学的理论基础是杜威的"教育即经验的改造"，核心目标是培养师范生的职业技能和实践、创新能力，主要内容是四个模块的课程体系，具体包括公民素质基础实践课、教师教育实践课程、专业实践课程和社会实践课程，全程实践教学是贯穿大学四年的、系统化的、与专业成长直接相关的一个实践课程群或者实践课程体系。这个意义下的全程实践教学的外延包括大学期间的所有实践教学环节，具体有教育实习、专业实习、本科生导师制、实验实训课程、毕业论文（设计）、科技活动、社团活动等。样本高校出台文件对实践类课程占比进行调整，毕业论文（设计）由原来的6学分调整为8学分，"支教扶贫"安排一学期，计20学分。院政字〔2006〕69号文件中对2004年修订的本科各专业教学计划进行调整，具体内容见关于调整本科教学计划的通知。

第一，建设实验课程，实现"每一个学生做好每一个实验项目"的目标。有关教学单位要科学地安排各门实验课程的实验项目、内容，研究制订实验教学计划，重点抓好设计性、综合性实验项目的落实，学院拟于4月中下旬检查评估实验教学工作。同时，继续培训实验教学人员和管理人员，提高其组织指导实验课程的技能和水平。第二，扩大实习、实训基地，拓展实践教学空间，争取每一个支教学生能够利用课余时间进行一周的教育见习。在全院开展扶贫顶岗支教宣传教育，利用校园网、院报、学报、广播、电子显示屏等媒体，开设专门栏目，辟出专门版面，及时报道扶贫顶岗支教进展情况，大力营造"积极参加和支持扶贫顶岗支教"的良好氛围。第三，定期组织召开实习支教工作会议。支教师生要在扎扎实实地完成受援学校安排的教学任务的同时，与所在地方的党团组织协调配合，宣传党和国家的路线方针政策，传播社会主义精神文明和先进文化，推动群众性精神文明创建活动及和谐家庭、和谐村组、和谐村镇创建活动，教育和引导农民群众崇尚科学良好的道德风尚。同时，利用在校所学的专业知识和技能，因地制宜积极地开展群众喜闻乐见、寓教于乐的文体活动，积极服务社会主义新农村建设，结合受援学校教育教学工作实际，总结顶岗支教经验，就基础教育改革与发展、高等教育面向基础教育进行改革等课题和相关具体问题进行深入调研，在扶贫顶岗支教结束时每人撰写一篇调查报告或教研报告。第四，鼓励学生主动参加实践教学活动。从新生进校通过课堂教学渗透、优秀教师示范教学、举办专题讲座、扶贫顶岗支教优秀学生报告会、召开座谈讨论会、开展主题班会和团日活动、组织教学基本功大赛、印发有关资料等方式，对学生开展扶贫顶岗支教教育和培训，有计划地组织教师技能培训和校内试讲。全院普通教育本专科学生上岗支教前，须修完教育学、心理学、教学法等课程，成绩达到合格以上，并在校内试讲合格，再利用一周时间对其进行岗前培训和试讲的集中考核。考核合格者参加下学期扶贫顶岗支教活动。

五、形成"四层三纵"的实践教学模式

为了适应教师角色转换的要求，改革"重视理论、轻视实践、忽视研究"的传统师范人才培养模式，破除师范生培养中存在的"教而不思""教而不研"等制约教师自身素养提升和发展的痼疾，教书匠式的教师已不能满足社会需求，教师必须有能力对教育教学活动加以反思、研究、改进，也就是要树立"教师即研究者"的专业发展理念。样本院校开展了教师教育全程实践教学工作，着力培养师范生的教育教学研究能力，提出了"教育服务、研习实践"的明确要求，扎实做好学生教育研习工作，向中小学输送优秀的中小学教师，完善其实践取向的人才培养模式，对学生进行循序渐进、系统完整的教师职业基本技能培训，建立符合卓越教师成长规律、特色鲜明的教师教育实践教学体系，结合教育部《教育教学课程标准》以及忻州师范学院的教师教育实践教学工作的实际情况，制定并完善了《忻州师范学院教师教育全程实践教学工作管理办法（试行）》。该文件指出："忻州师范学院的全程实践教学按照'四层三纵'的体系结构精心设计实践项目，务求重点突出、难点突破，切实保障实践教学的质量。"各系在此基础上制订了本单位教师教育全程实践教学总体方案，并在每学期组织学生有条不紊地开展全程实践教学工作。"四层"是指"入行训练、基础实践""专项训练、模拟实践""教学反思、岗位实践""教育服务、研习实践"四个层次。"三纵"是指工作始终围绕教师职业基本技能、岗位就业能力和职业培养能力开展，体现在四年本科人才培养的全过程中，让学生通过第一、第二学年的学习实践能够"站上讲台"，通过第三学年的学习实践能够"站稳讲台"，通过第四学年的学习实践能够

"站好讲台"。[①]

　　各系根据学科专业需求以教育教学实践为主线，培养一专多能的复合型人才；活动安排由浅入深、由简到繁、循序渐进，根据不同年级学生的特点，安排不同的教学实践内容，并根据学生的具体情况进行适当调整。与此同时，在全程实践教学人才培养方案中对每学期全程实践教学内容做了具体的规划和明确的要求，保障了全程实践教学有条不紊地实施。

　　第一学年，教师有目的、有计划、有组织地对师范生进行情感实践教育和教师教学技能训练，让其认识和了解到作为一名职业教师应该具有的专业素质和品质，从而形成正确的教师职业价值取向，从思想上为成为一名人民教师做好准备，丰富学生的知识储备，锻炼学生教育教学的基本技能，打好职业技能基础。因此，第一和第二学期主要侧重基本技能训练，如口语训练、普通话比赛、辩论赛、演讲、三笔字比赛等，并以多种活动形式展开。

　　第二学年让师范生深入到中小学、幼儿园的课堂中进行观摩，感受中小学、幼儿园的教学氛围，观察中小学教师的日常活动，丰富师范生的实践性知识，并开设实践课程，锻炼学生的教育教学能力。因此，第三学期和第四学期主要是在学生掌握教法和教学技能基本理论的基础上进行强化和训练，为教育实习做好准备，主要以说课、导课、讲课、备课为主。

　　第三学年转换教学方式，转变学生角色，让学生站上讲台，练习教学技能。学生在教师的指导和帮助下，分步分层次地进行实践教学活动，在实践中体验，在教学中反思，进而提高学生的教育教学能力和实践能力，并丰富作为一名教师的实践性知识，为实习支教做好准备工作。因此，第五学期和第六学期主要根据学院支教工作安排一学期的实践教学，另一学期加强职业技能和专业能力的训练，联系各专业实习基地利用课外时间进行见习。

　　第四学年，学生能在教师的指导帮助下，顺利完成毕业论文的设计及撰写工作，并且能够坚定从事教师的意志，能够更快地适应工作岗位。因此，第七学期和第八学期主要侧重综合实践提高和就业指导，如开展一些研讨会，对实践教学中所遇到的实际问题进行研讨，有针对性地提高学生的职业能力和社会实践能力。同时，安排业务工作能力强、实践经验丰富、工作认真负责的教师对学生进行具体指导，以培养学生科学、规范的研究习惯，以及实际的动手能力。指导教师应结合本专业特点以及自身的教育教学实践，把其先进的教育教学理念和教育教学

---

① 忻州师范学院.忻州师范学院教师教育全程实践教学工作管理办法（试行）[DB/OL].
http://www.xztc.edu.cn/xnwj/2015/index.htm 2015-08-30.

实践经验贯穿于实践教学全过程。在全程实践教学中做到了"全程参与，全程跟踪，全程指导"。

六、将全程实践教学视作拥有完整系统的体系

各系动员组织学生有目的、有计划、扎扎实实地开展教师教育全程教学实践，并贯穿于大学四年课程，系统地培养学生的教育教学思想、教育教学能力、教师职业道德和教师职业技能。根据本系专业特色，依据教师能力培养的内在规律和程序环节，制订各年级具体的教师教育全程教学实践方案。教师教育全程教学实践，通过扎实有效的校内外、课内外实践活动，循序渐进地推进学院人才培养模式和教育教学改革，培养具有实践能力和创新意识的高素质中、小学教师。全程实践教学要求以班为单位将学生分成若干课外实践小组，每个小组 10 ~ 15 人，利用课外时间研究教学内容和方法，有组织、有计划地进行各种小组实践活动和模拟试讲。每组设学生实践小组组长，可以采取指定、选举和轮流结合的形式，培养每一位参与学生的组织领导和沟通服务能力。每组每周至少活动一次，每次活动 1 ~ 2 个小时，系统训练口语、书面表达、讲解及教具制作等各项实践能力。做到每周有活动，活动有效果、有记录，学生处、教务处、团委定期和不定期对各系教学实践工作进行督促和检查。每学期末，各系将本系的教学实践工作进行汇总，形成书面总结材料，评选出本系在实践活动中涌现出的优秀班级和个人给以表彰。

全程实践教学通常被定位于一门或几门具体课程的认识，这种观点是片面的、不完整的。全程实践教学是全程性的、系统性的教学观念，是贯穿大学四年的、系统化的、与专业成长直接相关的一种实践课程群或者实践课程体系，即全程实践教学应该是四年一贯进行实践教学的一种理念，是实践育人理念在现实中的具体体现。实践育人是拥有现代教育理念、教育模式、教育实践的完整系统。实践育人不是一门课程、一次活动、一种方法或途径，而是一个统一的体系结构，不仅包括更加重视实践教育的现代教育理念，还包括为贯彻实施这种理念而形成的各种教育方式方法和教育活动形式。它已经成为高等学校人才培养体系的有机组成部分，在高校人才培养过程中起着突出作用。正是在这个统一体系的整体作用下，传统的实践教学与理论教学的二元对立关系被打破。实践育人不仅仅是在理论教学之外特别设计课程内容，不仅仅是把学生带出课堂、带出校门组织社会实践活动，而是要在整个教学过程中突出教育的实践属性，促使学生在接受实践教育过程中实现自主参与和自主教育，使学生不只在课堂理论教育中接受现成的知识，更在动态的实践教育过程中实现自主发展。

样本院校的全程实践教学主要是以一种具体的课程形式出现，这种意义上建构的思路相对而言视野较为狭窄，难以实现大学四年中全部实践教学环节的有效衔接。因此，要将全程实践教学看成是贯穿大学四年的、系统化的、与专业成长直接相关的一种实践课程群或者实践课程体系。在这个意义下的全程实践教学的外延应该包括大学期间的所有实践教学环节，具体可以有教育实习、专业实习、毕业论文（设计）、科技活动、社团活动等。

第三章 全程实践教学的理论基础

第一节 马克思主义实践观

实践教学的哲学理论基础是马克思主义实践观。马克思把实践看成是"人的感性活动"或"对象性的活动"。具体说来，马克思认为：①实践是现实的活动和运动，涵盖了人的全部生活，是人类的根本存在方式。人的深刻的本质不在意识，也不在自然存在，而是在于实践活动。实践是人类社会的前提、本质和动力；"社会生活在本质上是实践的。凡是把理论导致神秘主义方面去的神秘东西，都能在人的实践中以及对这个实践的理解中得到合理的解释。"①其实从广义上来说实践教学要先于教育而存在，原始社会人们迫于生计，不得不采用语言和其他符号进行沟通，正如马克思所说，人的劳动实践改变了生产者，使其炼出新的品质，造成新的力量和新的观念、交往方式和新的需要。②人是实践的主体。实践是人的有意识的有目的的行为过程，是主体客体化与客体主体化的过程。马克思实践观为实践教学提供了本体论基础。人们通过自己的实践活动不断地建构、改造着社会的组织形式和内容，同时更新自我观念，创新自我，得到新的发展。

从狭义上来说实践教学是实践在教学活动中的具体化，是一种重要的教学方式，实践教学通过实验、实习、课程设计、毕业设计（论文）、社会调查、生产劳动等多种形式让学生以内在体验的方式参与教学过程。学生在过程中理解知识、理解自己和社会，掌握理论知识，激发课外自我教育和相互教育的热情和兴趣，促进自身形成高尚品格、创新精神、实践能力，从而建构自己的知识体系和世界

---

① 中共中央马克思恩格斯了你斯大林著作编译局编.马克思恩格斯选集（卷1）.[M].北京：人民出版社，1972..48.17.18.

观；此外在实践中学生可以充分领悟知识的内在意蕴，掌握探究事物的方法，提高从事科学研究的能力。人是实践主体，实践教学中学生是教学的主体，打破了传统理论教学中学生被动听课的局面。在实践教学中学生可以变被动为主动，在丰富多样的实践形式中积极发挥自身主观能动性，运用所学知识和理论发现问题、分析问题，尝试解决问题，并将遇到新现象、新问题再次带到理论课堂中讨论，循环往复从而提高自身实际能力。

第二节　杜威的生活即教育理论

杜威实用主义教育学是 19 世纪末 20 世纪初在美国兴起的一股教育思潮，对 20 世纪整个世界的教育理论研究和教育实践发展产生了极大的影响。杜威的生活教育理论中提及教育即经验的改造，教育即生活，学校即社会，活动即课程，教育即是经验的改造。将常见的词汇以一种极不寻常的方式加以运用是杜威思想特点之一，"智慧（intelligence）"就是杜威不经常运用的词汇中非常重要的词汇，甚至可以说杜威穷其一生都在使智慧实践化。在杜威看来智慧是在实践中产生的，是实验性的，实用主义智慧具有创造性。智慧科学一个基本特征就是强调心灵的设计（projection）功能，意味着心灵的功能在于设计出一些新的、更加复杂的目标，使经验从千篇一律中解脱出来。[①]也就是说，实用主义的智慧的基本功能是它的解放功能，这样的智慧不光关注现在，与未来也是紧密联系的。作为使智慧实践化过程中基本环节的教育自然也是培育和发展智慧的重要途径。

杜威指出教育的首要目的应该是发展智慧，他认为教育"于其之外无目的"，学校教育的目的就是组织力量保证儿童的成长，"教育即生活、教育即生长、教育即经验的改造和改组"。传统学校教育中填鸭式灌输的上课方式自然要进行改革。在教学上他倡导做中学，提倡活动课程，强调教法与教材的统一、目的与活动的统一、智慧与探究的统一，形成了以儿童中心、活动课程、做中学为特色的教学体系。在师生关系上，主张以儿童为中心，鼓励学生自主参与，独立探索，而实践教学正是强调在活动过程中学习经验，积累知识，发展智慧，如上提到的实践教学形式，例如，实验、实习、课程设计、毕业设计（论文）、社会调查等均能体现做中学的原则，从而在丰富多样的实践中激发学生的创新精神，培养学生的实

---

① ［美］杜威.必须矫正哲学 [A].涂纪亮.杜威文选 [C].北京：社会科学文献出版社，2006:100.

践能力。以学生为主体积极发挥其主动性，运用所学知识和理论发现问题、解决问题，积累个体经验的过程，为强调自己动手操作，主动学习、增长实践性经验和知识的实践教学提供了存在依据。

第三节 体验式学习理论

20世纪80年代由美国人大卫·科尔博完整地提出了"体验式学习理论"。他构建了一个体验式学习模型即"体验式学习圈"，提出有效的学习应从体验开始，进而发表看法，然后进行反思，再总结形成理论，最后将理论应用于实践当中。在这个过程中，他强调共享与应用。与传统教学和学习中以教师为中心，利用单一刺激以接受程式化的知识导向不同，体验式学习理论强调学生的即时感受，以学员为中心强调做中学，认为参加学习的过程就是最好的学习资源，以分享总结经验和解决问题为导向。

体验式学习理论具有活动及互动（情境性），个人独特体验，全情投入，循序渐进地体验学习体系，主张使学生通过感受不同的行为、情绪，发掘并掌握更有效的能力。该理论给当时西方的教育管理者很大的启示，这种强调"做中学"的体验式学习，能够将学习者的潜能真正发挥出来，是提高学习效率的有效方式。

从实务课程操作来讲，体验式学习就是学生通过在活动中充分参与，来获得个人及团队经验，然后在培训师的引导下，成员经过对差异化过程的观察反省与对话交流获得新的态度信念及技能素质，并将之整合运用于未来新情境的解决行动方案或策略上，以达到目标或愿景。简而言之，凡是以活动为开始的，先行而后知的，都可以算是体验式学习。体验式学习与传统式学习的最大区别，在于前者以学为主（学员为中心），后者以教为主（教师为中心）。要使培训有效，培训的主体必须是学员而非培训师，正如伽利略所说："你无法教别人任何东西，你只能帮助别人发现一些东西"。进行体验式教学要做到以下几点：首先，培训师要激发学员兴趣，让学员乐于体验。体验式学习最大的挑战就在于培训师及课程如何能激发学员愿意用头脑去思考去学习的热情，如何同学员之间产生心灵及行为模式的共鸣感动，同时引发学员增加挑战自己的能力，并且愿意运用此经验到现实环境中。其次，培训的形式要出其不意，可以是室内，可以是户外场地，也可以有各种专业、新颖的教材设施，以激发学员的好奇心，促使他们主动学习。而培训师则始终处于低调的位置，当学员需要提供信息或知识的时候，他就提供信息，让学员自己去解读信息、讨论知识、寻找解答，去尝试他们自己的办法。成功了，为什么？失败了，又是为什么？透过充分的亲身体验，学员才会掌握学习的知识和技能，让行为发生改变，并产生潜移默化的教学效果。

体验式学习培训方案版本甚多，主要有户外体验（outward bound）、主题探险（project adventure）、行动式学习（action learning）、情景模拟（scenario planning）、团队教练（team coach）等，简述如下：

1. 户外体验式训练主要是拓展训练、魔鬼训练或生态自然体验，短期训练天数为三天，完整课程为期十四天，有陆地活动、海上活动、高山训练等活动。主要以超越自我，熔炼团队为主题，强调在户外进行活动。其在个人提升与团队效能改善等方面具有明显效果，我们所熟悉的拓展训练、魔鬼训练等早已被广泛应用于企业培训。

2. 主题探险，也称为探索教育（中国香港称历奇教育），其以美国基础教育法第三案为主，课程分为低度、中度及高度探险，多用于心理咨询或以成长团体为主的心理治疗范畴，民间团体或企业也在逐渐采用。探索体验课程做不主流趋势，课程设计以经验学习圈为架构，以游戏教案引导学习，适时激发挑战冒险及团队精神。

3. 行动式学习是另一种应用广泛的方案，行动学习法多为人力资源规划或组织管理时所采用，行动式学习以彼得·圣吉的《第五项修练》及"系统动态学"为专业知识领域，主要协助企业进行员工培训、组织变革及建构学习型组织。

4. 情景模拟多为策略决策者训练运用的工具，策略大师波特在其《竞争优势》一书中有探讨情景模拟用于规划不确定情况下竞争策略的内容。我们熟悉的沙盘模拟即属于情景模拟。沙盘模拟，美国早期用于军事演习，后国外商学院将其引入，并逐渐成为核心课程。其多用于虚拟情境的企业经营管理决策。

5. 团队教练源于体育，如棒球、足球、篮球等团队都有教练，教练作为一种管理技术从体育领域引用到企业管理或生涯规划范畴。团队教练着眼于激发学员的身体潜能与身心理潜能，引导学员回归自我，使学员洞悉自己，进而使学员正确地处理自己的情绪、调整态度，以"活在当下"为原则认清生命中的真正需求与目标，以最佳状态投入到生活和工作中。实践教学以实践性、经验性知识为主要内容，本身兼具体验性和活动性，目的就是增强学生的实践能力，将知识内化为个人经验，体验式学习理论在实践教学中得以全面充分地体现。

第四节　建构主义学习理论

一、学习具有主动建构性、情境性、社会互动性

建构主义学习理论认为学习不是一个独立的过程，学习具有主动建构性、情境性、社会互动性。建构主义理论主张知识获得的过程是学习者在与周围环境相互作用中积极进行知识建构的过程，其影响因素有学习情境、学习资料和学习重要他人。实习支教工作的开展正是将学习者置于具体的学习情境中，结合教科书、备课材料等学习资料，在指导教师和其他实习生的帮助下主动建构知识的过程，呈现出主动性、社会互动性和情境性三大特点。①

1. 主动建构性

建构主义理论认为学习过程中学生并非被动地接受知识，而是主动建构知识的过程，是一个交流协作的互动过程。实习支教中，学生不再是单纯的学习者，承担一定的教学任务，可以促使学生积极地有目的地去获取知识，外化所学所知，这个过程中实习生呈现出主动建构性的特点。

首先，建构主义认为学生是学习的主体，强调在实践中学习。实习支教中学生毫无疑问是认知的主体，也是实践的主体，实习生需要以课堂教学为途径，有组织、有计划地实践教学活动的各个环节，包括说课、备课、讲课、板书等；按照学习—实践—反思—再学习—再实践的学习程序，全面提升自身运用知识的能力，促进新知旧识相融合，构建知识体系。因此，主动实践是培养大学生创新实践能力的关键之一。其次，建构主义认为知识的获得不是学习者独立完成的，需要借助他人的帮助，不能忽视教师的指导作用。实习支教实行双导师制度，由高校指导教师和实习基地指导教师共同协助实习生完成实践教学任务。在这里，指导教师是一个学习伙伴的角色，要把解决问题的自主权留给学生，充分发挥实习生的主体性和教师的主导作用。

---

① 李惠. 实习支教与师范生实践创新能力培养探究——以忻州师范学院为例 [J]. 忻州师范学院学报，2016,32(2):86-89.

2. 社会互动性

建构主义理论认为学习是社会文化历史发展的产物，知识获得是学习者以一定的社会文化为背景对知识逐步内化的过程，需要一个学习共同体作为助推力来完成，学习共同体是由学习者及其助学者（包括教师、专家、辅导者等）共同构成的团体，团体成员彼此共同交流完成一定任务。在此过程中表现出社会互动性的特点。实习支教将学生置身于实习学校中，形成了由指导教师、带队教师、实习基地教师、中小学校长、其他支教生共同构成的相对稳定的协作团体，团体成员之间通过观摩教学活动、听评课等形式建立会话，分享交流经验，围绕一定的目标形成相互影响、相互促进的人际关系，逐步形成具有一定规范制度和文化氛围的学习集体，最终构成实习支教学习共同体。建构主义理论还认为"情境、协作、会话和意义建构"是学习环境的四大要素，在实习基地这种特定的情境下，支教共同体成员之间相互协作会话，促进学习者成长，是建构主义者笔下理想的学习环境。

3. 情境性

建构主义理论认为，知识获得是学习者通过参与社会实践活动完成的，参与的过程被视为情境。简而言之，知识是抽象的，情境是具体的，学习是将抽象的知识具体化到情境中，被学习者习得的过程。每堂课都是一个具体的情境，但每个课堂又不尽相同，实习支教的情境性包含两层含义，实习学校是情境，课堂教学也是情境，均提供了参与实践的具体情景，利于学生知识的获得。实习支教为师范生提供了真实的职业环境。师范生在具体的情境中全过程地参与教育教学活动，运用教育教学理论知识解决实际难题，完成教学任务。并在此过程中反复地由实践到理论再到实践循环更替，积累教育实践经验，锻炼教学技能，从教育行为与教学过程中习得更丰富的知识。学生既是研究者，也是反思者，在不断变化的情境中，提升自己运用知识解决实际问题的能力，不断培养实践能力和创新精神。

二、实践是陈述性知识转化为程序性知识的关键环节

美国认知心理学家安德森将知识分为陈述性知识和程序性知识。所谓陈述性知识，正如它的修饰词所表明，指能被人陈述和描述的知识。例如，我们可以陈述某些事实或现象，描述某些事件及客体。简而言之，陈述性知识是有关人所知道的事物状况的知识。与陈述性知识相对的程序性知识，则并不停留在人们仅能

说说而已的状态。它是关于人怎样做事的知识，既可涉及驾车之类的运动技能，也可涉及在什么样的条件下使用某一数学原理之类的认知技能，当然还可以涉及使用自己的认知资源之类的认知策略。陈述性知识（语言信息）包括命题、表象、线性排序（编码），图式是陈述性知识的综合表征形式。程序性知识（认知策略、智慧技能、运动技能）包括一般领域的程序性知识（弱方法）和特殊领域的程序性知识（强方法），在特殊领域的程序性知识又分为自动化技能和特殊策略知识。陈述性知识即描述性知识，主要说明事物是什么、为什么、怎么样，用于区别、辨别事物，是一种静态的知识；程序性知识即操作性知识，是关于如何做的知识，是关于解决问题的思维操作过程的知识，是关于如何实现从已知状态向目标状态转化的知识，是一种动态的过程知识。

学习过程就是经过习得阶段、巩固和转化阶段、提取与应用阶段，把陈述性知识转为程序性知识的过程。实践教学正是连接二者的桥梁，通过自身操作逐渐加深知识理解和记忆，并将知识转化为操作或者心智技能长久存贮在大脑中，加快知识相互之间的组合和联系，形成命题网络，内化成自身能力，并为新一轮知识学习奠定基础。实践是陈述性知识转化为程序性知识的关键环节。

第五节　创新教育论

创新是一个民族进步的灵魂，是国家兴旺发达的不竭动力。中华民族正站在一个新的历史起点上，已经到了必须更多地依靠增强自主创新能力和提高劳动者素质推动经济发展的新阶段。创新教育是教育发展到知识经济和信息社会时代的必然趋势。它是深化教育改革，推进素质教育的必然选择，是对素质教育的深化而不是对素质教育的否定。我们即将面对的未来社会，要求它的劳动者必然"具有广阔的视野和综合分析问题的能力，具有自我更新的观点，改变思维方式的能力"，还要具有"良好的心理素质和个性特征，特别需要有很强的创新意识和创造能力"。而这种人才的培养正有赖于我们的创新教育。

实践教学对培养学生的创新和实践综合素质起到特殊的作用。研究表明，素质的内容是与具体的活动相对应的，也是在相应的活动中表现的，与某种活动相对应的特定内容的素质主要是在相应的活动中发展的。陈佑清（2005年）在《论活动与发展之间的相关对应性》一文中认为："知识的学习最有利于学生认知发展和将学生培养成为知识学习的主体，但它不能完成与操作活动、交往活动等相关联方面（如动作技能）发展的任务。"皮特斯认为："人的素质发展是与特定的经验方式相对应的，人的心理品质不能被看作与经验方式相脱离的普遍的心理能力。因此，人的发展并非与人在不同经验方式中的发展相异，相反，人的发展以人在不同经验方式中的发展为前提。"① 课程论专家泰勒在分析如何根据教育目标选择教育经验时，提出了选择学习经验的一般原则，其中一条是："为了达到某一目标，学生必须具有使他有机会实践这个目标所隐含的那种行为的经验。"② 傅维利教授认为，"开展实践活动不仅可以提升青少年的动手能力和拓宽青少年的社会视野，还是保证一个人从自然人有效完整地过渡到具有社会实践主体地位的人的不可或缺的重要组成部分。"③ 李政道在一次访问延安时谈道："不做实验，有安培也不会出安培定律。只有在实践中才能发现人才，也只有在实践中才能培养学生的创新能力。虽然学生在书本上学习的知识丰富多彩，但是缺乏了实践意识，就会导致学生创新能力的下降。"

陶行知说："所以要创造，非要你用脑的时候，同时用手去实验，用手的时候同时非用脑去想不可。手和脑一块干，是创造教育的开始。"④ 而培养学生创新精神和创新能力的基点就是让学生通过实践活动接触自然，接触社会，接触问题，为学生思考、探究、发现和创新提供最大的空间。这与实践教学的目标是不谋而合的。

① 陈佑清 . 论活动与发展之间的相关对应性 [J]. 教育研究 ,2005(2):77-82.

② 泰勒 . 课程与教学的原理 [M]. 北京 : 人民教育出版社 ,1994.

③ 傅维利 . 论中小学生实践活动的特点及发展过程 [J]. 教育研究 ,2000(9):31-36.

④ 陶行知 . 陶行知全集 (卷三)[M]. 成都 : 四川教育出版社 ,1997.

第四章　全程实践教学实施效果调查研究

第一节　全程实践教学的实施

全程实践教学的开展有助于提高教学质量，提升学生的实践能力，培养学生的创新能力。如今教师面临的教育教学环境和教育对象越来越复杂，对教师的教育教学能力的要求也越来越高，因此，师范生不仅需要掌握扎实的专业理论知识，还要不断地提升自身的教学实践技能，能够灵活地运用学到的专业知识处理在教育教学中遇到的问题。所以，师范院校在向学生传授理论知识的同时，应加强对学生实践性知识的培养，鼓励学生理论联系实际，尽快实现学生角色的转变。

一、全程实践教学的实施

忻州师范学院全程实践教学主要是指郭晓薇（2014 年）关于全程实践教学观点的狭义方面，即学生在校学习期间，按照学校制订的全程实践教学工作方案，在模拟或真实情境中有目的、有计划、有组织地开展实际锻炼的活动。按照忻州师范学院人才培养方案的要求，第一学年，教师要有目的、有计划、有组织地对师范生进行情感实践教育和教师教学技能的训练，让师范生认识和了解到作为一名职业教师应该具有的专业素质和品质，从而形成正确的教师职业价值取向，从思想上为成为一名人民教师做好准备，丰富学生的知识储备，锻炼学生教育教学的基本技能，打好职业技能基础；第二学年，让师范生深入到中小学、幼儿园的课堂中进行观摩，感受中小学、幼儿园的教学氛围，观察中小学教师的日常活动，丰富师范生的实践性知识，并开设课程实践，锻炼学生的教育教学能力；第三学年，转换教学方式，转变学生角色，让学生站上讲台，练习教学技能，学生在教师的指导和帮助下，分步分层次地进行实践教学活动，在实践中体验，在教学中反思，进而提高学生的教育教学能力和实践能力，并为实习支教做好准备工作；第四学年，学生能在教师的指导和帮助下，顺利完成毕业论文的设计及撰写工作，并且能够坚定从事教师职业的意志，能够更快地适应工作岗位。

综上所述，忻州师范学院通过组织全程实践教学活动增加了学生对学科专业知识的理解，提高了学生课堂教学的基本技能，为学生参加扶贫顶岗实习支教打下基础，也为学生走上教师岗位奠定了基础。

二、研究方法

本书采用自编问卷《全程实践教学实施现状调查》（教师问卷和学生问卷），从忻州师范学院的文科和理科中各抽取两个系，分别是教育系、历史系和数学系、物理系，从全程实践教学方式、职业道德教育、基础技能实践、专业技能实践和全程实践教学管理体系及考核方式这五个维度进行调查。此问卷共设置30题，其中1~24题为单项选择题，25题为多项选择题，26题为开放题。学生问卷以走访宿舍的形式进行发放，教师问卷以走访办公室的形式进行发放，最后回收问卷并录入数据库进行分析。调查中发放学生卷367份，收回问卷353份，问卷回收率为96.19%，其中有效问卷为328份，有效率为92.92%；发放教师卷14份，回收率100.00%，有效率为100.00%。

第二节　全程实践教学实施效果调查及分析

一、全程实践教学实施效果

（一）全程实践教学的组织形式

全程实践教学的效果在一定程度上受教学组织形式的影响，教学形式多样，教学内容丰富，教学方法运用得当，教学活动持续时间适中，可以很好地促进全程实践教学活动顺利有效的进行。忻州师范学院全程实践教学组织形式的具体情况如表4.1所示。

表4.1　全程实践教学组织形式

项　目	选　项	教　师		学　生	
		人数	百分比 (%)	人数	百分比 (%)
组织情况	组织过	11	78.57	196	60.31
	没组织过	3	21.43	129	39.69
组织次数	5 次以下	3	21.43	165	52.18
	5~8 次	5	35.71	101	31.07
	8 次以上	6	42.86	59	16.15
每次全程实践教学持续时间	少于 1 小时	3	21.43	165	50.77
	1 小时	5	35.71	101	31.08
	超过 1 小时	6	42.86	59	18.15
全程实践教学方式	整体辅导	0	0.00	45	13.85
	分组进行	8	57.14	133	40.92
	整体辅导与分组进行相结合	6	42.86	147	45.23
全程实践教学活动计划	有	13	92.86	191	58.95
	没有	1	7.14	56	17.28
	不清楚	0	0.00	77	23.77
全程实践教学活动记录情况	有，记录内容详尽具体	9	64.29	165	52.72
	有，但记录内容不具体	5	35.71	128	40.89
	没有	0	0.00	20	6.39

1. 每学期全程实践教学组织的情况

由表 4.1 可知：超过 60% 的学生所在的班级每学期都在组织学生进行全程实践教学，还有将近 40% 的学生所在的班级不是每学期都组织学生进行全程实践教学。约有 1/5 的教师反映每学期全程实践教学组织次数在 5 次以下，有半数以上的学生认为全程实践教学组织次数少于 5 次；超过 1/3 的教师和学生表示全程实践教学次数为 5~8 次；有近半数的教师表示每学期全程实践教学组织次数维持在 8 次以上，仅有不足 1/5 的学生认为其组织次数在 8 次以上。由此可见，忻州师范学院各班级在全程实践教学组织情况以及次数方面存在差别。

2. 每次全程实践教学持续的时间

全程实践教学进行的时间长短在一定程度上能够反映全程实践教学的效率，效率越高越能培养学生的实践教学能力，增进学生对教师职业活动的了解，保证教学质量。从表 4.1 可以看出：有 50.77% 的学生所在班级的全程实践教学进行的时间不足 1 小时，还有 31.08% 的学生所在班级的全程实践教学进行的时间刚好 1 小时，全程实践教学超过 1 小时的学生仅有 18.15%。经过分析得出，忻州师范学院的各系全程实践教学进行的时间参差不齐。

3. 全程实践教学方式

选用的教学方式不同，全程实践教学的效果也不相同。从表 4.1 可以看出：半数以上的教师采用分组形式展开教学活动，少于半数的教师选用整体辅导与分组进行相结合的形式，有极少数的学生认为本班多采用整体辅导的方式。多数班级全程实践教学方式多样，在调动学生参与全程实践教学活动的积极性，提高全程实践教学活动的效率方面投入精力较多。

4. 全程实践教学活动计划

全程实践教学活动计划是全程实践教学活动有效进行的前提条件和必不可少的组成部分。全程实践教学活动要有明确的计划，在教学活动开始之前教师和学生应该对全程实践教学有清晰的认识。在对表 4.1 的内容分析后得出：58.95% 的学生认为全程实践教学有活动计划，23.77% 的学生表示"不清楚"全程实践教学是否有活动计划。教师对这一问题的回答多集中在"有"这个选项。因此，教师对全程实践教学活动整体的计划比较明确，学生对全程实践教学活动的计划了解较少。

5. 全程实践教学活动的记录情况

如表 4.1 所示，有 52.72% 的学生反映班级内部对全程实践教学有详尽具体的记录，40.89% 的学生表示班级内部虽然有学生负责对全程实践教学进行记录，但是记录的内容不是十分具体，此外还有极少数学生认为班级内部并无人员负责记录；多数教师表示在全程实践教学过程中会进行记录，并且记录的内容详尽具体。由此可知，在全程实践教学活动结束之后，教师和学生能够圆满地完成全程实践教学任务，使教师对学生的评价更加客观，更具有说服力。

6. 教师和学生对全程实践教学活动的时间安排和活动方式的满意程度

教师和学生对全程实践教学活动的时间安排和活动方式的满意程度可以从侧面反映全程实践教学的教学效果。从表 4.2 中可以清晰地看出：约有 78.57% 的教师表示对全程实践教学活动的安排基本满意，学生持不满意态度的人数约占总体人数的 10.06%，81.10% 的学生对全程实践教学持比较满意的态度。从总体上看，全程实践教学活动的时间安排和活动方式还是符合大部分学生和教师的需求的。

表4.2　教师和学生对全程实践教学活动时间安排和活动方式的满意程度

项　目	选　项	教　师		学　生	
		频率	百分比 (%)	频率	百分比 (%)
教师和学生对全程实践教学活动的时间安排和活动方式的满意程度	非常满意	2	14.29	28	8.56
	较满意	3	21.42	116	35.47
	基本满意	7	50.0	150	45.87
	不满意	2	14.29	23	7.03
	非常不满意	0	0.00	10	3.07

（二）全程实践教学中的职业道德教育

教师职业较为特殊，师范生作为未来教育教学的工作者，不仅要掌握教育学等教育理论知识、学科专业知识，还应该具有成为教师的职业道德修养和基本的伦理规范。对忻州师范学院全程实践教学中职业道德教育的调查结果如表 4.3 所示。

表4.3　全程实践教学中职业道德教育情况统计表

维　度	项　目	选　项	教　师		学　生	
			人数	百分比 (%)	人数	百分比 (%)
中小学（幼儿园）教学观摩情况	组织情况	组织过	10	71.43	135	41.16
		没组织过	4	28.57	193	58.84
	组织次数	0 次	4	28.57	193	58.84
		1~3 次	5	35.71	40	12.20

维　度	项　目	选　项	教　师		学　生	
			人数	百分比 (%)	人数	百分比 (%)
中小学（幼儿园）教学观摩情况	组织次数	3~6 次	4	28.57	80	24.39
		6 次以上	1	7.15	15	4.57
师德师风讲座的开展情况	组织情况	组织过	9	64.29	161	49.69
		没有组织过	5	35.71	163	50.31
	组织次数	0 次	5	35.71	163	50.31
		1~3 次	7	50.00	99	30.55
		3~6 次	2	14.29	52	16.05
		6 次以上	0	0.00	10	3.09

1. 中小学（幼儿园）教学观摩情况

师范生到中小学（幼儿园）进行教学观摩是师范生职业道德教育的重要组成部分。教学观摩可以使职业道德教育不再局限于理论的说教，让学生到学校中去感受教学氛围，体会教师工作的乐趣与价值，认识到教师工作不仅是向学生传授知识，还承担着育人的责任与使命。从表 4.3 中可以看出：大约有 71.43% 的教师反映曾组织学生进行教学观摩，其中有 35.71% 的教师表示组织学生到中小学（幼儿园）进行观摩的次数为 1~3 次，超过 6 次的占 7.14%；有 41.16% 的学生反映曾到中小学进行过观摩，其中约有 12.20% 的学生反映到中小学（幼儿园）观摩的次数为 1~3 次，4.57% 的学生表示到中小学（幼儿园）观摩的次数超过 6 次。因此，忻州师范学院各个系组织学生到中小学（幼儿园）参加教学观摩的情况以及观摩的次数不尽相同。

2. 全程实践教学中师德师风讲座的开展情况

师德师风讲座的开展是职业道德教育的重要组成部分。在师范生大学一年级的时候，学校组织他们聆听关于师德师风的讲座有助于他们了解教育教学工作的运行情况，感受未来工作的环境，初步了解现阶段中小学（幼儿园）的教育教学情况，拉近师范生和中小学的距离，增进学生对教师这一职业的热爱。从表 4.3 中可以看出：64.29% 的教师反映曾经组织学生参加过师德师风的讲座，其中有

14.29% 的教师表示组织学生参加师德师风讲座次数为 3~6 次，超过半数的学生表示其所在的系未组织过他们参加师德师风的讲座，有 30.56% 的学生表示参加过 1~3 次讲座，参加次数超过 6 次的学生为 3.09%。从调查结果看来，忻州师范学院各系对学生进行职业道德教育的工作有待完善。

3. 教师和学生对全程实践教学中职业道德教育的满意程度

学校从师范生入学时便开始对其进行职业道德教育，为将师范生培养成为一名合格的中小学教师打下基础，这项工作的重要性不言而喻。经过对表 4.4 分析得出：有 10.06% 的学生表示对目前接受的职业道德教育不满意，所以，在向学生传授学科专业知识、教育理论基础知识的同时应加强对其进行职业道德教育。

表4.4　教师和学生对全程实践教学中职业道德教育的满意程度

项　目	选　项	教　师		学　生	
		频率	百分比 (%)	频率	百分比 (%)
教师和学生对全程实践教学中职业道德教育的满意程度	非常满意	0	0	33	10.06
	较满意	7	50.00	113	34.45
	基本满意	4	28.57	149	45.43
	不满意	2	14.29	20	6.09
	非常不满意	0	0.00	11	3.97

（三）全程实践教学中的基础技能实践

基础技能实践是学生成为教师必备的技能之一，学生参加基础技能实践课程可以提高自身的语言表达能力和书写的规范程度，获得扎实的职业基本技能。全程实践教学基础技能训练情况如表 4.5 所示。

表4.5　全程实践教学基础技能训练情况

项　目	选　项	教　师		学　生	
		人数	百分比 (%)	人数	百分比 (%)
基础技能训练	参加（组织过）	13	92.86	215	65.95

项　目	选　项	教　师		学　生	
		人数	百分比 (%)	人数	百分比 (%)
基础技能训练	没有参加(组织过)	1	7.14	111	34.05
基础技能训练的内容	普通话	2	15.38	74	39.16
	三笔字	0	0.00	28	14.81
	普通话和三笔字	11	84.62	87	46.03
参加或组织的次数	1~5 次	7	53.85	148	47.59
	5~8 次	2	15.38	76	24.44
	8 次以上	4	30.77	87	27.97

　　从表 4.5 中可以看出：在调查的学生当中有 34.05% 的学生反映他们没有参加过基础技能训练，在参加过基础技能训练的学生当中有 47.59% 的学生表示参加过 1~5 次，有 27.97% 的学生反映他们参加基础技能训练的次数超过 8 次；在参加过基础技能训练的学生中有 46.03% 的学生反映他们参加过普通话和三笔字这两项基础技能训练，有 39.16% 的学生反映他们仅参加过普通话的训练。学生大一主要侧重基础技能的训练，学生在参加完三笔字课程和普通话方面的训练之后，忻州师范学院对学生进行过级考核，学生只有达到规定等级才能参加顶岗实习支教，所以学生基础技能训练成效较好。

（四）全程实践教学中专业技能实践

　　全程实践教学中专业技能实践如表 4.6 所示。

表4.6　全程实践教学中专业技能实践

项　目	选　项	教　师		学　生	
		人数	百分比 (%)	人数	百分比 (%)
全程实践教学中专业技能实践	模拟中小学（幼儿园课堂教学试讲）	8	57.14	148	45.12
	中小学（幼儿园）课标分析与研讨	4	28.57	66	20.12
	中小学（幼儿园）教材分析	4	28.57	63	19.21

续　表

项　目	选　项	教　师		学　生	
		人数	百分比 (%)	人数	百分比 (%)
全程实践教学中专业技能实践	教育著作选读及交流	7	50.00	113	34.45
	论文写作指导	3	21.43	79	24.09
	教育见习	6	42.86	135	41.16
	手工制作	1	7.14	45	13.72
	其他	5	35.71	29	8.84

注：此题为多选题

经过对表 4.6 的分析得出：在全程实践教学中关于专业技能实践方面，教师和学生参与较多的内容分别是模拟中小学（幼儿园课堂教学试讲）、教育见习、教育著作选读及交流。学生在中小学（幼儿园）课标分析与研讨、中小学（幼儿园）教材分析、论文写作指导以及手工制作方面实践的机会较少。此外，学生参加过的全程实践教学内容还涉及以下几个方面：游戏（故事表演）、心理辅导、实验、文化调查、教师资格证考试辅导以及提升综合素质。从对学生进行全程实践教学专业技能提升的角度来看，多样化的教学内容给学生提供了更多的实践机会，为学生实践能力的提升和创新能力的培养创造了条件。

二、忻州师范学院全程实践教学中存在的不足

（一）全程实践教学活动计划落实不到位

1. 学生对全程实践教学活动计划了解程度不高

由表 4.1 可知，学生对全程实践教学的了解不够清楚。大部分学生对全程实践教学目标、教学内容等方面不了解，学生在参加全程实践教学时带有盲目性，处于被动的接受状态。从各系的全程实践工作方案中可以看出，各系全程实践计划明确、具体，但是从调查结果来看，学生对全程实践教学计划的了解程度不高，不利于全程实践教学活动的开展，也不利于调动学生参与全程实践教学的积极性，从而提升全程实践教学效果。

2. 全程实践教学活动计划缺乏必要的调整

《忻州师范学院教师教育全程实践教学工作管理办法（试行）》（院政字〔2015〕58号）中提出："教师教育全程实践教学活动方案应随各专业人才培养方案及时调整，各专业可根据实际工作情况在训练项目及学期安排上做适当调整，尤其应注意同计划内课程教学相结合。"但是，从表4.7中看出，超过1/3的学生和教师反映全程实践教学没有根据各专业人才培养方案做及时调整，这与忻州师范学院的人才培养方案之间不相协调，所以，教师和学生应根据教学进度调整活动计划，保证教学的有效性。

表4.7　教师根据各专业人才培养方案调整活动方案

项　目	选　项	教　师		学　生	
		频率	百分比 (%)	频率	百分比 (%)
教师根据各专业人才培养方案调整活动方案	有	11	78.57	195	60.00
	没有	3	21.43	130	40.00

3. 各班全程实践教学活动的时间较分散

各系全程实践教学实施方案中规定：全程实践教学一次活动时间为1小时或者不少于1小时。但是经过对表4.1分析可以得到：各班全程实践教学进行的时间存在差别，其中超过半数的学生和1/5的教师反映全程实践教学时间少于1小时，所以全程实践教学在时间上与实施方案中的规定存在差异。故在其实施的过程中应注意活动内容的安排，从时间方面保证全程实践教学顺利进行，提升全程实践教学的效果。

4. 全程实践教学组织次数较少

从表4.1中可以看出各班全程实践教学的组织次数存在差异，有近一半的学生表示没有参加过全程实践教学的次数在5次以下，在参与过的学生中有31.08%的学生参加次数5~8次，与收集到的各系全程实践教学工作方案存在差异，如《教育系2017—2018学年第一学期全程实践活动安排表》中规定本学期活动次数为8次，《物理系教师教育全程实践教学工作实施方案》中指出全程实践教学每周至少一次。综上所述，忻州师范学院的全程实践教学的实施情况不是很好，各系之间存在差异性，各系对全程实践教学的实施情况有待改善。

（二）全程实践教学中对学生进行职业道德教育的内容较少

由表4.2可知，有45.73%的学生表示对全程实践教学职业道德教育基本满意，所以这项工作是值得肯定的，学校可以通过组织师德师风讲座对学生进行思想的渗透，为学生养成良好的教师职业道德提供条件。但是由表4.3可以得到：有58.84%的学生表示没有到中小学进行过教学观摩，有50.31%的学生没有听过关于师德师风的讲座。这与《忻州师范学院教师教育全程实践教学工作管理办法（试行）》（院政字〔2015〕58号）附件2中提出的学生在一年级进行入行训练，参加基础实践，"了解教师工作，培养职业感情"不一致。因此，各系要加强对学生进行职业道德教育，培养学生的职业道德意识和职业道德情感，并将对学生进行职业道德教育的活动贯穿于全程实践教学的全过程。

三、全程实践教学问题的原因分析

（一）学生对全程实践教学认识不足

1. 学生对全程实践教学缺乏客观的认识

全程实践教学计划是影响教学活动有效进行的前提条件，在全程实践教学活动开始之前教师和学生对教学内容、课时、考核要求有清晰的认识，有助于提高学生的积极性和主动性。从表4.1中可以看出：教师对全程实践教学计划了解得比较清楚，学生对全程实践教学计划了解不到位，对组织全程实践教学的目的不明确，致使他们不能很好地融入全程实践教学活动中，比较茫然。

2. 学生参与全程实践教学的积极性、主动性较差

教师满怀热情地走进教室，结果学生一直忙于手中的任务，不参与到全程实践教学活动的过程中，课堂变成了教师在唱独角戏。学生的积极性不高，教师调动不了学生的积极性，导致全程实践教学的效果不尽人意。长此以往，教学次数减少，教学时间缩短，全程实践教学的效果得不到明显改善，学生实践技能提高的目的也就很难达到了。

（二）教师将诸多的教学工作相协调存在困难

周密的安排、详尽具体的教学计划、明确合理的规章制度是全程实践教学有条不紊进行的基本保障。忻州师范学院的全程实践教学虽然制订了明确可行的教学计划，但是教师在繁重的教学工作中有时难以抽出时间来组织学生展开全程实践教学活动，导致全程实践教学活动在教学时间上相对较短、次数上相对较少，教师很难抽出时间来调整全程实践教学计划，为学生在提高教育教学能力等方面做详细、具体的指导。

（三）职业道德教育在全程实践教学中所占比例较低

1. 学生参加职业道德教育目标不明确

学校组织学生参加师德师风讲座和到中小学见习的次数有限，学生应该珍惜这些机会，逐步掌握基本教学技能、职业道德规范，为形成良好的职业意识打下基础。但是学生并没有将这些内容看成是自己成为一名合格的中小学教师的必修课，忽视了自身职业道德的养成。

2. 全程实践教学中关于职业道德教育的内容较为单调

一名优秀的中小学教师不仅需要扎实的专业理论知识，还需要掌握教育教学的基本技能、职业道德规范等知识，形成良好的职业意识。但是，学生在全程实践教学活动中甚少接触有关教师职业道德的讲座，去中小学观摩的次数也是仅有几次而已。在对学生进行职业道德教育的时候，过多偏重于理论的说教，学生到了三年级实习支教的时候才会得到和中小学接触的机会。与中小学接触次数少，教学形式多以模拟课堂的形式进行，不利于学生职业道德的养成。

3. 学生自我反思意识不强

在参加完教育见习、听完讲座之后，学生不能及时进行总结，导致学生虽然参加过教育见习，参加过师德师风的讲座，但是，学生在观念上仍然存在着对教师职业厌弃的倾向。

第三节　提升全程实践教学效果的实施建议

一、提高学生对全程实践教学计划的认识

在全程实践教学开始之前，教师可以适当向学生说明本学期全程实践教学要完成的任务及考核标准，做到有的放矢。学生对全程实践教学的教学目标、教学内容等方面有清晰的认识，可以在一定程度上提高学生参加全程实践教学的积极性、主动性，进而提升全程实践教学效果。

二、提高学生的自主参与意识

学生作为未来的教育事业的建设者和接班人，应该从入学第一天起就注重道德的养成，珍惜参加全程实践教学的机会，在全程实践教学开始之前为自己确定明确的目标，在实践教学过程中积极思考并严格要求自己，在遇到问题的时候认真和同学讨论，剖析问题出现的原因，抱着学习的态度参加每一次的全程实践教学活动，在参加完活动之后积极进行反思总结，并试着将学到的理论运用到教学实际工作中去，提升自身的实践能力，培养自己的创新精神。

三、合理规划全程实践教学的时间与次数，适时调整活动方案

全程实践教学作为教育教学的重要组成部分，不能为理论上的说教所替代，由于专业课教学任务繁重，难以保证全程实践教学的有序进行，所以可以适当调整全程实践教学在课时中的比例。经过对各系《教师教育全程实践教学工作实施方案》的总结，发现：各系每学期全程实践教学的时间设置是 6 ~ 10 周，每次教学时间维持在 1 小时左右。教师可以根据学生的需求适当延长或缩短全程实践教学时间，为学生提供更多提升教学能力的机会。

四、丰富全程实践教学中职业道德教育的内容

学校在学生一年级的时候对其进行职业道德教育，从师德方面给学生以熏陶，使其在思想上为成为合格教师奠定基础，保证职业道德教育的有效性。忻州师范学院可以从以下几个方面对学生进行师德教育。

首先，在新生入学时开始进行师范教育的宣传，给学生播放具有教育意义的

电影，拉近学生与教师职业的距离，并让学生以优秀教师为榜样，学习他们的优秀品质。

其次，学校可以联系中小学，为学生提供见习的平台。适时安排学生到中小学中进行见习，将学生置身在实践的环境中，潜移默化地对学生进行职业道德教育。此外，学生实践技能的培养不仅依靠大学教师来培养，还要有中小学教师的指导，学生进行课堂试讲的时候可以邀请中小学教师来评课，以帮助学生更快地成长。

最后，可以适时邀请优秀的中小学教师来给学生做讲座，请他们介绍一下他们的日常教育教学工作以及面对突发事件的应对措施和解决办法，帮助学生更快地成长为一名合格的人民教师。

通过以上的教学活动，可以拉近学生与中小学的距离，帮助学生直观地了解中小学日常教学工作，了解中小学对教师的具体要求，使他们明确今后的努力方向。通过举办关于师德师风的讲座、组织学生到中小学进行教育见习，一方面可以增强学生从教的决心和信心，另一方面可以提高学生的专业思想，帮助学生理解专业理论知识，增强学生对所学知识的运用能力。

第五章 全程实践教学提升师范生专业能力素质的研究

随着顶岗实习支教活动的不断展开，师范生专业素质的问题也得到了相关部门的高度重视。近年来，很多实习单位反映支教生入岗后不能尽快进行角色转变、支教适应期时间长等问题。促进师范生的发展，提升师范生的专业素质，是时代发展和市场多样化的需求。全程实践教学的理念得到众多师范院校的认可。全程实践教学不仅是师范院校新型人才培养模式的内在需要，还对师范生岗前培养和岗后发展具有深远的意义，对师范生专业素质发展起着至关重要的作用。通过研究全程实践教学对师范生专业素质影响现状的调查，分析全程实践教学对师范生专业素质的影响因素，进一步探讨如何改进全程实践教学和发展师范生的专业素质，并提出切实可行的对策，可以强化师范生对全程实践教学的正确认识，使师范生能够认真地对待全程实践教学，有利于提高师范生的专业素质。

第一节 专业能力素质概述

一、师范生专业能力素质概述

专业能力素质是教师专业素质的一部分，专业能力素质是个体为完成教育教学任务所应具备的心理和行为品质的基本条件，也就是良好的师德、广博的专业知识和较强的实践能力等。师范生专业素质是指个体在一般素质的基础上形成和发展起来的教师职业的基础性、通识性素养和品质，这是胜任顶岗实习工作的师范生必备的基本专业品质，也是作为实习教师应该具备的基本素质。本书中的师范生专业素质主要包括三个方面的内容：第一，课堂教学能力，其中包括备课能力、教学语言能力、板书设计能力、课堂活动组织能力等；第二，班级管理能力，其中包括维持课堂秩序能力、做思想工作能力、组织课外活动能力、督促学生完成作业能力等；第三，创新能力，主要由五种因子组成，即创新动机、创新思维、创新人格、创新技能和想象力。

二、研究方法

本书主要采用自编问卷《全程实践教学提升师范生教学管理能力的调查》，选择忻州师范学院学生作为研究对象，分别向大三、大四顶岗实习回校的师范生发放问卷，实际共发放 200 份，回收问卷 179 份，有效问卷 179 份。在被调查的 179 名师范生中：男生 62 名（34.64%），女生 117 名（65.36%），其中包括 74 名（41.34%）文科类学生，61 名（34.08%）理科类学生以及 44 名（24.58%）艺体类学生。

第二节　全程实践教学对师范生专业能力素质影响的分析

一、课堂教学能力方面的分析

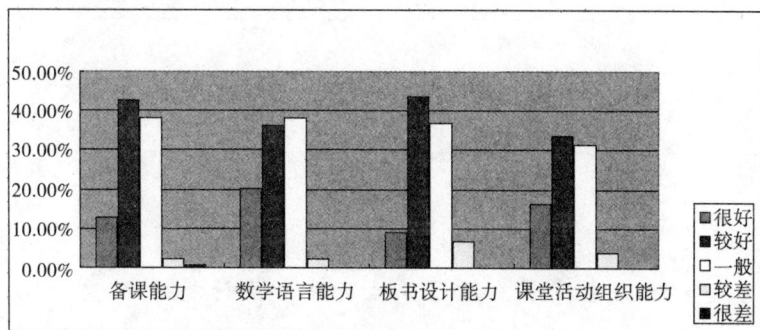

图 5.1　课堂教学能力维度分布情况

（一）全程实践教学提高了师范生的备课能力

在教学过程中，教师只有深思熟虑地设计每一个教学环节，才能有效地引导学生理解和记忆新的知识。调查显示，备课能力提升幅度相对较大，占总数的 55.32%。全程实践教学课程中，要求每一位师范生完成写教案的工作，促使其能够灵活运用知识和技能。师范生对备课重要性的认识不足，编写教案时多从网上抄袭来应付指导教师，很少自己独立思考问题，缺乏自我创新意识，没有真正掌握备课的技巧，当然也就不能提高自己的备课能力。

（二）全程实践教学提高了师范生的语言表达能力

语言表达能力是衡量师范生专业素质的一个关键指标，全程实践教学对培养师范生语言表达能力有着举足轻重的作用。调查显示，在全程实践教学是否有助于提高师范生语言表达能力的问题中，大部分同学选择了"很好"或"较好"，占总数的56.43%。可见，全程实践教学经过反复锻炼师范生登台讲课的能力，使其教学语言技能得到了提升。但是仍然有2.24%的师范生表示自身的语言表达能力不尽人意，说明部分师范生对自我要求不严格，不能很好地抓住锻炼机会，参与的积极性不高，所以这部分同学在教学语言表达能力上没有太大的提高。

在语言表达能力情况上就不同性别独立进行了样本t检验（见表5.1），检验结果表明，男生与女生在语言表达能力上有显著的差异（P<0.01）。在单因素方差分析上，文科类、理科类、艺体类均没有显著差异（P>0.05）。

表5.1　不同性别语言表达能力情况

	男	女	
	（n=60）	(n=113)	t
	M ± SD	M ± SD	
语言表达能力	1.93 ± 0.821	2.39 ± 0.75	0.000**

注：**P<0.01

（三）全程实践教学提高了师范生的板书设计能力

板书设计不仅可以反映出教师的教学风格，还有助于学生厘清知识脉络，从而加深学生对知识的理解，这对提高课堂教学质量有重大的意义。调查显示，在全程实践教学是否有助于提高师范生板书设计能力的问题中，选择"很好"或"较好"的同学占到52.51%，说明全程实践教学中实施的三笔字等技能训练能够有效地促进师范生板书设计能力的提高。大部分师范生没有意识到板书设计的重要性，依然采用传统简单的板书来应付教师布置的任务，缺乏创新的意识，因此，板书设计能力也是我们最应该加强的部分。

（四）全程实践教学提高了师范生的课堂活动组织能力

有效地组织课堂活动是保证教学质量的关键，全程实践教学的模拟课堂训练中，要求师范生学会运用丰富多彩的课堂教学方法，使教学内容具有趣味性和新颖性，从而激发学生的兴趣，调动学生的积极性，引导学生踊跃地投入到课堂中，使教学质量达到事半功倍的效果。调查显示，师范生课堂活动组织能力总体提升幅度相对较小，有48.04%的同学表示课堂活动组织能力得到了"很好"或"较好"的提升，少数同学（1.13%）表示全程实践教学后自身的课堂活动组织能力没有得到提升。一方面，课堂实践毕竟是虚拟的场景，与实际教学场景有一定偏差，师范生的课堂活动组织能力不一定适应真实课堂；另一方面，讲课者的对象主要是本班同学，能够给予积极地配合，教学过程中也不会突发意外状况等，比真实课堂组织难度要小很多。

采用单因素方差对3个专业类型在课堂活动组织能力上进行差异分析，检验结果表明（见表5.2），不同专业类型学生在课堂活动组织能力上有显著差异（P<0.05）。经事后多重比较分析（见表5.3），可知课堂活动组织能力的差异主要表现在文科类和艺体类之间，且艺体类的均值高于文科类。

表5.2　不同专业课堂活动组织能力情况

	文科类	理科类	艺体类	
	（n=72）	（n=56）	(n=43)	F
	M ± SD	M ± SD	M ± SD	
课堂活动组织能力	1.74 ± 0.692	1.82 ± 0.789	2.14 ± 1.060	3.308

注：*P<0.05 下同

表5.3　不同专业在课堂活动组织能力上的多重比较

	专业类型	专业类型	均值差	标准误	显著性
课堂活动组织能力	文科类	理科类	−0.085	0.15	0.56
		艺体类	−0.403*	0.16	0.01
	理科类	文科类	0.085	0.15	0.56
		艺体类	−0.318	0.17	0.06
	艺体类	文科类	0.403*	0.16	0.01
		理科类	0.318	0.17	0.06

以上的叙述的内容，通过备课能力、板书能力、教学语言能力、课堂活动组织能力等方面说明全程实践教学提升了师范生课堂教学能力。经过全程实践教学，师范生课堂教学能力的各个环节都有了明显的提高，能够把所学知识切实地应用到课堂教学中，并能较好地应用教学方法，具备了较强的实践操作能力。尤其是板书设计能力有很大的提高。但是仍有部分师范生没有意识到全程实践课程对课堂教学的重要性，因此，学校要大力强化师范生对全程实践的重视程度，并对学生的活动进行相关指导，从而提高师范生课堂教学能力。

二、班级管理能力方面的分析

（一）全程实践教学提高了师范生维持课堂秩序的能力

保持井然有序的课堂即在教学中维持正常的课堂氛围，这是提高教学质量的重要保障。调查显示，57.02% 的同学认为在全程实践教学中，自己维持课堂秩序的能力得到了"很好"或"较好"的提升。师范生在实践教学中最大的难题就是如何控制课堂，因为课堂教学过程中可能出现的种种意外，给师范生带来巨大的挑战，师范生需要积极采取措施来解决这些难题，如采取课堂提问、表扬并奖励守纪律的学生等。教学中采取的措施都获得了很好的效果，不仅增强了师范生的课堂应变能力，还使他们控制课堂秩序的能力得到明显的提高。但仍有一些同学表示自身的课堂控制能力提升得"较差"或"很差"，占总数的 4.51%。

（二）全程实践教学提高了师范生做学生思想工作的能力

做好学生的思想工作是教师的基本工作之一，师范生在实习时会有包班的情况，履行班主任的义务。在实习期间要想做好班主任的工作，管理班级的大小事务，形成团结互助的班风和积极进取的学风，就必须深入到学生当中，与学生多交流、多沟通，提高自己做学生思想工作的能力。调查显示，在全程实践教学是否有助于提高师范生做学生思想工作能力的问题中，18.42% 和 40.23% 的同学表示得到了"很好"或"较好"的提升，说明师范生能全面了解学生的心理状况、学习状态和思想变化，并能及时与学生进行沟通与交流，只有少部分（5.14%）的师范生表示自身的做学生思想工作能力"较差"或"很差"。

（三）全程实践教学提高了师范生组织课外活动的能力

课外活动是课堂教学活动的延伸和有益补充，丰富多彩的课外活动不仅是学生身心和谐发展的保证，还是实行素质教育的一个关键环节。调查显示，在全程实践教学是否有助于提高师范生组织课外活动能力的问题中，55.32%的同学表示获得了"很好"或"较好"的提升，说明大部分师范生是比较重视课外活动的，并且能把课外活动组织得绘声绘色，只有5.01%的同学表示自身组织课外活动的能力"较差"。相比于班级管理能力的其他方面来说，组织课外活动能力的提升幅度相对较小，因此，师范生对课外活动的组织能力有待提高。

（四）全程实践教学提高了师范生督促学生完成作业的能力

监督学生定时定量完成作业是教师管理能力的一种体现。在全程实践教学中，教师要求师范生对按时完成作业的学生进行及时表扬，并对完成高质量作业的学生进行奖励。调查显示，在全程实践教学是否有助于提高师范生督促学生完成作业能力的问题中，63.02%的同学表示得到了"很好"或"较好"的提升，说明师范生能够掌握并熟练地运用全程实践教学方法，从而有效地督促学生完成作业，但仍有3.90%的师范生没有掌握该技巧，因此该能力提升空间较小。

在督促学生完成作业能力的情况上就不同性别进行独立样本t检验（见表5.4），检验结果表明，男生与女生在督促学生完成作业能力上有极其明显的差异（P<0.01）。在单因素方差分析上，文科类、理科类、艺体类均没有明显差异（P>0.05）。

表5.4　不同性别督促学生完成作业能力情况

	男	女	
	（n=61）	(n=110)	t
	M ± SD	M ± SD	
督促学生完成作业能力	2.05 ± 0.805	2.41 ± 0.83	0.007**

注：**P<0.01

以上所述的内容，通过维持课堂秩序、督促学生完成作业、做思想工作、组织课外活动等方面说明了全程实践教学对师范生班级管理能力的提升。从整体上看，经过全程实践教学师范生各方面的管理能力都有了很大的提高，在班级管理中能够快速转变角色，采取适当的方法，有计划、有目的地推进班级工作进程，特别是督促学生完成作业能力的提高非常明显，但是组织课外活动能力还有待提高，在一些技能的理解和掌控上还需进一步的提升。

三、创新能力方面的分析

创新对于人类社会和历史具有发展作用。人类通过劳动使自身具有创造性，创新使人类睿智，创新使人类社会得以发展和延续。创新对于人类社会的发展具有推动作用，同样，教育的发展也需要创新。创新能力的发展成为学校培养学生的目标和任务。创新能力主要由五种因素组成，即创新动机、创新思维、创新人格、创新技能和想象力。

通过图 5.2 可以看出，全程实践教学对学生创新动机的增强调查中，有 8 人认为创新动机完全没有得到增强，占 2.38％；有 49 人认为创新动机基本没有得到增强，占 14.62％；有 127 人认为创新动机得到一定增强，占 37.82％；有 100 人认为创新动机得到了较好的增强，占 29.86％；有 52 人认为创新动机有了很大增强，占 15.52％。

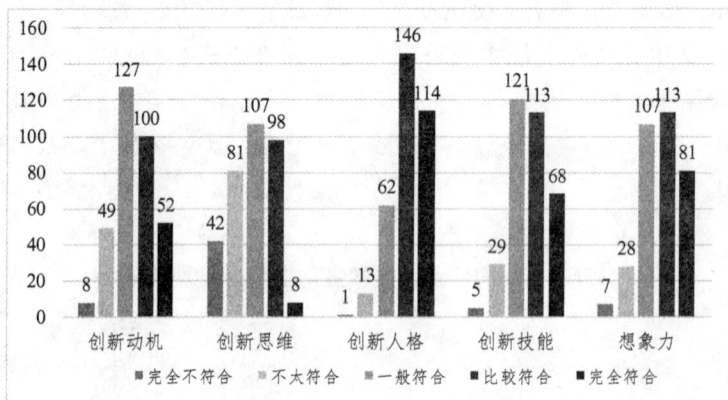

图 5.2　创新能力维度的分析

如图 5.2 所示，全程实践教学使学生创新思维得到增强的调查中，有 42 人认为创新思维完全没有得到增强，占 12.53％；有 81 人认为创新思维基本没有得到增强，占 24.18％；有 107 人认为创新思维得到一定增强，占 31.75％；有 98 人认为创新思维得到了较好的增强，占 29.25％；仅有 8 人认为创新思维有了很大增强，占 2.38％。通过以上数据表明，全程实践教学对提高学生的创新思维起到了一定作用，但是效果不明显。其中认为创新思维完全没有得到增强和基本没有得到增强的共有 36.6％，占三分之一以上。

如图 5.2 所示，全程实践教学对学生创新人格的提升的调查中，仅有 1 人认为创新人格完全没有得到提升，占 0.29％；有 13 人认为创新人格基本没有得到提升，占 3.89％；有 62 人认为创新人格得到一定提升，占 18.51％；有 146 人认为创新人格得到了较好的提升，占 43.58％；有 114 人认为创新人格有了很大提升，占 33.73％。

如图 5.2 所示，全程实践教学对学生创新技能的提高的调查中，仅有 5 人认为创新技能完全没有得到提高，占 1.49％；有 29 人认为创新技能基本没有得到提高，占 8.65％；有 121 人认为创新技能得到一定提高，占 36.01％；有 113 人认为创新技能得到了较好的提高，占 33.63％；有 68 人认为创新技能有了很大提高，占 20.22％。

如图 5.2 所示，全程实践教学使学生的想象力更加丰富的调查中，有 7 人认为想象力完全没有得到丰富，占 2.09％；有 28 人认为想象力基本没有得到丰富，占 8.35％；有 107 人认为想象力得到一定的丰富，占 31.81％；有 113 人认为想象力得到了更好的丰富，占 33.63％；有 81 人认为想象力获得极大丰富，占 24.12％。

以上数据表明，全程实践教学对提高学生的创新能力有较好的作用。按照提高程度由强到弱依次为创新人格、想象力、创新技能、创新动机、创新思维，其中提升程度最低的为创新思维，全程实践教学在创新思维方面的研究相对于其他四个方面则仍需不断改进。

第三节　提升师范生专业能力素质的实施建议

针对全程实践教学中存在的问题，提出相关改进的对策建议，以期进一步优化全程实践教学，更好地促进师范生专业素质的发展。

一、加强专业思想教育，培养师范生的专业认同感

（一）建设良好的校风和学风

良好校风、学风的形成，必然依赖于充满活力的激励机制，这种激励机制是一种巨大的精神力量。它可以管束人的行为，激发人的斗志，具有重要的引领作用和凝结作用。为建设良好的校风和学风，需要全校学生和教师的共同努力，尤其是教师需要威信。一方面，教师渊博的知识和严谨的治学态度会提高师范生对专业的认同；另一方面，教师的言行对师范生起着潜移默化的作用，促使师范生能够真正热爱自己的专业，并不断更新知识，提高自身教育教学水平，成为一名优秀的实习教师。

（二）指导教师以身作则，培养师范生专业认同观念

"师者，所以传道授业解惑也。"教师为人师表、以身作则是做好教育工作的重要前提。一方面，教师通过言传身教，在日常与师范生的接触中不知不觉地影响师范生的专业思想观念，通过课堂内外的交流，密切关注学生的意识转变情况，及时给予相应的引导；另一方面，学校可以邀请优秀教师或相关方面专家，通过开展讲座和座谈等方式加强与师范生的交流，从而促进师范生专业认同观念的形成。

（三）强化师范生的教学实践环节

全程实践教学应培养师范生的学习兴趣，端正其学习态度，帮助其强化专业发展的意识。因此，需要为师范生提供更多参与教学实践的机会，例如，见习、实习、调研等多种方式。教学实践能使师范生在教育教学实践中体验教师角色，并有机会将自己所学的理论知识与教学实践相结合，从而加深对专业的认识，使师范生对专业有更直观的感受，逐步产生专业认同感。

二、探索多样的课堂培养模式，提升师范生的教学技能

（一）改革教学方式

采用新型的"以学生为课堂中心"的教学模式，要求教师转变传统教学意识，使学生参与到课堂中，并掌握课堂的主导权。切实贯彻全程实践教学思想，旨在协调发展师范生的课堂教学能力，依据课程的特点，采用多样化的教学形式，如：研讨、角色扮演、模拟实习和案例分析等，推动师范生专业意识的形成和专业能力的发展。

（二）课堂空间变换"场景模拟训练"

根据教学要求进行"场景模拟"的操作训练，让师范生能够置身其中积极参与，使课堂氛围变得更加浓厚。通过关键人物的角色扮演和大家的共同探讨，将各种问题反映出来，使成功与失败一目了然。场景模拟和角色扮演，能够突出体现沟通中人的语气、表情、动作的作用，对于师范生起到了良好的示范作用。

（三）发动学生"自主与合作"学习

所谓"自主与合作"学习就是调动师范生自主学习能力，让师范生在进行教

学时，带动其他同学一起合作完成课堂学习。说课的同学需要在黑板上列出讲课提纲，在说课过程中，教师指导就发言中的疏漏和含糊不清的地方进行及时填补，说课结束后，其他同学可以自告奋勇地对讲课同学的教学做补充说明。通过"自主与合作"的课堂教学模式，一方面调动了学生自主学习的积极性，另一方面对于培养他们的综合概括能力、语言表达能力和组织引领能力的提升产生了一定的帮助。

（四）增加实践反思训练环节

在教学实践中，有效对教学进行反思是推动师范生教学实践能力发展的一个主要策略。反思可以分为三个阶段：第一，课前反思，此环节为备课，预先推测课堂中可能会出现的状况，从而锻炼师范生预测课堂意外的能力；第二，课中省思，丰富师范生的临场控制经验，使之对于课堂出现的状况能迅速拟订教学策略，发挥教育机智；第三，课后深思，要求师范生对自身知识、教学行为、教学表现等进行自我监督和改进，并通过观察其他师范生的教学实践进行反思改进，最后，全程实践教学中要制订相应的教学反思制度和考核制度，并确保这项制度能够得以实施。

三、多种途径提升师范生掌握班级管理的技能

（一）专家引领促发展

聘请优秀教师出席班级管理案例和评析系列的座谈会，会后立即安排师范生就会议内容及时进行整理、总结并发表自己的感想，让师范生在交流过程中学习班级管理的事项，吸取更多相关的经验，为此后开展好班级管理工作建立稳固的根基，加强其班级管理的信念。此外，还可以组织学生建立兴趣小组，开展"换课风波""接话茬""打瞌睡"等情景模拟活动，基于这些场景，可以锻炼师范生从容应对、随机应变、因势利导、化被动为主动、化劣势为优势的教育管理能力。

（二）搭建网络交流平台

为师范生建立班级管理类 QQ 群组，各类群组由本群群主负责，群主主要负责发布公告、维护群内舆论氛围、剔出无关人员等事项。发挥 QQ 群及时交流、沟通、互动的优势，定期进行全队讨论交流，可以使师范生在交流讨论中获益。另外，邀请指导教师做群组答疑专家，定期解决师范生提出的疑问，从而使其班级管理问题获得及时有效地处理，且不留任何死角。

（三）实行高年级师范生"导生制"

组织四年级师范生和将要实习的学生进行交流，有助于支教生在实习前做好针对性准备，使他们能够快速地适应实习的教学环境，进入实习实践环节中去。大多师范生管理班级的能力薄弱，想要提高单靠实践指导教师的语言传授是远远不够的，所以应打破常规教授方法，在往届生中选择能力突出、成绩优秀的实习生前辈进行现场经验分享。师范生之间通常年龄相仿、共同语言较多，他们能对将要进行实习的学生教授自己班级管理的经验以及有效的管理策略，如：快速树立威信的方法、化解师生矛盾的经验等。

（四）组织课外活动营造"班级氛围"

师范生专业素质的平衡发展，依赖于其课堂教学能力的提升以及班级管理能力的加强。组织课外活动要有目的性、计划性，并且组织的内容要丰富多彩、富有吸引力。实践指导教师可以组织一些技能竞赛，让师范生在比赛中培养班级管理的能力，例如，以提问答疑、情景模拟、即兴演讲、小品话剧等形式进行班级管理竞赛。在比赛中，以小组为单位或推选优秀师范生来参与比赛，由指导教师担任评委，考查师范生的班级管理能力，比赛完毕，评委及时做出相应评价和提出改进建议。组织班级管理能力的竞赛活动一方面能够加强师范生的班级管理能力；另一方面还能增进团体的凝聚力量并减弱师范生学习过程中的松懈倦怠。

第六章 实习支教对提高大学生实践能力的调查研究

当今中国许多高等院校都出现"大学生高分低能"的情况——理论性的知识学得很扎实，但实践能力很低，导致相当一部分大学生从高校毕业后走向工作岗位时竞争力薄弱，因此，大学生的就业问题越来越严重。面对日益严峻的就业形势，大学生不但要掌握书本上的知识，还要注重实践能力的提升，要提升大学生的实践能力，公认比较好的方法就是实践。大部分高等院校已为提升大学生的实践能力开设了实践课程，对于忻州师范学院来说，在校大学生大部分是师范类学生，所以，学校开设了扶贫顶岗实习支教这一实践课程以提升在校大学生的实践能力。

第一节 实践能力概述

一、大学生实践能力概述

一般认为，大学生的实践能力就是指能够使大学生顺利地运用已有的知识和技能解决实际问题所必须具备的生理和心理特征，或是在大学生解决问题的过程以及方式上起到稳定及调节控制个体的生理与心理特征作用的总和。它包括了社会智力、实践过程中处理问题的智力和个体在实践中解决实际问题所要具备的能力。肖晶晶（2014 年）指出，"大学生实践能力包括基本实践能力（表达能力、适应社会的能力、自主学习能力、人际交往能力、外语阅读能力及计算机应用能力、组织管理能力等）和专业实践能力（实际的操作能力、记忆分析能力、数据分析能力、观察想象能力、逻辑思维能力、信息处理能力、专业写作能力、实验能力、科研能力、设计能力和发明创造能力等)[1]。"冷蓉（2013年）指出，"师范生教学实践能力包括教材处理能力、课堂教学能力和教学评价能力三大类[2]。"

结合多名专家学者的概述，大学生的实践能力包含三大方面，分别是基本实践能力、专业实践能力和创新实践能力。由于本书主要涉及的是实习支教，而实习支教针对的对象主要是高校师范生，我们可以把大学生的实践能力理解为师范生的实践能力，这里的专业实践能力就是教师所应具备的实践能力。大学生的基本实践能力分为环境适应能力、自主学习能力、社交能力和表达能力，专业实践能力分为教材处理能力、多媒体操作能力、课堂教学能力、组织管理能力、评价能力和反思能力，创新实践能力分为科研能力以及创新能力。实践能力分类如图6.1所示。

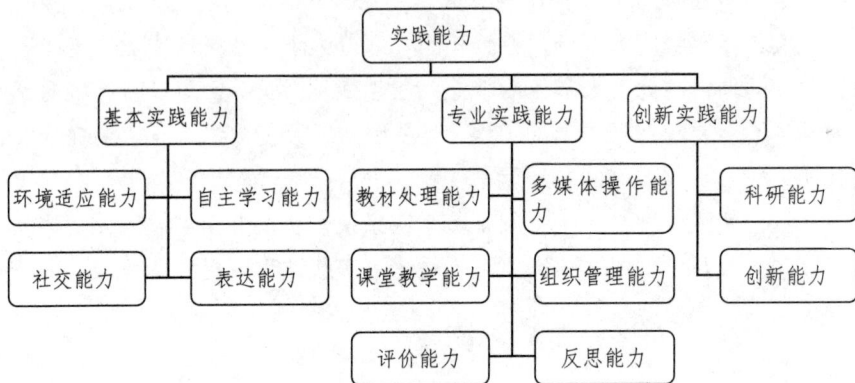

图6.1　实践能力分类图

二、实习支教

实习支教为"扶贫顶岗实习支教"的简称，部分学者也称实习支教为"顶岗实习"或"顶岗支教实习"，其实质含义是相同的。实习支教包含"实习"与"支教"两重意思，实习是把理论运用到实践中去，支教是指到贫困落后地区去支援中小学教育教学工作。本书中提到的实习支教即是高等师范院校选派高年级师范生到指定的贫困农村中小学顶岗任教，一方面能够提高农村的教育质量，改善农村师资条件；另一方面又使师范生获得实习经验，提高自身的能力和教育教学水

---

① 肖晶晶．构建体育教育专业学生社会实践能力培养的"太极"模式研究[D]．荆州：长江大学，2014．

② 冷蓉．高校师范生教学实践能力现状调查研究——以S大学为例[D]．上海：上海师范大学，2013．

平。以忻州师范学院为例，学院每年选派两批师范生到国家指定的贫困地区农村中小学进行顶岗实习，至今已组织了 38 批学生到基层支教扶贫。忻州师范学院规定学生用四、五个学期的时间在校学习专业文化知识，到大学三年级用一到两个学期的时间在贫困地区中小学及幼儿园进行扶贫顶岗实习支教，随后再回学校进行针对性的专业知识的充实和学习，以提高教育教学技能。学校在安排实习支教前，还会对学生进行系统的支教培训，旨在提高师范生的教学水平，让师范生在实习支教期间更好地适应工作。实习支教是让学生亲身到贫困地区去顶岗任教，而不像一些传统的教育实习那样，到实习学校去听课、见习。实习支教的特点是实习时间长、生活条件相对恶劣、教学任务重、自主性较大等。

三、研究方法

（一）问卷调查的对象

研究主要采用问卷调查法，旨在了解实习支教对大学生实践能力的提高程度的现状。以忻州师范学院已经完成实习支教的师范生作为研究的对象，随机抽样进行了问卷调查。针对大三年级、大四年级学生的共发放问卷 330 份，收回 329 份，回收率约为 99.70%，有效问卷 325 份，有效率约为 98.78%。其中，男生 112 人，女生 213 人，文科类大学生 127 人、理科类大学生 145 人、艺体类大学生 53 人。样本构成如表 6.1 所示。

表6.1　调查样本构成

	文科类	理科类	艺体类	总计
男	34	65	13	112
女	93	80	40	213
总计	127	145	53	325

（二）问卷调查的方法

通过查阅有关实践能力分类的文献，并进行深入的思考和分析，最终把实践能力划分为 12 个等级。再结合部分专家学者的相关调查问卷，自行编制出《实习支教对提高大学生实践能力的调查问卷》。问卷题目有封闭式题目 22 道和开放式题目 1 道，其中封闭式题目包括单选题 20 道和多选题 2 道。

问卷调查完毕后，使用 SPSS17.0（中文版）软件录入数据并进行统计分析。具体采用 SPSS 软件对调查数据进行描述统计中的频率统计。

第二节 实习支教提高大学生实践能力的调查及分析

一、实习支教前后大学生的基本实践能力分析

大学生的基本实践能力包括环境适应能力、自主学习能力、社交能力和表达能力。其中，实习支教对大学生的环境适应能力提高程度最大，对自主学习能力的提高程度最小，以下分别对四种基本实践能力做出详细的分析。

（一）环境适应能力

31.实习支教对提高大学生环境适应能力的调查结果显示，在认为支教点的生活条件艰苦上，75.72% 的大学生认为支教点的生活条件艰苦，其中选择"一般符合"的人数最多，这说明实习支教点的生活条件多属于一般的艰苦，在大部分学生能承受的范围之内。94.81% 的大学生觉得实习支教后，生活自理能力有了一定程度的提高，更容易适应环境的改变。这证明，实习支教对提高大学生环境适应能力的效果突出。然而，有 19.12% 的大学生觉得支教点的生活条件不算苦，也能提高环境适应能力。由此看来，因为师范生在实习支教期间，是充当了教师的角色，任何事情都得自己亲力亲为，生活条件也比较不如意，而且选择了实习支教的大学生就必须面对这艰苦的生活条件。所以，实习支教是培养大学生独立生活的好途径，也验证了"逆境使人成长"这一说法。然而，还有 5.21% 的大学生认为实习支教没有提高他们的环境适应能力，这部分大学生所在的支教点的生活条件可能不差，对他们的环境适应能力不会造成太大影响，或者是这部分学生的环境适应能力相对较差，即使实习支教对他们的环境适应能力有提高作用，但作用还未能达到他们的预想。

（二）自主学习能力

实习支教对提高大学生自主学习能力的调查结果显示，实习支教期间，遇到不懂的问题会主动寻找答案的大学生占 91.71%。在实习支教使人更主动学习的问题上，88.61% 的学生赞成实习支教对自主学习能力的提高有作用。在实习支教期间，履行的是扶贫顶岗实习支教，对于师范生来说，不是在微格教室里对着死板

的电脑讲课，而是要对着活生生的学生来讲授课程，在讲授知识的过程中，学生的表情动作都会反映出师范生课堂教学中的不足，这会促使师范生自主地学习，寻找解决问题的办法以改善自己的不足。有3.09%的大学生认为在实习支教期间遇到不懂的问题会主动寻找答案，而实习支教后他们没有变得更加主动学习，原因可能是实习支教后回到学校，他们就没有了实习支教期间当老师的状态和态度，遇到不懂的问题也懒得去寻找答案，失去了主动学习的动机与积极性。

（三）社交能力

表6.2　实习支教对社交能力提高程度的频率表

实习支教后，觉得在人际交往方面更得心应手了		完全符合	比较符合	一般符合	比较不符合	完全不符合
	频率	65	127	107	23	3
	百分比	20.00%	39.08%	32.92%	7.08%	0.92%

实习支教对提高大学生社交能力的调查结果显示，在"实习支教后，人际交往方面更得心应手"上，选择"完全符合"的占20.00%，选择"比较符合"的占39.08%，选择"一般符合"的占32.29%。即91.37%的大学生认为实习支教对社交能力有提高作用，有8%的学生认为实习支教后在人际交往方面还不如意，或是实习支教对社交能力无明显的提高作用。大学生在实习支教期间，除了要完成教学任务外，还要学会与当地学校的校长、教师、学生以及家长相处，与他人交往相处的机会多了，那么社交能力也自然而然地得到了一定提升。少部分大学生在实习支教后，社交能力无明显提高或仍不如意，可能有以下两个原因：一是自身的原因，如果本身属于内向型人格，很有可能会避免与他人的交往交际，即使在实习支教期间有很多交际机会，也很难提高个人的社交能力。二是实习支教期间，学校提供的社交机会较少。

（四）表达能力

实习支教对提高大学生表达能力的调查结果显示，有84.01%的大学生认为在实习支教期间有很多与他人交流的机会，有93.62%的大学生认为实习支教后更能清楚地表达自己的想法。这说明实行实习支教的过程中，为大学生创造了交流和表达自己思想的平台，如：在课堂教学中，通过授课的形式与学生进行知识的传授与交流；在遇到教学或生活的问题时与当地教师的探讨与咨询；还有与学生家长以及校长的交流等。桑代克的练习律表明，某一类情境的各种反应中，只有那些与情境多次重复发生的行为才能得到巩固和加强。与他人交流的机会多了，表达多了，表达能力也会得到相应的提高。有 9.55% 的大学生认为实习支教期间与他人交流的机会不多，表达能力也得到了提高，这也许是因为这部分大学生把课堂上的授课经历不当作交流的经历，然而实习支教的各种交流表达，潜移默化地影响了支教生，使他们的表达能力得到了提高。另外有 6.42% 的大学生认为实习支教后，没能更清晰地表达自己的想法，当中也许有一部分大学生是在实习支教前表达想法和观点的能力就很差，经过了实习支教，表达能力其实是有得到提高和锻炼的，但是距离清晰地表述自己的想法还很远；还有一部分大学生是表达能力确实没有得到提高，可能是因为当地学校没能给支教生创造很好的交流表达想法的平台。

二、实习支教前后大学生的专业实践能力分析

实习支教对多媒体操作能力的提高程度最小，对组织管理能力、课堂教学能力、评价能力的提高程度较大。具体分析如下：

（一）教材处理能力

实习支教对提高大学生教材处理能力的调查结果显示，在"实习支教期间，每次讲课前都会认真分析教材并写教案"和"实习支教后，觉得设计教案变得没那么难"上，选"完全符合""比较符合""一般符合"的大学生总计占的比率是88.62%，这意味着认为实习支教对大学生的教材处理能力有提高作用的人数占绝大多数。有 11.38% 的大学生认为实习支教对教材处理能力无提高作用，或是认为实习支教对教材处理能力有提高，但依然觉得教案设计很难。在实习支教前，大学生需要设计的教案数目较少，教材处理能力没有得到很好的锻炼，而在支教期间，当地学校一般都会要求任课教师在讲课前熟悉教材并设计好教案，定期还会对教案进行抽查，所以大学生在实习支教后，教材处理能力得到了提高。但部分大学生在幼儿园进行实习支教，据了解，幼儿园一般不要求设计教案，只需在上课前看看教材，大概思考那节课该怎么上即可，所以这部分大学生的教材处理能力可能得到提高，但教案设计能力一般没有得到很好的发展。

（二）多媒体操作能力

实习支教对提高大学生多媒体操作能力的调查结果显示，在"实习支教期间常用多媒体教学"上，选择"符合"的大学生占 48.00%，选择"不符合"的大学

生占 52.00%。这说明能提供多媒体教学的支教点占的比例不足一半，大部分支教点学校的教学设施比较落后。实习支教后，认为多媒体操作能力得到提高的人数占 30.47%，这数值应该是偏小的，因为在多选题中，让选择实习支教后哪些实践能力得到提高，被测者会在多种能力中做比较选择，以致于能力提高程度较少的未被选择，导致数值偏小。根据练习律理论，在实习支教期间，如果大学生多使用多媒体教学，那么大学生的多媒体操作能力就会得到锻炼从而有提升的作用。也就是说，实习支教对大学生的多媒体操作能力的提高程度不大。

（三）课堂教学能力

实习支教对提高大学生课堂教学能力的调查结果如表 6.3 所示，在"实习支教后，讲课时面对不同的教学内容能选出适当的方法"上，有 89.24% 的学生选择了"符合"，有 10.76% 的大学生选择了"不符合"。这说明有 89.24% 的大学生认为实习支教对课堂教学能力存在明显的影响作用，因为，在实习支教过程中，支教生的主要任务就是教学，对象是真实的学生，而不是机器，所以在态度上就必须重视，教学过程中，学生的表现和反应能启发支教生，而不是机器，所以在态度上就必须重视，教学过程中，学生的表现和反应能启发支教生，让支教生知道不一样的教学内容应该运用不一样的方法，哪些教学方法才适合普遍的学生，有时候当地学校的校长和教师还会去听支教生讲课，当支教生在教学中出现不足之处，他们都会向支教生提出，并告知支教生更有效的教学方法。有 10.76% 的大学生认为通过实习支教，没能很好地提高课堂教学能力，其原因可能是当地校长与教师没有对支教生进行指导，或是支教生的态度不端正。

表6.3　实习支教对课堂教学能力提高程度的频率表

实习支教后，讲课时面对不同的教学内容能选出适当的教学方法		完全符合	比较符合	一般符合	比较不符合	完全不符合
	频率	41	136	113	28	7
	百分比	12.62%	41.85%	34.77%	8.61%	2.15%

（四）组织管理能力

实习支教对提高大学生组织管理能力的调查结果显示，实习支教期间组织过学生参加校园活动的人数占样本的 74.71%；实习支教后，觉得在教学中更能管理好课堂纪律与气氛的占 91.01%，觉得组织活动的能力提高了的占 89.90%。组织管理能力体现在师范生组织活动和管理学生上，就此看来，大约有 90% 的大学生通过实习支教提高了组织管理能力。数据表明，大部分大学生在实习支教期间都组织过学生参加各种校园活动，尽管少部分大学生没组织过学生参加校园活动，但在课堂教学中也对学生实施过相应的管理，因此大学生的组织管理能力受到积极影响。

（五）评价能力

实习支教对提高大学生评价能力的调查结果如表 6.4 所示，在"实习支教后，对人或事的评价更趋于客观正确"上，选择"完全符合"的占 18.15%，选择"比较符合"的大学生占 51.08%，选择"一般符合"的大学生占 27.08%，共计 96.31%，选择"不符合"的大学生占 3.69%。有 96.31% 的大学生觉得实习支教对评价能力有影响作用，因为在实习支教期间大学生免不了要对自己的学生进行学业评价，当评价不客观时，很有可能引起学生的反感，为了使学生对支教生不反感甚至喜爱，支教生就必须提高自己的评价能力；在听别的教师课时也要对他们进行评价，当评价越趋于客观正确时，就越能"择其善者而从之，其不善者而改之"，那样便利于自己综合能力的提高，有这个作为动力，大学生就会想办法去提高自己的评价能力。

表6.4　实习支教对评价能力提高程度的频率表

实习支教后，对人或事的评价更趋于客观正确		完全符合	比较符合	一般符合	比较不符合	完全不符合
	频率	59	166	88	11	1
	百分比	18.15%	51.08%	27.08%	3.38%	0.31%

（六）反思能力

实习支教对提高大学生反思能力的调查结果显示，在"实习支教期间，常对自己的教学进行反思"的大学生占样本的 94.21%；在"实习支教后，做任何事情之后更容易发现自己的不足并改正"上，有 94.21% 的大学生选择了"符合"。这说明，在实习支教期间，经常反思自己的教学过程的大学生，其反思能力都受到了一定程度的训练和培养。大学生在实习支教的经历中，担任了支教教师，就会有想把自己的学生教好的愿望和责任感，在实习阶段的大学生在教学方面必然会有不足，这促使了大学生的不断反思和改进。在工作上如此，在生活的各个层面也是如此，每个人都会想要不断完善自己，在教学上经常反思，便会形成反思的习惯，在完成任何事情后都会进行习惯性的反思，因而，反思能力便得到了提高。

三、实习支教前后大学生的创新实践能力分析

大学生创新实践能力包括科研能力与创新能力，其中，科研能力要求与专业相关，即具有教育性质，更注重具有创新意识，所以本书把科研能力归于创新实践能力这一大类。然而，实习支教对大学生科研能力与创新能力的提高程度不高。

（一）科研能力

实习支教对提高大学生科研能力的调查结果显示，在实习支教期间，有60.02%的大学生开展过教育科学研究；有85.51%的大学生认为实习支教后教育科研能力得到了提高，其中选择"一般符合"的人数最多，占37.48%。这说明大部分的大学生认为实习支教对科研能力的提高程度一般。有17.52%的大学生表示，实习支教期间完全没有开展过教育科学研究；有22.19%的大学生选择了"比较不符合"，意味着教40%（不足二分之一）的大学生在实习支教几乎没有开展过科研活动，体现了相当一大学生没有开展科研的意识与能力，这可能因为在实习支教前，高等院校并没有针对大学生的科研能力开展系统的训练，在实习支教前，学校虽然有对大学生展开一系列的培训，但是侧重点则放在大学生的课堂教学技能上，在开展教育科研的层面上，只是大概提及过，而没有特别地说明，很多大学生只知道实习支教过程是实施科研活动的好机会，却不懂得该怎么样开展科研活动，当地学校的校长和教师也没有要求支教生开展教育调查或实验等等，实习生对开展科研活动的想法就消退了。另外，有25.51%的大学生虽然没开展过科研活动，但也认为科研能力得到了提高，这也许是因为他们有对科学研究进行过了解，只是没付诸于行动，所以实习支教后的科研能力相比于实习支教前的科研能力，还是得到了一定程度的提高。

（二）创新能力

实习支教对提高大学生创新能力的调查结果如表6.5所示，在"实习支教后，生活或工作上更容易有创新想法"的大学生占87.08%，其中选择"比较符合"的人数最多，占36.93%；选择"一般符合"的大学生占33.85%，也就是说，实习

支教对大学生的创新能力有一定的提高作用。大学生进行实习支教是换了一个新的环境、新的角色，这个经历是前所未有的，难免会萌生出一些新的想法。有12.92%的大学生认为实习支教对创新能力的提高程度不大，甚至无作用。这部分学生可能是不善于思考，或实习支教的经历未能在创新方面给到他们启发。

表6.5 实习支教对创新能力提高程度的频率表

实习支教后，在生活或工作中更容易萌生出独特新颖的想法		完全符合	比较符合	一般符合	比较不符合	完全不符合
	频率	53	120	110	31	11
	百分比	16.30%	36.93%	33.85%	9.54%	3.38%

四、实践能力对比小结

为了更深入地调查扶贫顶岗实习支教前后大学生12种实践能力的具体情况，研究设置了两道多选题，以测试大学生的各种实践能力在实习支教前的欠缺程度以及在实习支教后的提升水平。调查的统计结果如表6.6所示。

表6.6 实习支教前后实践能力对比的频率表

	实习支教前，有所缺乏		实习支教后，得到提高	
	频率	百分比	频率	百分比
环境适应能力	99	30.46%	188	57.81%
自主学习能力	111	34.19%	138	42.48%
社交能力	142	43.67%	168	51.71%
表达能力	140	43.09%	200	61.46%
教材处理能力	167	51.38%	156	48.02%
多媒体操作能力	75	23.12%	99	30.47%
课堂教学能力	159	48.86%	174	53.46%
组织管理能力	168	51.70%	156	48.01%
评价能力	83	25.48%	118	36.26%

	实习支教前，有所缺乏		实习支教后，得到提高	
	频率	百分比	频率	百分比
反思能力	110	33.76%	129	39.66%
科研能力	119	36.62%	44	13.48%
创新能力	107	32.91%	67	20.59%

由表 6.7 可以看出，在实习支教前，认为欠缺组织管理能力的大学生人数占的比例最多，其次分别是教材处理能力、课堂教学能力、社交能力、表达能力、科研能力、自主学习能力、反思能力、创新能力、环境适应能力、评价能力，最不欠缺的是多媒体操作能力。实习支教对大学生的表达能力提升程度最大，其次是环境适应能力、课堂教学能力、社交能力、教材处理能力、组织管理能力、自主学习能力、反思能力、评价能力、多媒体操作能力、创新能力，提高程度最小的是科研能力。通过比较实习支教前后 12 个维度的实践能力的变化情况，可以得出以下结论。

（一）基本实践能力层面上，自主学习能力提高程度最小

大学生环境适应能力在实习支教前缺乏程度较小，而社交能力和表达能力在实习支教前相对缺乏，但在实习支教后这 3 种实践能力的提高程度都比较大。而自主学习能力在实习支教前比较缺乏，实习支教后提高程度也比较小，所以学校应重视培养大学生的自主学习能力。

（二）专业实践能力层面上，多媒体操作能力提高程度最小

虽然在扶贫顶岗实习支教前，大学生的多媒体操作能力欠缺程度最小，但是经过实习支教后，大学生的多媒体操作能力的提升水平在专业实践能力层面上是最小的，其原因主要是大学生所在的支教点多属于贫困偏远山区，多媒体教学设备严重匮乏。

（三）教材处理能力和课堂教学能力仍存在较大的提升空间

在大学生专业实践能力上，大学生在实习支教前，其教材处理能力、课堂教学能力及组织管理能力相对欠缺，评价能力与反思能力的水平不高。由表 6.7 可知，大学生的教材处理能力和课堂教学能力在实习支教后的提升程度比评价能力

与反思能力的提升程度高，但结合表6.7与图6.7，我们可以知道，实习支教后大学生的评价能力与反思能力的效果较好，其原因是实习支教前，这4种实践能力的缺乏程度不一致，这也表明实习支教对大学生教材处理能力与课堂教学能力方面的培养仍需继续加强。

（四）科研能力与创新能力的提高程度都比较小

在创新实践能力的层面上，实习支教前，大学生的科研能力较创新能力欠缺，但相比其他的实践能力，科研能力与创新能力的欠缺水平不是最高。然而，实习支教后，科研能力的提升水平比创新能力的提升水平小，两者的提升水平在跟其他实践能力的提升水平的对比中，也能清楚地看到，科研能力与创新能力的提升水平几乎是最低的。这反映了高等院校在提升大学生的科研能力与创新能力方面做的工作有所欠缺，学校应重视提升大学生的科研能力与创新能力，特别是科研能力方面。

第三节　提高大学生实践能力的实施建议

一、创设情境激发学习动机

在大学生实习支教期间，学校应尽可能地让大学生接触新的事物、新的问题，创设新的情境，并施加压力使其必须自己想办法解决问题，此时大学生便会产生求知欲，主动学习，寻找解决问题的办法。大学生在完成实习支教后，不能消失求知的欲望，要了解到自身还存在不足，还需要不断地提升自我，以此增强大学生的学习动机。

二、完善支教点的多媒体设备

高师院校一般要求大学生授课时多使用多媒体教学，但大学生在高校练习授课的机会并不多，实习支教提供给大学生一个很好的授课平台，大学生应该好好利用实习支教的机会来提高多媒体操作能力，然而由于支教点大多是贫困地区，很少具备多媒体设备。所以，如果想锻炼与培养大学生的多媒体操作能力，建议增加与完善支教点的多媒体教学设备，并使大学生多运用多媒体教学。

三、严格履行设计教案的程序

经调查，很多支教点并不要求大学生进行教案设计，特别是在幼儿园。支教点学校的不重视导致支教生的教材处理能力不能提高到一个较高的水平。支教点的校长应要求大学生在授课前认真备课，设计教案，每周进行检查，并建立备课讨论组，让支教生有集体备课的机会与意识。

四、加强对支教生的实习指导

部分学生反映带队指导教师对他们的关心太少，希望带队指导教师增加对支教生的指导。带队指导教师最好每个月到支教点视察，收集支教生在实习支教期间遇到的各种问题，并汇总帮忙解决，再有针对性地指导下一批支教生。另外，师范生所在支教点当地的校长与教师也要对支教生进行指导，定期听课，对支教生的授课技巧与方法做出及时的指导。

五、引导支教生开展科研活动

学校要进行实习支教前培训的改革，使其去除形式化。除了要关注师范生的教学能力与技巧锻炼，还要关注大学生科研能力的提升。高校尽量在大学生实习支教前开展有关教育科学研究的课程，支教前的培训要重点讲解科研活动开展的步骤与方法，带队教师与支教点当地的教师应该在大学生实习支教期间引领与辅助支教生主动地进行科研活动。

六、组织开展大学生创新比赛

在实习支教期间，各个支教点都应该鼓励支教生多创新，并积极开展创新比赛，不论是生活小点子，还是教学方面的比赛，只要是体现了创新意识都要给予奖励。不仅要在实习支教期间多开展创新比赛，在高校期间也应该多鼓励大学生创新，从而培养大学生的创新意识。

第七章　大学生课外实践活动的现状调查

2016 年召开的两会中，大学生就业问题仍然引人关注，政协教科卫体委员会主任袁贵仁也说道："今年大学毕业生七百六十万人左右，比去年增加了十多万人。"近年来经济下滑，就业人数却在不断增加，大学生就业越来越难。社会的高速发展给每个人都提出了更高的要求，作为即将成为社会财富的主要创造者，大学生的肩上有着更重的担子。伴随着素质教育的开展，提高大学生各方面的能力逐渐成为高校人才培养的目标之一，因此，有效组织大学生课外实践活动的开展有着重要的意义。

第一节　课外实践活动概述

一、课外实践活动

《学记》中："时教必有正业，退息必有居学"表明在古代学校既有正课学习，又有课外实践活动，说明课外实践活动是一直就存在的。另外，还有许多关于课外实践活动的相关研究，都表明课外实践活动的历史悠久和意义深远。

所谓课外，指的是学校上课以外的时间。实践有诸多的含义，经典的观点是主观见之于客观，包含客观对于主观的必然及主观对于客观的必然。马克思主义强调人的社会实践，强调实践的社会性。课外实践活动是指由学生自主或学校有目的、有组织、有计划地在不受教学计划、教学大纲、教科书限制的条件下，利用课余时间和空间在学生中开展的多种多样的教育活动。根据实施地点的不同，分为校内课外实践活动和校外课外实践活动；根据内容以及对学生培养作用的不同，可分为学术实践、校园文化艺术活动、学生社团活动、社会实践活动和创业活动。

大学校园是为国家培养高级人才的场所。为更好地锻炼大学生的各种能力，使之成为社会所需要的人才，积极开展课外实践活动是高校应该要做的。对大学生而言，积极参加课外实践活动是十分必要的。通过参加课外实践活动，可以丰富自己的知识、验证课本知识、发展人际关系、锻炼社交能力。参加课外实践活动是为成为社会精英而必须要做的准备。我国也十分重视大学生的课外实践活动，把课外实践活动作为学校日常培养中的一部分。在课外实践活动的范围、内容、组织管理中还存在不足之处，因此，了解大学生课外实践活动的参与现状及存在问题仍然十分必要，可以为更好地开展课外实践活动提出有效性建议，培养对社会有用的人才。

二、研究方法

本次研究随机抽取忻州师范学院大一至大四的 300 名在校生进行问卷调查。其中，男生 133 人，女生 167 人，一年级 74 人，二年级 75 人，三年级 78 人，四年级 73 人。运用自行编制的《大学生参加课外实践活动情况调查问卷》，采用无记名方式进行调查。问卷共有 15 题，包括学生基本情况、学校开展情况、学生参与情况、学生能力提升情况四个方面的内容。共发放问卷 300 份，收回 299 份，有效问卷 292 份，占 97.66%。

第二节　大学生课外实践活动调查及分析

一、具体开展的活动内容

忻州师范学院把课外实践活动加入大学人才培养体系中，学校开展一系列有利于学生成长和发展的课外实践活动，为学生创造机会，并且进行指导。学生参加这些活动，进行申请，递交材料，经过考核后可以得到学分。通过参加课外实践活动可以获得学分，且获得的学分情况将纳入学生综合素质考查评价范围，在对学生评三好学生等荣誉时作为评价标准。忻州师范学院为培养学生素质、提高学生的能力而开设的课外实践活动主要有三大类：科技创新活动及成果、社会实践和校园文化活动、文体艺术与其他实践环节。科技创新活动在大学生课外实践活动中，主要表现在学术讲座、兴趣小组和创业活动等方面。社会实践活动在大学生课外实践活动中，主要表现在志愿活动、寒暑假社会实践和各种兼职中。校园文化活动在大学生课外实践活动中，主要表现在学生社团活动以及各类竞赛上。

根据上表① 中学分分布可知，学校最积极鼓励的是科技创新类活动，同时也十分鼓励学生参加社会实践和校园文化活动，并给出具体的评分细则，要求每个学生在校期间至少取得 3 个学分方可毕业。这说明忻州师范学院对于大学生课外实践活动的高度重视，而且将它纳入到了综合评定中。这有利于学生的全面发展，多种能力的培养。并且提到结合学科专业制订具体的实施细则，说明学分的分配具有灵活性和学科性。忻州师范学院十分重视大学生课外实践活动的开展，注重培养大学生的各种能力，在开展大学生课外实践活动时做到了有条不紊。

二、活动开展的实际情况

根据大学生参加课外实践活动情况调查问卷展开调查，从学生基本情况、学校开展情况、学生参与情况、学生能力提升情况四个方面的内容结果显示，有 25.71% 的学生对学校的课外实践活动开展是满意的，而 63.65% 的学生则认为一般，有 8.24% 的学生认为是不满意的，还有 2.40% 的学生觉得无所谓。根据调查数据的显示，学校的课外实践活动总体开展情况良好，但是仍有进步的空间，争取让 8.24% 不满意的学生改变想法。

（一）4 个年级参与时间分布

如图 7.1 所示，4 个年级在参加课外实践活动的时间分布上，每个时间段内差距不大，但是一年级和四年级在 5~10 小时及 10 小时以上的人数较二年级和三年级的人数多，并且可以发现，大四的同学并没有因为学业及找工作等事情而减少参加课外实践活动的时间，反而在 10 小时以上的人数是最多的，参加较多的项目是：社会实践活动、创业活动和志愿活动。三年级参加时间在 2 小时以下的人数是最多的，10 小时以上的人数是最少的，在发放问卷的时候，部分同学说，"现在都很少参加课外实践活动了，该选什么？"

---

① 上表所指为《忻州师范学院大学生课外实践活动赋予学分一览表》附录 F

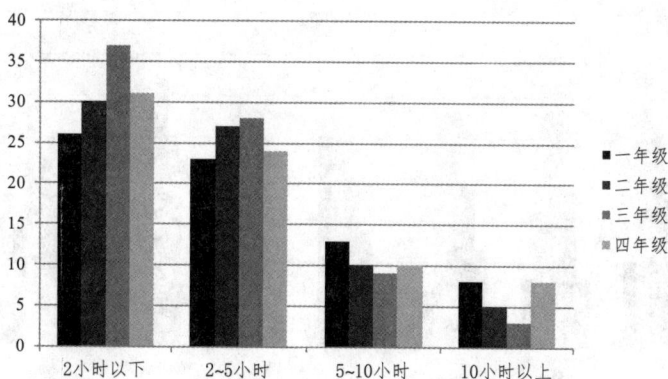

图 7.1　4 个年级的大学生参加课外实践活动的时间分布

（二）各种课外实践活动的参与程度

　　如图 7.2 所示学生参加最少的课外实践活动中，前三名分别是：创业活动、兴趣小组和学术讲座，而参加最多的活动中，前三名分别是学生社团活动、社会实践活动和志愿活动。从图中可以发现，校内课外实践活动仍然是学生参加人数最多的，这可能是由于学生社团活动方便学生参加，是最容易参加的课外实践活动，另外从侧面也可以了解到忻州师范学院的学生社团活动开展得很好。社会实践活动和志愿活动学生也参加得较多，社会实践活动中选择"很多"的人数是最多的，说明学生们不拘泥于校内课外实践活动，能通过多种方式锻炼自己的能力。同时也说明学生们有很强烈的责任感，并且乐于奉献。

　　从图中数据中可以看出，创业活动、兴趣小组和学术讲座，这些涉及到学术、创新和创业等方面的课外实践活动，学生的参与度差强人意，参加创业活动"较多"和"很多"的同学仅有 6.21%，参加兴趣小组"较多"和"很多"的同学有 8.52%，参与学术讲座"较多"和"很多"的同学有 11.31%，学校在这些方面的课外实践活动的开设仍需要努力，不仅要为学生提供各种丰富的校园活动，更要注重学生们的学术能力、创新能力的培养。

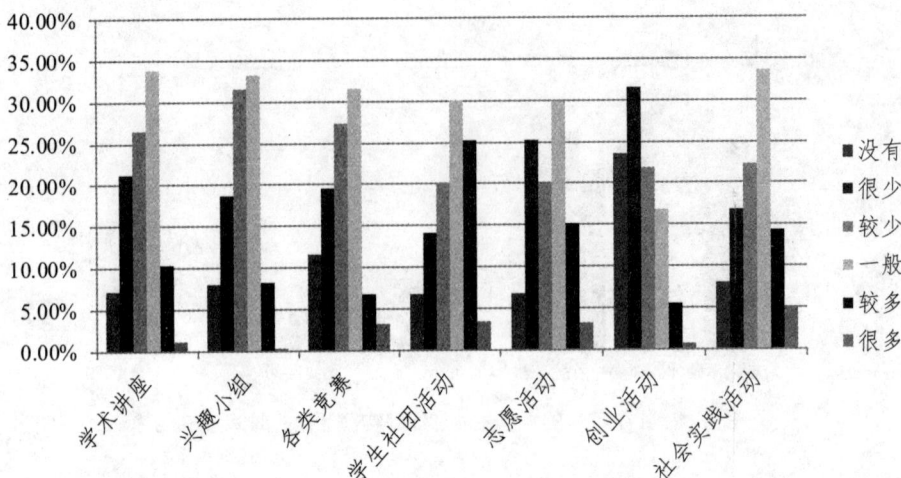

图7.2　大学生参加各类活动的实际情况

（三）参与课外实践活动获得的能力提升程度

课外实践活动对大学生的素质提高有着重要影响，通过参加课外实践活动可以培养大学生的多种能力。由图7.3可知，对大学生影响较大的前三名分别是：沟通能力、团队协作能力和自信心的提升，而后三名则是思辨能力、对专业知识和新知识的敏感的把握，在思辨能力、对专业知识和新知识的敏感的把握这三种能力中选择"没有帮助"或"很少"的，分别占到16.12%、13.70%和13.32%。结合各类活动的参与程度现状来看，学生在对新知识的敏感、专业知识的把握和思辨能力的提升方面收获较少的原因，可能和他们较少参加学术讲座等活动有一定关系。

课外实践活动提高了学生的各种能力，也可以让在校大学生更快速地融入社会这个大环境中，但是专业知识、思辨能力同样是在社会立足所需要的能力，学校应该增加学术性、思辨性的课外实践活动。

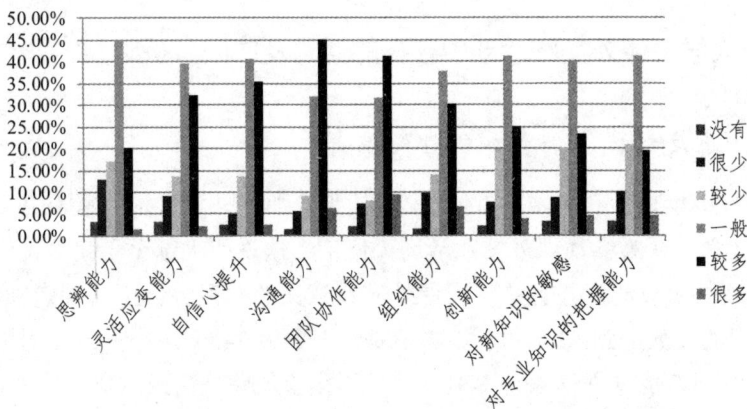

图 7.3　参加课外实践活动对大学生各种能力提升的程度

（四）学生组织课外实践活动的现状

在本次调查中学生干部有 118 人，非学生干部有 174 人。其中 56.76% 的学生干部都组织过活动，有 25.32% 的非学生干部组织过活动，这说明组织活动不仅仅是学生干部的事情，是所有有想法的学生都可以组织参与的。大学生的思想比较活跃，不拘泥一些条条框框，能够主动找机会锻炼自己的能力，有想法的同学能主动组织参加课外实践活动。从图 7.4 可知，学生组织的活动中除"其他"外，最多的是社团活动，其次是文艺活动，最后是志愿者活动，其中，学生干部组织最多的是其他类和志愿者活动，而非学生干部组织最多的是文艺活动和志愿者活动。

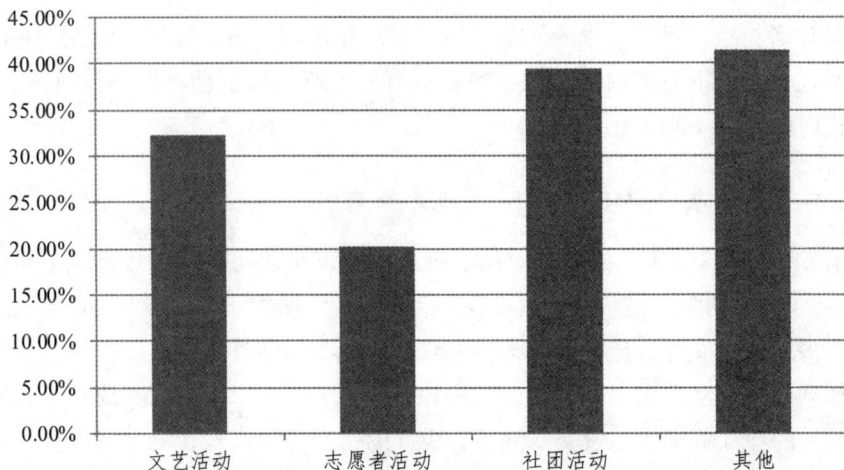

图 7.4　大学生组织各种活动的情况

三、大学生课外实践活动中存在的问题及成因分析

（一）态度积极，但参加的时间偏少

在调查中发现，有 88.72％的大学生认为参加课外实践活动是有必要的，有 9.15％的大学生认为参加课外实践活动无所谓，这说明大部分学生对待课外实践活动的态度是积极的，并且是认同课外实践意义的。但大学生每周参加的时间，2 小时以下的人数占到 42.42％，2~5 小时的人数为 34.88％，5~10 小时的人数为 14.34％，10 小时以上的人数有 8.18％，从学生参加课外实践活动的时间分布上可以看出，大部分人的参与时间比较少。

在调查中发现，有 58.91％的大学生认为限制参加课外实践活动的原因为学习，有 47.9％的大学生认为限制参加课外实践活动的原因为兴趣，有 18.80％的大学生认为限制参加课外实践活动的原因是工作，有 27.69％的学生认为限制参加课外实践活动的原因为多个课外实践活动冲突，还有少数人是因为其他原因。

访谈者：在大学里你参加了哪些课外实践活动？并谈谈你的感受？

被访者：系里的学生会。其实，我参加活动的时间并不多，因为，我们的课程非常得多，需要不停地做实验，给你看看我们的课表（除了周二下午是没有课的，其他基本上都是满满的）。看着我们还有一个周二，但是周二下午会有班会或者偶尔需要做实验，经常被占用。虽然这样，但是我通过参加课外实践活动认识了很多朋友，也增长了一些能力。

访谈者：你组织过课外实践活动吗？说说你的收获。

被访者：组织过。系里的活动，但是肯定和你们系不一样，我们化学系的课余时间比较少，准备的时间有限，经费也有限，所以可能活动办得没有那么好，但是我们也会经常自己组织活动。

（二）学生参加课外实践活动的途径单一

有 60.61％的学生只能单纯地从学院班里的正式通知获得课外实践活动的信息，有 24.02％的学生是从其他途径获得课外实践活动的信息，这说明课外实践活动没有多途径地展开，让更多的学生能够积极地参加课外实践活动。部分同学没能参加到各类活动中去，每种活动的参加时间在 2 小时以下的人数还很多，并且各类活动的参加程度为"没有"和"较少"的比例也很高。在统计调查问卷的时候，经常能看到部分同学参加各类活动的情况总是"没有""很少"或"较少"，通过参加活动的收获也总是"没有""很少"或"较少"，为了全面提高大学生的

素质，应该让更多的同学参与进来。

学生参加活动的方式比较单一，大部分班级会通知大学生系里、院里的课外实践活动，再配合海报、展板，学生不能更多途径地获取参加课外实践活动的消息。有部分原因可能是基础设施不够完善，没有固定开办活动的场所，学生组织活动需要去系里或团委批场地。此外，宣传不到位，所以导致学生的参与度下降。

访谈者：你在大学里参加了哪些课外实践活动？通过什么方式参加课外实践活动的？

被访者：学术讲座、教师技能大赛等。一般都是班长通知，然后有意愿的同学向班长报名，如果有名额限制的话，需要先在班级内部进行选拔或者抽签。有时候也会在海报上看到一些课外实践活动的消息，除非是特别感兴趣的，否则通过这种途径还是少数，如果有 QQ 号或者微信账号，可以推送消息就好了。

（三）参加课外实践活动的预期与现实不符

在调查"参加课外实践活动的目的"这一问题时，有 55.12％的学生选择发展兴趣，有 57.21％的学生选择交友，有 79.51％的学生选择锻炼能力，有 59.62％的学生选择拓展知识，有 23.26％的学生选择打发时间，还有 18.30％的学生选择其他。但是通过访谈和调查问卷"参加活动后你能力的提升"这一问题中可以发现，参加课外实践活动的目的和参加活动后能力的提升并不完全对应。

第一种情况，学生在参加课外实践活动后，发现和自己参加活动的初衷、设想不一样；第二种情况，学生参加课外实践活动后遇到困难，有不正确的归因，因而感受到预期和现实的差距；第三种情况，学生在参加课外实践活动时希望锻炼的能力没有得到锻炼，由此而产生失望。

访问者：在大学里你参加了哪些课外实践活动？谈谈你的感受。

被访者 A：大一的时候参加了学生会，参加的是文艺部，但是现在已经不在学生会了。因为我参加后发现，文艺部和我想象的不一样。在我的印象中文艺部应该是不停地表演、出节目，但是我参加后发现不光是表演，我们还要做很多琐碎的工作，这些和我想象的不太一样，所以后来就没有参加了。但是通过参加课外实践活动，我增强了自信，团结协作和沟通能力也都有提升。

被访者 B：我参加的是院里的办公室，主要就是在办公室、失物招领处等地方。在办公室里经常要面对教师、学长学姐和同学们，在办公室我觉得本来我想锻炼自己与人的交流能力，我发现比起跟我一起参加这个部门的同学来说，我的能力差很多，感觉很受打击，感觉自己还是不善言谈，看到了人与人之间的差距，不想参加了。

被访者 C：我参加的是礼仪社，每次有大型的活动就需要我们出礼仪。说实话我觉得我没锻炼到什么能力，倒是挺累的，原来想参加学生会能锻炼一下自己的组织能力和灵活应变能力。

第三节　提升课外实践活动有效性的建议

以上调查结果表明我院大学生课外实践活动的开展还需要不断完善，对此提出了下面几点建议与对策。

一、营造校园课外实践活动的良好氛围

良好的课外实践活动氛围对学生有着积极的影响，起着潜移默化的作用。例如，一个宿舍有 5 个人不参加课外实践活动，那么第 6 个人也不想参加课外实践活动；反之，若 5 个人都参加，那么第 6 个人也会积极参加，这就是环境的影响。校园文化作为文化的一种，在创造良好育人环境、教育培养学生中发挥着导向、熏陶、激励等功能和作用。校园文化本身具有巨大的教育意义，既可以帮助学生树立正确的世界观、人生观、价值观，为学好科学理论打下坚实的基础，还可以提高学校教育教学的工作效率。不良的校园文化会使教育教学工作效率降低，甚至会影响学生的学习和生活等。所以，要营造校园课外实践活动的良好氛围，积极鼓励学生利用课外实践活动验证自己在课上所学的内容，充分利用团委的公共账号、学校的校园贴吧、学校的官网等网络途径，增加学生获得课外实践活动信息的渠道。

二、完善课外实践活动的组织管理

学生在组织活动之前需要向团委申请，获得批准及相应经费。团委应该严格审批学生活动，并对活动进行监督，保证活动按计划实施。课外实践活动不能只贪图数量，还要保证质量，可以采取社团之间竞争的方式保证活动的质量。课外实践活动的数量与质量都与学生的收获息息相关，所以学校应该完善课外实践活动的组织管理，确保参加课外实践活动的每个学生在参加完课外实践活动之后都能有所收获，能够学会反思，并且能够及时总结经验，最大限度地发挥课外实践活动的作用。组织管理不仅仅是控制活动的质量和数量，还要加强学校的参与和指导，充分发挥学校的主导功能，帮助学生增强归纳总结的能力，获得多方面的能力提升。例如，可以请学生们在参加课外实践活动后填写相关的活动总结，这

需要教师给出积极的总结指导，引导学生学会反思和总结，还可以通过召开课外实践活动的心得交流会等方式，帮助学生增强归纳和总结的能力。

三、创新课外实践活动形式

在调查中显示，"限制学生参加课外实践活动的原因"中有 47.85％ 的学生选择了兴趣，这说明兴趣是驱动大学生积极参加课外实践活动的内驱力，且在学生中占有较高的地位，高校在开展课外实践活动时应该注意引起学生的兴趣。在调查"你觉得有意义的课外实践活动具有什么功能"时，有 58.25％ 的学生认为课外实践活动应具有趣味性，从学生的意愿来看，高校要创新课外实践活动的形式，增加其趣味性，吸引更多的大学生积极的参与。除此之外，在调查"你觉得有意义的课外实践活动具有什么功能"时，有 83.2％ 的学生希望能够增长社会经验，但是在你参加社会实践活动、创业活动的情况调查中，能达到"一般""较多"和"很多"的学生仅分别占 53.76％、21.62％、5.08％，这说明课外实践活动在社会实践和创业活动上仍需加强，学校要加强和社会合作，为学生提供更多的校外实践活动和创业活动的机会，使学生更多地接触社会，了解社会，适应社会。

四、加大对课外实践活动的基础建设投入

在对学生"参加课外实践的途径"的调查和学生组织活动的访谈中，我们可以看到，课外实践活动的地点常常是教室、马路、小广场，场所不固定，并且场地较小，这在一定程度上限制了学生组织、参加活动的积极性。学校应加强基础建设，设立专门的活动场所，定期地开展活动，这有利于提高活动的质量，激发大学生的参与热情，组织活动的学生不用费劲儿地找场地、批教室，参加活动的学生不至于找不到活动地点，避免错失更多参加社会活动的机会，所以加强课外实践活动的基础建设是十分必要的，这对于增加大学生参加课外实践活动的参与度有着重要意义。

第八章　师范生专业素质培养的调查研究

全程实践教学是提高教学质量和培养学生实践能力的重要环节。在理论层面和实践层面上，一些学者对相关问题进行了研究与探索。综合以往来看，全程实践教学取得了一定进步，有些院校结合自身特点和实际情况探索出了一些创新模式，如顶岗实习等。但总体看来，全程实践教学在认识与实践方面仍然存在一些值得探索的问题，需要不断改进和不断完善。

第一节　师范生专业素质概述

一、师范生专业素质概述

专业素质是个体为完成教育教学任务所应具备的心理和行为品质的基本条件，包括良好的师德、广博的专业知识和较强的实践能力等。支教生专业素质是指个体在一般素质的基础上形成和发展起来的教师职业的基础性、通识性素质和品质，是胜任顶岗实习工作的支教生必备的基本专业品质，也是实习教师应该具备的基本素质。支教生专业素质主要包括两个方面的内容：第一，专业认同感，其中包括投入度、认知度、喜爱度等；第二，教师专业素质，包括知识方面、能力方面、情意方面等。

在素质层面，实践性人才培养的目标不仅包括具备基本的知识与技能，也包括具备专业素质、正确的教育观念和积极向上的价值观。未来教师的实践素质可从专业素质、道德素质、创新素质三个方面入手培养。专业素质重在培养专业理念；道德素质重在培养教书和育人相统一，言传和身教相统一，为人师表爱岗敬业；身心素质重在培养健全的人格；创新素质重在培养对教育教学实践活动中有自己独特的见解及对本专业领域有所创新。然而，仅仅具备以上的知识、技能和素质距离实现培养具备高素质应用复合型的实践性人才的培养目标仍有一段距离，还需要做很多实效性的工作，包括依据"做中学"理论完善实践教学内容，依据教育目的观培养具有创新精神和实践能力的综合型人才。

二、研究方法

本次研究采用自编调查问卷和访谈提纲进行调查，并结合文献研究法进行研究。全程实践教学实施效果的问卷调查，抽取了4个年级的360名学生实施了问卷调查，并对问卷进行了调研与分析，其中收回问卷357份，占99.17%，有效问卷336份，占93.33%。在问卷调查的基础上，与10名学生在全程实践教学存在的问题方面进行了深入访谈，了解他们对全程实践教学的看法及其优势与不足。

第二节　师范生专业素质培养的调查及分析

忻州师范学院全程实践教学对师范生的专业素质层面和创新能力层面的提升给予了较好的帮助。其中，提升幅度最大的是专业素质中的知识方面，而知识方面有最大进步的是文化知识；提升幅度最小的是创新能力中的创新思维。整体而言，专业素质层面的提升好于创新能力层面的提升。

一、师范生专业认同的分析

（一）对专业的投入程度

投入程度反映了实习生对专业的行为认同。从调查结果看出，大部分学生能够积极主动地完成教师布置的全程实践教学任务，占总数的79.91%，说明实习生对本课程是相当重视的，在学习的过程中能够更全面、更深入地了解自己的专业。有相当比例（12.30%）的学生表示不确定，对待教师布置的作业以及作业中的困惑不知道该如何去处理，没有意识到全程实践课程是获取专业知识的重要途径之一，还有少数学生（1.72%）选择非常不符合，说明少数实习生对专业学习的积极性与主动性还有待进一步提升。

（二）对专业的认知程度

认知程度反映了实习生对专业的认知性认同，全程实践教学对提高实习生的专业知识发挥了重要的作用。有217名学生表示学习全程实践课程是有一定收获的，占总数的64.77%，还有19.01%的学生表示收获很大，说明在全程实践教学过程中，学生的专业知识得到了一定程度的应用和巩固，这体现了全程实践教学的积极影响。不过仍有相当部分（12.31%）的学生表示基本没有收获，甚至有少部分学生（3.91%）表示根本没有任何收获，纯粹浪费时间，说明这些学生没有意识到全程实践教学对获取专业知识的重要性和意义，因此，体会不到全程实践教学带来的效果。

在获取专业知识的情况上就不同性别进行独立样本 t 检验（见表 8.1），检验结果表明，男生与女生在获取专业知识情况上有极其显著的差异（P<0.01）。在单因素方差分析上，文科类、理科类和艺体类均没有显著差异（P>0.05）。

表8.1　不同性别获取专业知识情况

	男	女	
	（n=62）	（n=117）	t
	M ± SD	M ± SD	
获取专业知识情况	1.81 ± 0.568	2.12 ± 0.721	0.003**

注：**P<0.01

（三）对专业的喜爱程度

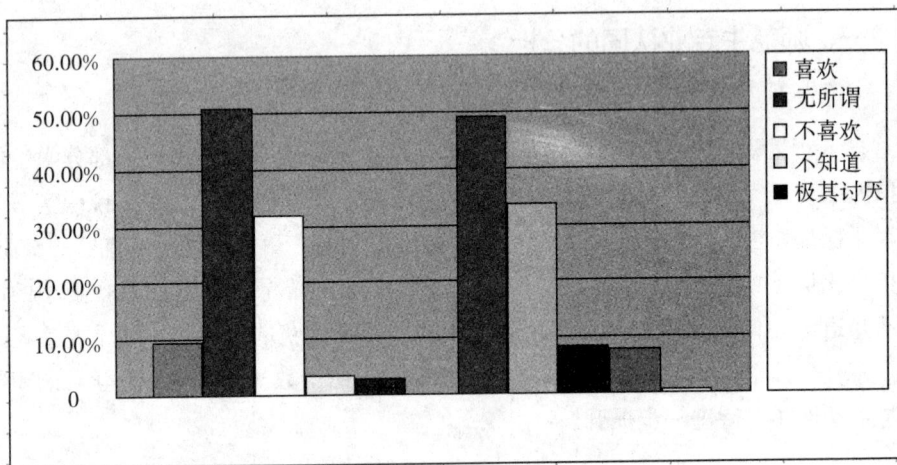

图 8.1　专业态度转变情况

喜爱程度反映了实习生对专业的情感性认同。由于部分实习生在入学时是被调剂到本专业的，可能对专业具有排斥和徘徊意识。原先只有 9.46% 的学生喜欢本专业，经过全程实践课程的学习后，有49.16%的学生在对待学科专业态度方面发生了积极的变化，说明开展全程实践教学是非常有必要的。不过仍有相当部分（33.71%）的学生表示无所谓，少数比例（7.67%）的学生仍然对学科专业没有兴趣，说明实习生对所学专业的社会价值认识不清晰，其专业知识和思想意识薄弱，导致学习兴趣降低。总体上看，全程实践教学对大部分实习生专业态度的转变发挥了积极作用。

综上所述，通过从投入程度、认知程度、喜爱程度三个方面对实习生的专业认同感进行调查分析，实习生经过了三年多的专业学习和大学校园文化氛围的熏陶，对专业的认知了解程度有了一定的提升。但是，实习生的专业认同感总体水平中等，尚有相当大的提升空间，因此，提高和发展实习生的专业认同感势在必行。

二、师范生专业素质的分析

学者们对教师专业素质结构的研究分为许多类型，教师所具备的素质应该是多方面的，这也是作为未来教师的师范生应必备的专业素质，其中主要围绕三大方面进行，即知识方面、能力方面和情意方面，如图8.2所示。

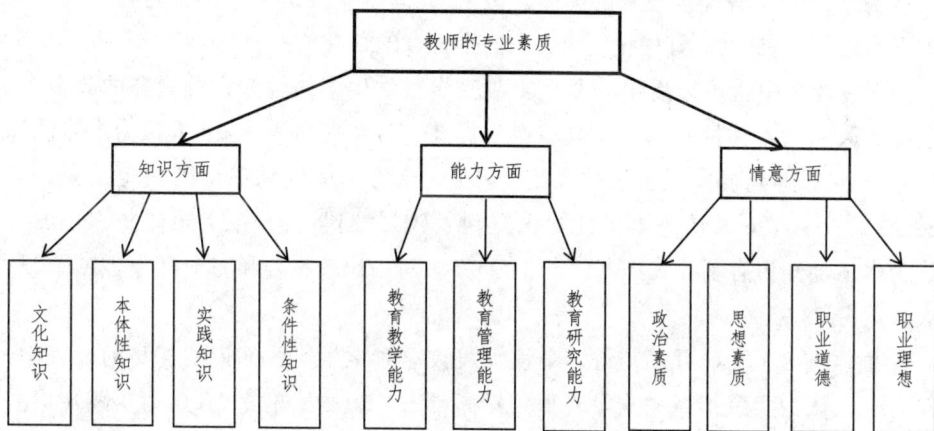

图8.2 教师专业素质的内容

（一）教师专业素质的知识方面

教师专业素质的知识方面，是教师工作的基础。北师大林崇德教授等人的研究认为，教师的专业知识结构应该包括四个方面，即文化知识、本体性知识、实践知识和条件性知识。其中，文化知识是文化和各方面知识的总称，教师的文化知识应该广泛而深刻。本体性知识是指从事教师职业所应具备的专业学科知识。实践知识是指教师处理课堂中发生的一些状况应具有的知识。条件性知识是指教师所具有的教育学与心理学知识。

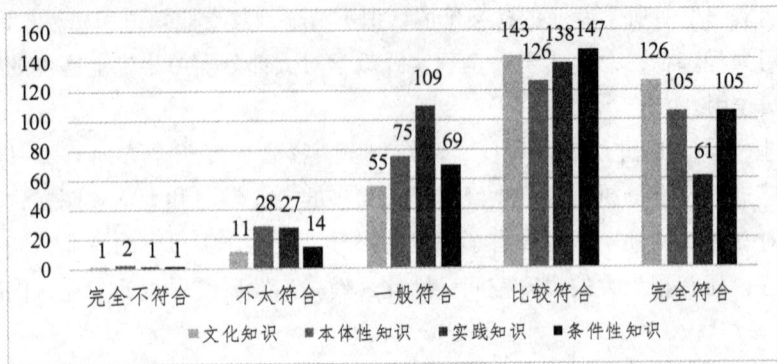

图 8.3　教师专业素质知识方面的分析（单位：人）

从图 8.3 中可以看出，全程实践教学对学生文化知识的提高的调查中，仅有 1 人认为文化知识完全没有得到提高，占 0.30%；有 11 人认为文化知识基本没有得到提高，占 3.27%；有 55 人认为文化知识得到一定提高，占 16.37%；有 143 人认为文化知识得到了较好的提高，占 42.56%；有 126 人认为文化知识有了很大提高，占 37.50%。其中比较符合和完全符合的共有共占 80.16%。

从图 8.3 中也可以看出，全程实践教学对学生本体性知识的提高的调查中，仅有 2 人认为本体性知识完全没有得到提高，占 0.60%；有 28 人认为本体性知识基本没有得到提高，占 8.33%；有 75 人认为本体性知识得到一定提高，占 22.32%；有 126 人认为本体性知识得到了较好的提高，占 37.50%；有 105 人认为本体性知识有了很大提高，占 31.25%。其中比较符合和完全符合的共有 231 人，共占 68.75%。

根据图 8.3 所示可以知道，全程实践教学对学生实践知识的提高的调查中，仅有 1 人认为实践知识完全没有得到提高，占 0.30%；有 27 人认为实践知识基本没有得到提高，占 8.04%；有 109 人认为实践知识得到一定提高，占 32.44%；有 138 人认为实践知识得到了较好的提高，占 41.07%；有 61 人认为实践知识有了很大提高，占 18.15%。其中比较符合和完全符合的共有 199 人，共占 59.22%。

根据图 8.3 我们还可以知道，全程实践教学对学生条件性知识的提高的调查中，仅有 1 人认为条件性知识完全没有得到提高，占 0.30%；有 14 人认为条件性知识基本没有得到提高，占 4.17%；有 69 人认为条件性知识得到一定提高，占 20.53%；有 147 人认为条件性知识得到了较好的提高，占 43.75%；有 105 人认为条件性知识有了很大提高，占31.25％。其中比较符合和完全符合的共有252人，共占75.00％。

以上数据表明，全程实践教学使学生的知识方面得到了提高，按照提高程度由高到低依次为文化知识、条件性知识、本体性知识、实践知识。其中，实践知识提高程度较低。

（二）教师专业素质的能力方面

教师专业素质的能力是教师胜任本职工作所需要的工作能力。综合看来，教师的能力主要包括教育教学能力、教育管理能力和教育研究能力三个方面。[①] 教育教学能力主要是指教师的课堂教学能力，包括教师的一系列教育教学技能。教育管理能力主要表现为对课堂教学活动的组织和管理，将管理学的知识融入教育教学的管理中，促进教学活动的有效进行。教育研究能力是指教师的教育实践能力和对学生的研究能力，包括对科研课题的选择、设计、写作、总结、应用和推广的能力等。

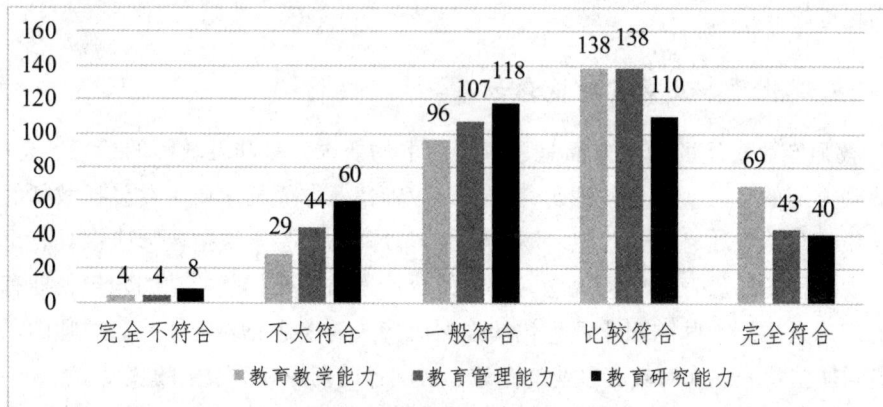

图8.4　教师专业素质能力方面的分析（单位：人）

从图8.4中可以得出，全程实践教学对学生教育教学能力的提高的调查中，仅有4人认为教育教学能力完全没有得到提高，占1.19％；有29人认为教育教学能力基本没有得到提高，占8.63％；有96人认为此能力得到一定提高，占28.57％；有138人认为此能力得到了较好的提高，占41.07％；有69人认为此能力有了很大提高，占20.54％。其中比较符合和完全符合的共有207人，共占61.61％。

通过图8.4可以看出，全程实践教学对学生教育管理能力的提高的调查中，

① 任丽婵. 教师教育改革顶岗支教实习模式［D］. 临汾：山西师范大学，2009：8.

仅有 4 人认为教育管理能力完全没有得到提高，占 1.19%；有 44 人认为教育管理能力基本没有得到提高，占 13.10%；有 107 人认为教育管理能力得到一定提高，占 31.84%；有 138 人认为教育管理能力得到了较好的提高，占 41.07%；有 43 人认为教育管理能力有了很大提高，占 12.80%。其中比较符合和完全符合的共有 181 人，共占 53.87%。

根据图 8.4 可以得出，全程实践教学对学生教育研究能力的提高的调查中，仅有 8 人认为教育研究能力完全没有得到提高，占 2.38%；有 60 人认为教育研究能力基本没有得到提高，占 17.86%；有 118 人认为教育研究能力得到一定提高，占 35.12%；有 110 人认为教育研究能力得到了较好的提高，占 32.74%；有 40 人认为教育研究能力有了很大提高，占 11.90%。其中比较符合和完全符合的共有 150 人，共占 44.64%。

以上数据表明，全程实践教学对提高学生的能力有帮助，按照提高程度由高到低依次为教育教学能力、教育管理能力、教育研究能力。其中，教育研究能力提高程度较低。

（三）教师专业素质的情意方面

教师专业素质的情意方面是思想层面上的要求，是涉及教师的情感、态度、价值观方面的素质。综合各种研究成果，教师情意方面的素质主要包括教师的思想素质、政治素质、职业理想、职业道德。教师的思想素质指教师应该具有正确的三观、科学的教育思想和观念。教师的政治素质主要指坚持党的领导，拥有一定的理论素质。教师的职业理想包括强烈而持久的事业心和责任感。教师的职业道德素质主要表现为对教育事业的忠诚、对同事的友好和对学生的热爱。

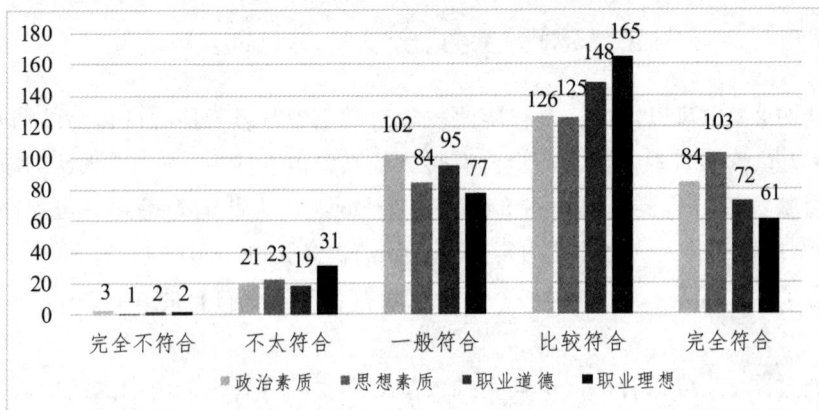

图 8.5 教师专业素质情意方面的分析（单位：人）

从图 8.5 中可以看出，全程实践教学对学生政治素质的提高的调查中，仅有 3 人认为政治素质完全没有得到提高，占 0.89％；有 21 人认为政治素质基本没有得到提高，占 6.25％；有 102 人认为政治素质得到一定提高，占 30.36％；有 126 人认为政治素质得到了较好的提高，占 37.50％；有 84 人认为政治素质有了很大提高，占 25.00％。其中比较符合和完全符合的共有 210 人，共占 62.50％。

根据图 8.5 可以看出，全程实践教学对学生思想素质的提高的调查中，仅有 1 人认为思想素质完全没有得到提高，占 0.30％；有 23 人认为思想素质基本没有得到提高，占 6.85％；有 84 人认为思想素质得到一定提高，占 25.00％；有 125 人认为思想素质得到了较好的提高，占 37.20％；有 103 人认为思想素质有了很大提高，占 30.65％。其中比较符合和完全符合的共有 228 人，共占 67.85％。

通过图 8.5 可以得到，全程实践教学对学生职业道德的提高的调查中，仅有 2 人认为职业道德完全没有得到提高，占 0.60％；有 19 人认为职业道德基本没有得到提高，占 5.65％；有 95 人认为职业道德得到一定提高，占 28.27％；有 148 人认为职业道德得到了较好的提高，占 44.05％；有 72 人认为职业道德有了很大提高，占 21.43％。其中比较符合和完全符合的共有 220 人，共占 65.48％。

从图 8.5 可以看出，全程实践教学对学生职业理想的提高的调查中，仅有 2 人认为职业理想完全没有得到提高，占 0.60％；有 31 人认为职业理想基本没有得到提高，占 9.22％；有 77 人认为职业理想得到一定提高，占 22.92％；有 165 人认为职业理想得到了较好的提高，占 49.11％；有 61 人认为职业理想有了很大提高，占 18.15％。其中比较符合和完全符合的共有 226 人，共占 67.26％。

以上数据表明，全程实践教学对增强教师素质的情意有较好的作用，按照增强程度由高到低依次为思想素质、职业理想、职业道德、政治素质。其中，提高程度略低的为政治素质。

根据图 8.6 可以看出，教师专业素质包含的三个方面中，提升幅度由大到小依次为知识方面、情意方面、能力方面。教师专业素质中所包括的 11 个小维度中，提升幅度最大的为文化知识，其次为条件性知识，提升幅度最小的为教育研究能力和教育管理能力。

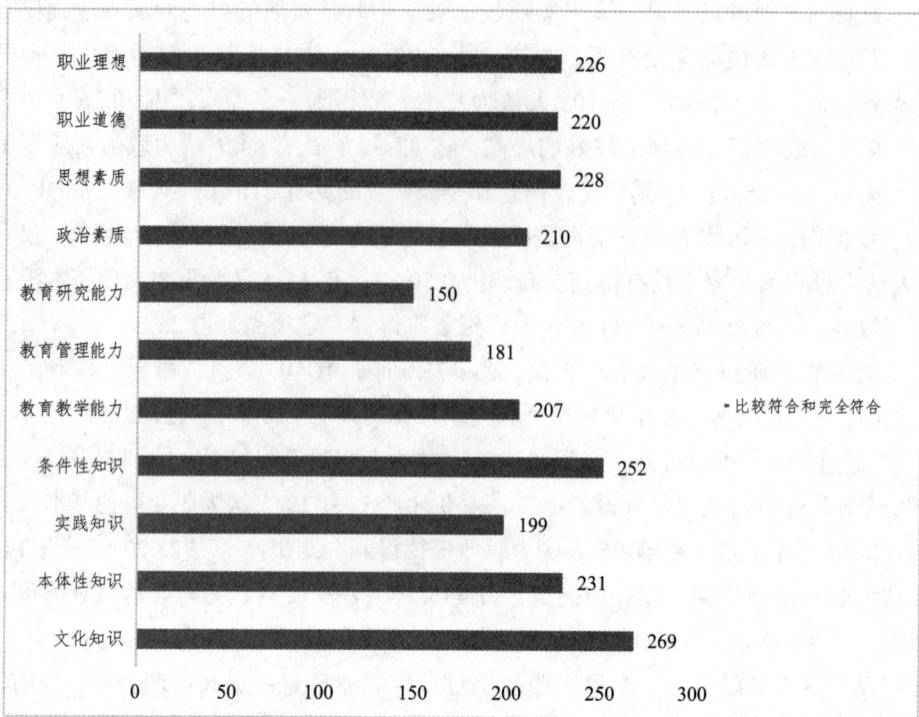

图 8.6　教师专业素质的综合分析（单位：人）

三、师范生专业素质培养中存在的问题

（一）教育教学内容比较单调

通过对调查问卷的分析可知，在所研究的维度中创新思维的培养效果最差。究其原因可以发现，虽然每学期的全程实践教学的内容各有不同，但是整个学期的学习内容和形式都过于统一，缺乏创新。在访谈中有些学生表示："教学的目标、内容、方向一般都是教师在课前设定好的，这节课要讲什么、学什么，都是提前安排好的，我们不用费脑筋去思考自己想要什么、想学什么。""如果课程计划同学们都一起思考，教学过程中有了新的想法，可以及时和教师、同学们沟通，我觉得我会更喜欢动脑，也更喜欢全程实践课。"这样，由于内容单调、统一，导致学生思维不够灵活，缺乏创新。还有的学生表示："有一次课上，教师跟我们讲起'慕课'，同学们都感到十分新奇，那节课我听得特别认真，也觉得收获不少，要是能经常听到这些就更好了。"专业的前沿动态没有得到教师重视，教师很少将其引进全程实践教学。知识方面的实践知识提高程度略低于其他几个方面，主要是

由于模拟课堂的真实性有别于真实课堂，并且在实习的过程中一部分学生代课的课时少，或者没有直接参与教学。

（二）教师自身素质有待提高

通过上述数据分析可以知道，学生在教育研究能力和教育管理能力方面提升的程度相对较低。从访谈中了解到，有的学生认为自身的教育研究能力和教育管理能力没有很好提升与授课教师有关："全程实践教学的授课教师大部分每个学期都会更换，教师的水平各有不同，有很多年轻教师虽然有热情，与同学相处也不错，但是教师自身的科研能力有限，科研经历不多，能传授我们的自然也不够丰富。""大部分教师的管理经验都是管理我们大学生，大学生本身已经是成人，自制力较强，与中小学生差别很大。教师在如何管理中小学生方面研究得不多，上课的时候关于教育管理方面的内容涉及得也少。我的教育管理经验大部分是实习的时候学习的，可我觉得这些经验还远远不够。"由于教师的自身科研经历不多、对中小学生管理经验少等原因，对学生的相应能力没有较好的帮助，这会影响学生在个别方面的提升。

（三）学生的学习态度不端正

通过上述数据分析可以看出，学生的创新动机和创新技能较弱。从与学生的访谈中可以得知，由于中小学期间的教育教学方式过于僵化，导致学生在思考问题的时候关注的不是自己的新想法，反而关注的是教师想要什么样的答案。这样一来，如果想不到所谓的"正确答案"，那么学生就会选择另一个办法——避而不答，经常不回答问题，也不思考问题，思考而不敢于表达自己的新想法，导致了部分学生消极的学习态度。动机不强，不积极参与、不尝试，就会导致技能较差。还有一部分学生受周围同学的影响，周围个别同学把主要精力放在课外活动上，认为课堂知识实用性不强，由于受同学影响，自己的参与态度也变得不够积极。

第三节　师范生专业素质培养的实施建议

一、注重师范生参与的主体性

全程实践教学的教学内容不同于传统教学，在课程设置上应该让学生参与，教师和学生共同挖掘课程中潜在的实践元素，弘扬学生主体性教育理念，鼓励学生积极参与其中，教师要激励学生挑战权威、勤于思考，重视教学内容的内在逻辑，帮助学生建构自己的知识结构；提高学生理论与实践的综合能力，引进本专业的最新研究成果和动态，激发学生的学习兴趣。在模拟教学的课堂中设置一些真实课堂中可能发生的状况，提升学生处理突发事件的能力。在实习支教的过程中，带队教师要与实习学校协商，尽可能让每位实习生都深入到教学前线，增加实践知识。

二、加强师范生的教学科研培训

全程实践教学不同于以往的教育教学，对教师的要求比以往更高，要求教师具有更高的综合素质，要学会如何与学生进行沟通和交流，如何指导学生。要提升教师队伍的素质，年轻教师应不断提高自身的教育研究能力，积极参与教育科研活动。教师不仅要学习与大学教育有关的知识，还应该了解大学生在今后的职业生涯中需要面对的问题，并且提前帮助学生在这些方面做好准备，例如：如何组织教学活动、如何进行课堂管理等。

三、健全师生互动的有效机制

少数学生的学习态度不端正，可能会在学生中出现消极的非正式群体，影响教育教学工作的开展，也会导致部分学生学习成绩下降。多数学生的学习态度不端正，会导致教学无法正常进行，所开课程形同虚设，打消了教师教育教学积极性，浪费人力、物力、时间和财力。学校和教师应该向学生进一步解释和说明参与全程实践课的目的、意义及必要性；开展有关全程实践教学的专题讲座，介绍党和政府对实践的重视以及通过实践取得成就的优秀事例；邀请在全程实践教学中参与得好、有心得的学生与同学们交流讨论。对于在课上不喜欢动脑思考或者有想法羞于表达的学生，教师可以采取点名发言等形式鼓励学生尝试着表达自己的想法。对于想法新颖的学生，教师应该及时表扬，增强学生的自信心。通过这样一些具体措施端正学生的学习态度，使学生形成正确的认识。

第九章 大学生科技创新能力培养的调查研究

随着我国经济的不断发展和国家的日益昌盛，越来越多的人认识到，当今世界国与国之间的竞争归根到底是人才的竞争。大学是培养人才的重要基地，培养创新型人才是当今大学的重要使命，是社会对大学的要求，也是当代大学生的发展目标。地方高校作为我国高等教育体系的主体部分，在这方面的发展如何有必要加以研究。

第一节 科技创新概述

一、大学生科技创新

科技创新是原创性科学研究和技术创新的总称，在这里主要指大学生应用创新的知识和新经验、新思维，提出新观点（包括新概念、新思想、新理论、新方法、新发现和新假设）的科学研究活动，并涵盖开辟新的研究领域、以新的视角重新认识已知事物等。大学生科技创新体系就是为了提高大学生科技创新能力而建立的，在一定的创新环境下，通过各种资源的保障，由各项机制、各个主体相互联系，组合而成的一个综合系统。

研究大学生科技创新体系，既可以从理论层面上预期梳理学校的大学生科技创新体系，又能够为大学生的科技创新创设积极的氛围、提供多种机会和资源，对培养大学生自身的创新意识和创新能力、对专业学习和个人成长都有十分重要的意义，也能够使整个学校形成崇尚创新的良好氛围，培养出更多的优秀人才。

二、研究方法

主要采用问卷调查研究方法，问卷调查主要包括科技创新涉及的各方面实践与创新活动。在具体实施过程中，抽取了忻州师范学院共 350 名大学生发放问卷，其中回收有效问卷 336 份，占 96%。

第二节　大学生科技创新培养的调查及分析

一、科技创新活动的现状

（一）有了一定的科技创新氛围

忻州师范学院是一所地方新建本科院校，科技基础和力量薄弱，加之师范院校的特殊性，其与地方经济和科技方面的联系较少，因此，与地方相关的科技创新活动相对较少。目前，主要与地方直接联系进行的两项活动是实习支教和五台山文化研究。在这两项活动中，大学生均通过写作毕业论文、申请各级大学生创新创业项目等形式积极参与。此外，各系鼓励参与的大创项目以及各类竞赛活动近年来也有所增加。这说明忻州师范学院总体上有了一定的科技创新氛围。

（二）大学生有一定的参与积极性

近年来，在创新人才培养的时代主题下，该校积极鼓励开展大学生实践创新活动。参与各类校级、省级的科技竞赛和科研立项活动的大学生逐年增加，而且获得一定的奖项。

（三）建立了一定的制度、硬件设施等

近年来，忻州师范学院大部分的系已经建立起自己的专业实验室。比如，教育系国家级教育心理实验教学示范中心申请成功，近年来陆续投资了二百多万，建成一系列实验室、活动室等。地理系的省级实验示范中心包括了测量与地图实验室、地质地貌实验室、天文实验室、气象气候与水文实验室和遥感与 CIS 实验室。其他各系也建有相应的实验室、活动室等。这些实验室的配备是比较先进和完善的，学生在这里根据学习到的理论知识进行科学研究，通过实际操作提高自己的专业素质和科技创新能力。

二、科技创新活动中存在的问题

（一）缺乏大学生科技创新的有效机制

首先，在校级层面上缺乏对大学生科技创新的总体规划。忻州师范学院虽然有一些鼓励大学生科技创新活动的文件，但这些文件涉及的内容比较宽泛，缺乏具体的措施，甚至大部分学生都不知道有相关制度。据调查，19.01%的大学生表示对忻州师范学院大学生科技创新活动方面的管理制度"基本不了解"，53.57%的大学生"不太了解"，只有3.52%的大学生表示"很了解"，23.90%的"比较了解"。一方面说明，大多数学生对本校大学生科技创新活动方面的管理制度比较茫然；另一方面也说明该校大学生科技创新活动缺乏系统而有效的管理、监控、评价等机制。

其次，课程体系存在不合理之处。课堂教学是学生提高课题创新能力的主要途径，因此课程体系中理论课程与科技创新课程的比例、必修课与选修课的安排对培养大学生的科技创新能力来说就显得尤为重要。近年来，经过几轮修订人才培养方案，忻州师范学院的课程体系中增加了实践课程的比例和学分。但是总体上的特点仍然是理论课程占了大多数，尤其是文科专业，基本上都是教师在滔滔不绝地"灌输"，很少注重学生科技创新能力的培养。虽然部分系针对自己的专业开设了一些实践课程和指导学生科技创新的课程，但毕竟较少。此外，学校的选修课所占的比重本来就不大，而且专业选修课中也缺乏针对本专业所开设的科技创新类课程，不能有效地教会学生如何做研究。因此，学校的整个课程体系看起来显得有些不合理。个别实践课程也存在传授过多理论的问题。

缺乏有效的激励机制。调查显示，大部分系能够做到对每年考上硕士研究生的学生拍照、做展板加以展示；对下乡支教大力宣传，并奖励支教中表现突出的学生；对大学生创新创业项目有所宣传，并鼓励有能力、有精力的学生积极参与。近年来，该校还将课外实践活动学分化。但总体上依然缺乏有效的激励机制，导致的结果是大学生的课外活动分散，效果欠佳，且缺乏创新性。据调查，近年各系组织的科技创新活动并不少，但是实际的重视程度不一、效果不一。例如，同为课题研究的大学生科研课题的申报活动、学生参与教师课题的活动、优秀本科生导师制活动等在组织和管理过程中存在很大的随意性，往往造成资源的浪费，导致大家精力不足、顾此失彼。

（二）重视程度不够，参与性不强

调查中，大部分领导和教师均表示大学生科技创新活动很重要，并支持和鼓励大力开展这方面的活动。从大学生大学生的重视程度不够，参与性不强。

调查显示，有 27.42% 的大学生"很了解"或"比较了解"大学生实践与科技创新活动，有 53.63% 的大学生"比较了解"，有 19.04% 的大学生则"基本不了解"。仅有 23.35% 的大学生申报过各级科研课题，其中，有 13.06% 的大学生申报过两次。

从大学生来看，受当今社会上拜金主义、享乐主义等不良价值观的影响，有些大学生只想索取，不愿奉献，思想浮躁。这些大学生并不认为创新是一件多么重要的事情，更不愿意付出自己的精力去做在他们看起来"徒劳"的科学研究。而一些能够意识到科技创新的重要性的学生或希望能够提高自己的科技创新能力的学生由于对大学生科技创新活动的认识不够，或对自身估计不足，往往只有少数学生真正地参与到活动中，大多数学生对科技创新活动敬而远之，感觉高不可攀，主动参与意识不强。

此外，很多学生虽然认为创新能力是非常重要的，但是由于科技创新是一项长期的、困难重重的活动，需要查阅很多资料，思考很多问题，谁都无法预测最终的结果。因此，若非强制性，他们总是害怕麻烦而不愿意参加科技创新活动。还有一些学生虽然在学校的宣传下、教师和同学的影响下参加了科技创新活动，但由于缺乏毅力，更缺乏对知识的探索能力，所以在这个过程中一旦遇到困难就中途退却了，谈不上什么结果。

（三）缺乏良好的创新环境

近几年，该校组织的大学生科技创新立项活动在经费上得到了必要的保障，这为实践创新活动开展提供了很好的条件。但是总体上仍然缺乏大学生科技创新活动的基地和科研设施，主要表现在以下几个方面：①实验室等校内资源和实践基地等校外资源仍然不足。大学生科技创新活动基地主要是各种专业性的实验室和实践基地。学生通过实验或实践，才能提高自己的实践创新能力。目前，该校已经建成了一批较有影响力的实验室，但只是为个别实验性较强的专业所设。对于文科类专业来说，缺乏能够组织学生进行科学研究的场所。②实际上，许多已经建立起来的实验室也存在一些问题。比如，开设的课程实验中常规的验证性实验多，真正由学生设计的、综合性的实验少；一些利用最新科研成果的实验所需的设备比较先进，而先进的实验设备往往价格非常昂贵，即使购买，也只能买少数几台，很多学生无法亲自进行实验，只能由教师进行演示。③总体上，该校仍较缺乏适应和改造环境的积极性，表现为不能主动与地方政府、企业等进行全方位合作，建立学生实践基地，让学生真正开展一些专业性的实践活动。

第三节　提升大学生科技创新活动效果的实施建议

一、建立大学生科技创新活动的有效机制

首先，应该从总体上系统地设计和规划大学生科技创新体系。目前，该校开展了很多大学生科技创新活动，效果并不都很理想，部分项目还未见效就中途夭折了。造成这种状况的一个重要原因就是缺乏总体规划，相关项目之间不但缺少联系，而且相互影响，没有形成系统效应。因此，当前最需要的就是制订一个全面、具体、科学的《大学生科技创新活动规划》，整体安排相关工作，各个项目之间该整合的整合，该协调的协调，该错位的错位，使大学生科技创新活动有序发展。例如，大学生创新性实验计划可以与大学生科技创新基金项目联系起来，建立一个系列、两个层次的学生科研项目体制；优秀本科生导师制与毕业论文、研究性教学结合起来，形成学生科研活动体制。学生科研项目体制、学生科研活动体制与大学生科技竞赛项目结合起来，又形成完整的大学生科技创新机制。一些已有的项目应该加强和规范，如"挑战杯"竞赛应该设立相应的院级竞赛，在国家和省级竞赛的前一年举办，提前选拔好的作品进行培养，在参加省级竞赛时才能获得更好的成绩。一些没有的项目应该开展，如在全国开展得如火如荼的发展规划设计竞赛活动，在该校还没有开展过，今后应该多组织，并与省级、国家级活动接轨。

其次，应该不断优化和落实实践创新类课程。大学生科技创新能力的培养不可能完全依靠举办各种科技创新活动，课堂教学担负着更大的责任。因此，学校必须加强课程改革，从总体上把好数量关和质量关。一方面要在教学管理上进行改革，将科技创新教育贯穿教学的全过程，并在整个课程体系中规定实践课程和科技创新类课程的最低比重，各专业根据自己的特点增设一些指导大学生科技创新的课；另一方面，已有的实践创新类课程的教学内容、案例设计、教学效果等都需要进行实时监控，以便更好地发挥现有的实践教育资源的作用。

最后，建立科学有效的激励机制也是非常必要。学校通过设立创新学分、奖励学分等措施激励学生参加科技创新活动本是好事，但调动大学生参与科技创新的积极性则是一件困难的事情。如何尝试着将物质奖励和精神奖励结合起来是需

要考虑的问题。例如，可以通过开展"科技节"活动、组织科技创新成果展、举办科技创新论坛等方式使优秀成果得到展示。通过评选科技创新之星、优秀指导教师、大学生科技创新先进集体等措施使优秀学生、优秀教师和做出努力的各系都得到激励，并在此基础上，从精神层面上鼓励更多的大学生和教师参与到科技创新活动。

二、端正主动参与的积极态度

教育部《关于进一步加强高等学校本科教学工作的若干意见（征求意见稿）》指出，高等学校应着眼于国家发展和人的全面发展的需要，坚持知识、能力、素质协调发展，注重能力培养，着力提高大学生的学习能力、实践能力和创新能力。因此，学校要通过对国家政策的学习，真正从总体上加大投入，抓好大学生科技创新的环境建设、制度建设、组织建设、课程建设、活动建设，落实好各项要求，促进大学生科技创新能力的发展。教师要加强学习，积极投入科学研究，提高自己的科技创新能力，指导好学生的科技创新活动，并且在平时的课堂教学中注意激发学生进行科学创新的兴趣，教会他们科学研究的步骤和方法，积极把自己的研究体会与他们分享，帮助他们参与到自己的课题研究中。大学生要先从思想上改变自己固有的价值观，相信自己能够创造出与别人不一样的东西，还要明白科学研究是一条漫长的道路，可能会遇到很多困难，需要有坚持不懈的精神。此外，大学生要努力完善自己的知识结构，弥补自身的不足，在学习本专业的同时要加强对其他领域的涉猎，锻炼自己的创新思维，并积极参与到大学生科技创新活动中。

三、创设良好的外部环境

首先，在经费上，由于政府对地方高校的投资比较少，所以学校领导应该在政府拨给的经费基础上积极拓展经费来源渠道，通过与企业合作争取企业的赞助，通过学生科研成果转化筹措到更多的经费，还要共同制订一个财务分配计划，设立大学生科技创新专项基金，资助大学生建立科技创新兴趣小组、课题研究和各类竞赛，扩大对大学生科技创新活动的支持，使大学生科技创新活动得到可持续发展。其次，为了保障大学生科技创新活动的顺利进行，地方高校应该加强大学生科技创新活动基地建设。为理科生适当增加一些实验室，改善实验教学手段，引进先进的设备和器材，并且要充分利用这些设备和器材，提高教学质量和教学效率。同时，应该多关注文科生，为他们增加一些进行科研的条件。还要多向学生开放实验室，为学生提供更多的发现问题、解决问题的平台，为他们的科学研究提供途径。

第十章 全程实践教学评价的调查研究

第一节 全程实践教学评价概述

一、全程实践教学评价

实践教学质量评估监控体系是指围绕相关专业人才培养中的实践教学各个环节，通过完善质量标准、开展教学过程监控和教学质量评价而建立的监控体系。各高校已经意识到实践教学的重要作用，开始了多种多样的实践教学探索，但是由于实践环节众多，实践背景和活动方式多样，实践教学评估体系和监管体系构建成为最重要而又最难以操控的一环，实践教学评估体系构建首要的一点是要明确实践教学的价值，明确实践教学在教师教育培养中的关键作用。

学者们普遍赞同实践教学质量评价的核心任务是找出能准确反映实践能力变化的要素，根据其对实践教学质量的影响程度加强控制和管理，最终达到实践教学质量的目标。现行实践教学评价的方法从总体上可分为自我评价法、教师评价法、过程评价法、目标评价法等。现阶段高校已开始积极尝试利用多种理论、结合国内外经验积极进行实践教学评估体系构建探索，但是现阶段实践教学评估依然存在问题，如评估目标不明确，实践教学评估标准与专业认证相互独立，评估方法凌乱或过于单一，过程性支持资料零散、短缺、不成体系，评估与教学过程相脱离，具体操作较复杂，给教师、学生增添了很大压力，而实际效果又不理想，造成人力、物力的浪费。此外，缺乏评估导向和激励作用也是现阶段实践教学评估体系存在的问题之一。

二、研究方法

采用自编问卷《全程实践教学现状调查》（教师问卷和学生问卷），从忻州师范学院的文科和理科中各抽取两个系进行调查，分别是教育系、历史系、数学系、物理系。学生卷以走访宿舍的形式进行发放，教师卷以走访办公室的形式进行发放，回收问卷并录入数据库进行分析。调查中发放学生问卷 367 份，收回问卷353 份，问卷回收率为 96.19%，其中有效问卷为 328 份，有效率为 92.92%；发放教师问卷 14 份，回收率为 100.00%，有效率为 100.00%。

第二节　全程实践教学评价调查及分析

一、管理体系和考核方式

样本高校各个系的指导教师都在围绕全程实践教学目标，按照日程安排认真负责，加强对学生的指导和管理，同时要对学生进行考核。通过教师和学生的反馈，反观全程实践教学管理体系和考核方式的不合理之处，建立与培养目标更契合的考核方式。忻州师范学院全程实践教学管理体系与考核方式如表 10.1 所示。

表10.1　全程实践教学的管理体系和考核方式

维度	项目	选项	教师		学生	
			次数	百分比 (%)	次数	百分比 (%)
全程实践教学的管理体系	全程实践教学的管理体系	有	14	100.00	111	33.84
		没有	0	0.00	70	21.34
		不清楚	0	0.00	147	44.82
全程实践教学的考核方式	全程实践教学的考核方式	有	6	42.86	106	32.92
		没有	6	42.86	84	26.09
		不清楚	2	14.28	132	40.99

维度	项目	选项	教师		学生	
			次数	百分比 (%)	次数	百分比 (%)
全程实践教学的考核方式	全程实践教学侧重的评价方面	教学结果	1	7.14	32	9.76
		教学过程	6	42.86	86	26.22
		教学过程和教学结果并重	7	50.00	210	64.02
	全程实践教学中的评价方式	教师评价	2	14.29	72	21.95
		学生互评	1	7.14	38	11.59
		学生自我评价	0	0.00	42	12.80
		教师评价和学生评价相结合	11	78.57	176	53.66
	总结性评价	有	11	78.57	217	66.36
		没有	3	21.43	110	33.64
	教师根据学生表现调整活动方案	有	11	78.57	195	60.00
		没有	3	21.43	130	40.00

第一，全程实践教学的管理体系认识不明确。在对忻州师范学院教师和学生的调查中发现：接受问卷调查的全部教师都认为全程实践教学存在相对健全的管理体系，但是仅有33.84%的学生认为他们所在的系存在相对健全的全程实践教学管理体系，有44.82%的学生不清楚他们所在的系是否存在全程实践教学管理体系。从表10.1中可以看出，虽然各系存在全程实践教学管理体系，但是学生对全程实践教学没有明确、清晰的认识，这可能不利于全程实践教学的开展。

第二，全程实践教学的考核方式不清晰。从表10.1中可以看出：有42.86%的教师认为他们所在的系有明确的考核方式，有相等数量的教师认为他们所在的系没有明确的考核方式，还有少数教师不清楚系里是否存在明确、合理的考核方式；有约1/3的学生认为他们系存在明确、合理的考核方式，有不足1/3的学生认为没有针对全程实践教学的考核方式，有超过1/3的学生对全程实践教学的考核方式表示不清楚。因此，忻州师范学院各系虽然制订了考核方式，但是只有少部分教师和学生对全程实践教学考核方式了解得很清楚，这降低了教师和学生参与全程实践教学活动的积极性和主动性，不利于提升全程实践教学效果。

第三，全程实践教学的评价方式不合理。从表 10.1 中可以看出：在全程实践教学开展的过程中，从评价的方式进行分析，多数班级采取的评价方式是将教师评价与学生评价相结合，只有少数班级采取的是学生之间进行互评；从评价的侧重方面来看，较多的班级对学生进行评价时不仅关注全程实践教学的结果，还兼顾了教学过程，只有 9.76% 的学生反映其所在的班级在对学生评价时关注的是全程实践教学的结果；从对活动进行的总结性评价角度分析，有 21.43% 的教师认为其对指导的班级没有总结性评价，有 33.64% 的学生认为本班缺少对全程实践教学的总结，不利于引导学生在反思中成长、在反思中提高。

第四，全程实践教学方案的调整不协调。从表 10.1 中可以看出，约 4/5 的教师和 3/5 的学生认为其参加的全程实践教学活动方案进行过调整，但同时可以看到有约 1/5 的教师和 2/5 的学生认为其参加的全程实践教学活动方案没有进行过调整，这与《忻州师范学院教师教育全程实践教学工作管理办法（试行）》（院政字〔2015〕58 号）提出："教师教育全程实践教学活动方案应随各专业人才培养方案及时调整。"存在不协调情况。

二、管理体系和考核方式中存在的问题

（一）全程实践教学的评价落实不到位

《忻州师范学院教师教育全程实践教学工作管理办法（试行）》（院政字〔2015〕58 号）指出："各系全程实践教学实施方案要做到实施有据可依，管理有据可查。在各系的全程实践教学工作方案中均有以下内容：每次活动都有记录，每次活动的资料（学生的教案、听评课记录表、录像或照片、活动制作的实物等）都要保存；活动结束时教师按照学生出勤和表现进行考核，并可以赋予学生一定的学分。"但是在表 10.1 中半数以上的学生表示其所在的班级缺乏总结性评价，虽然工作方案中有相关内容的规定，但是落实不到位，所以教师应注重对学生进行总结性评价，提高学生参与全程实践教学的积极性，改善教学效果。

虽然实行常规性的教学评价，但评价过程不规范，评价随意性大，主观性强，人为因素多，存在相当的偶然性和片面性，评价方式过于单一，评价方法简单，缺乏相应的监控制度和体系，使收集评价信息的工作难度大，分析和处理信息的周期长，造成评价工作的被动和烦琐。评价方式可采取自我评价与他人评价相结合的方式，自我评价是对教学表现情况的自我估量，相对而言，较为主观，这便需要结合他人评价的方式来实现对师范生的全面评价，他人评价既可以是教师同

行评价，又可以是来自家长或学生的评价。评价方式不合理，没有形成定量评价和定性评价相结合、形成性评价与终结性评价相结合的方式。因此，全面关注学生的成长记录，相应地还需聘请校外专家对学生的实践教学结果进行有针对性的指导，并指出师范生下一步发展的方向，为培养出优秀的师范生打好坚实的基础。

（二）各系缺乏对全程实践教学进行有效的管理

首先，全程实践教学管理体系评价方式单一。长期以来我国教育存在重理论、轻实践，重结果、轻过程，重知识传授、轻能力培养等问题。实践教学评价缺乏相对完整的能体现实践教学特色的监控和评价体系，实践教学的质量监控和评价缺乏科学性与系统性。传统实践教学评价中，教师是评价的主体，学生总是处于被动的地位，学生家长、用人单位、社会对学校的监控和评价制度还没有建立。评价只建立在校内，而忽视了校外社会因素的综合评价，评价主体单一。许多实践教学是在任务完成后进行的，这种评价方式主要是目标取向的，难以评价学生在学习过程中情感、心智、知识拓展能力、团队协作能力等综合素质方面的发展状况，评价方式过于静态。对实践教学的评价还局限于考核基本知识和基本技能的运用方面，而对影响学生职业发展的职业能力、职业态度等重要方面未能给出全面的评价，评价内容片面。

《忻州师范学院教师教育全程实践教学工作管理办法（试行）》（院政字〔2015〕58号）工作要求中指出："各有关单位应在学院教学质量监控体系的基础上，建立本单位教师教育全程实践教学管理体系；做到全方位、全过程动态监控，切实维护好教学秩序，保证教学质量。"但是由表10.1可知，各系教师认为本系有全程实践教学的管理体系，但是学生中持"没有"或"不清楚"观点的人数比例近2/3。俗话说"思想指挥行动"，学生只有对全程实践教学有客观、清晰、正确的认识，才有助于促进全程实践教学顺利开展，所以学生对全程实践教学认识的不到位会影响全程实践教学的效果。

其次，全程实践教学实施过程中缺乏明确、合理的考核方式。第一，实践教学评价管理不规范，受教师素质的制约，部分专业课教师从未进过企业，却在讲授相关课程，从书本到书本，缺乏实践能力，与实际工作脱节。第二，实践教学的管理还不规范，真正懂专业、懂实践教学的人员没有在实验教学的各类管理活动中起到主导作用，导致实践教学效果不好。第三，学校实践经费制约。经费来源单一，投入不足或无投入。有的学院系不能用好有限的实习和实践经费，改变用途，使极少数人受益，侵害了大多数学生的权益，没有发挥实习和实践经费应有的作用。第四，激励机制未充分利用。学校没有将教学与科研同等对待，没有将实践教学与理论教学同等对待。缺乏提高实践能力的政策和激励机制，能力的考核流于形式，政策鼓励不够，导致教师到一线实践的积极性不高。第五，实践考核方法待改进。要由单纯理论考核向理论与实践相结合方向发展，重在考核学生的综合能力和素质；培养学生的动手能力和创新能力，调动学生的积极性，开展学生课余科技活动，并形成制度，逐步完善。

《忻州师范学院教师教育全程实践教学工作管理办法（试行）》（院政字〔2015〕58号）指出："各系全程实践教学制定的实施方案中应包括具体活动名称、时间、地点、学生、指导教师、考核要求等，做到实施有据可依，管理有据可查。"但是由表10.1可知，各班级在全程实践教学实施过程中虽有较为详尽的记录情况，但是并没有有效地利用这些材料对学生进行考核与评定，致使部分学生在参与全程实践教学的过程中出现态度不端正、不参加到活动过程中、更不可能做到在反思中提高的问题，所以想要提升学生的实践能力就更困难了。

最后，全程实践教学评价体系的缺乏。学校对各系全程实践教学过程和结果进行监督，科学、严谨的考核方式对全程实践教学效果的提升具有促进作用。各系虽有明确的考核方式，但是在考核的过程中存在落实不到位的情况，导致学生意识不到参加全程实践教学的重要性与必要性，不愿参加全程实践教学，常出现缺勤情况，各班虽记录了学生的参与情况，但是没有采取措施提升全程实践教学的效果，所以全程实践教学需要明确、具体的考核方式以保证全程实践教学效果。

三、教师和学生对全程实践教学提出的意见和建议

有42.85%的教师和28.05%的学生对忻州师范学院全程实践教学提出了意见和建议，他们的意见和建议可以归纳为以下几点：

第一，提高领导、教师和学生对全程实践教学的重视程度。目前，教师和学生对全程实践教学缺乏深入的认识，全程实践教学的开展缺少科学、具体、合理的规划；每学期全程实践教学的教学目标不明确，不利于提高学生的教学技能和综合素质；学校应提供相应的经费、教学资源，保证全程实践教学有条不紊地进行。

第二，全程实践教学缺乏与职业道德教育有关的教学内容，对师范生的职业道德教育局限于理论的说教，因此应该增加中小学见习的次数，提供师范生与中小学教师、学生交流的机会，有目的、有计划、有组织地对学生进行职业道德的渗透。此外，全程实践教学的教学内容与实际教学情况衔接不紧密，与学校内部其他教学活动协调性不强。

第三，全程实践教学活动过程较为呆板，组织形式较为单一，在全程实践教

学过程中，还应该有意识地培养学生的合作意识，提升学生的实践能力。

第四，全程实践教学评价方式应该多样化，评价主体可以多元化，并且量化考核标准，使全程实践教学有规可循。

第三节 完善全程实践教学评价的实施建议

教育部颁布的《关于进一步加强高校实践育人工作的若干意见》中丰富了实践教学目标的内容，对大学生提出了知识上与能力上的要求，要求实现大学生情商与智商的全面发展。改变以往"知识为本位"的人才培养理念，关注实践因素对实现人才培养的重要作用，立足于高师院校的地区服务面向和师范生培养的现状，着力培养在正确思想与价值观的引领下，以知识为基础，以能力为保证，以素养为关键的具备广博的知识、专业的综合能力、较高的科学素养的一类专业创新型、应用复合型人才成为高师院校开展下一步工作的主要任务。

一、强化实践教学考核评价的认识

（一）加强对实践教学的制度设计

实践教学的管理相比于理论教学而言，涉及面广，具有多重目标，过程纷繁复杂，需要协调校内外多层关系，其管理难度更大。因此，必须建立严格、规范的管理制度体系。而目前，实践教学在教学要求、考核制度、管理制度及相关规则等方面还很不完善、不合理，很多管理文件千篇一律，笼统含糊，操作性差，随意性大，考核方式简单，制度设计上存有诸多漏洞，不能有效地保障实践教学的开展。因此，必须加强实践教学的制度设计，尤其要在制度的明确性、可执行性、可监控性上下功夫。[①] 评价体系旨在建立完善的监控机制与有效的考核制度，提升实践教学质量。

（二）形成性评价与终结性评价相结合

第一，专业岗位实习成绩评定。专业岗位实习成绩评定是一项重要而严肃的工作，专业岗位实习成绩应首先由实基地（实习点）指导师傅和学院指导教师初评，写出评语和得分，填写专业实习鉴定表，最后由扶贫实习支教管理处综合评

---

① 蔡则祥，刘海燕. 实践教学理论研究的几个角度 [J]. 中国大学教学，2007(3): 79-80.

定成绩和等级。凡成绩不达 60 分者，视为不合格，不记学分；凡成绩为 60 分及以上者，视为合格，记 12 学分；评为专业岗位实习标兵或优秀专业岗位实习学生的，由学院给予表彰奖励，并载入学生本人学籍档案中，在入党、评优、奖助学金评定、就业推荐等工作中优先考虑。凡有以下情况之一，以不及格论：①专业岗位实习报告（或总结）有明显错误或抄袭行为；②专业岗位实习期间请假累计时间达整个实习核定总时间 1/4 或以上的；③专业岗位实习过程中严重违反纪律，造成严重安全事故、严重技术事故或造成恶劣影响的。第二，专业岗位实习工作总结。各相关系应对专业岗位实习工作进行认真总结，并形成书面材料，于实习结束后一周内报送到扶贫实习支教管理处，同时向扶贫实习支教管理处推荐优秀实习报告。

（三）开发新的学业评价标准

实践性教学的地位之所以不高，原因是重理论、轻实践的观念在起作用。现实中，实践学习往往是被当作理论的验证工具和附属物而存在的，其内在价值得不到重视。师范院校应重视实践教学的基础地位，并把实践作为学习评价的首要标准。只有这样，学生才能真正重视实践，才能为教学实践能力的培养奠定扎实的基础。笔者认为，新的学业评价标准的制定应基于人们对教学实践能力的认识，反映当代教育研究的最新成果——学科教学知识，全面涵盖教材理解能力、学习分析能力、目标分析能力、教学设计能力、教学机智和教学技术能力等要素。随着研究的深入，这些要素也应该被量化，以便对师范生进行考查、评价和培养。

二、完善全程实践教学的评价指标体系

在全程实践教学实施过程中，严格按照评价机制对学生进行考核。虽然《忻州师范学院教师教育全程实践教学工作管理办法（试行）》（院政字〔2015〕58 号）中提到："在全程实践教学活动结束后教师要按照学生的出勤和表现进行考核，并赋予一定的学分，检验学生在本学期的学习成果。"但是在实际教学工作中，却极少有教师用量化的标准对学生的表现进行评价。为改善全程实践教学现状，提升全程实践教学效果，可以将全程实践教学赋予一定的学分，纳入对学生的考核评价体系中，在评价过程中做到以教师为主导，以学生为主体，并增强学生的自我反思意识，在反思的基础上实现教学实践技能的提升。

（一）课程设计教学质量评价指标体系

课程设计教学质量评价指标体系如表 10.2 所示。

表10.2　课程设计教学质量评价指标体系

一级指标	权重	二级指标	权重
教学基本条件	0.2	教学文件	0.2
		物质条件	0.4
		师资力量	0.4
教学实施过程	0.5	教学目标	0.1
		课题选择	0.2
		指导工作	0.4
		学生学习状况	0.2
		成绩考核	0.1
教学特色与效果	0.3	课程设计报告质量	0.4
		综合评价	0.6

（二）课外实践教学质量评价指标体系

课外实践教学质量评价指标体系如表 10.3 所示。

表10.3　校内实践教学质量评价指标体系

一级指标	权重	二级指标	权重
教案、教材及实施计划	0.15	实践教学方案	0.4
		实践指导	0.3
		教学准备	0.3
实践教学组织实施	0.4	实践教学内容	0.4
		教学方法	0.2
		实践教学过程	0.2
		教书育人	0.2

一级指标	权重	二级指标	权重
实践记录与实践报告	0.15	实践记录	0.5
		实践总结	0.5
教学特色与效果	0.3	教学特色	0.2
		教学效果	0.8

（三）校外实践教学质量评价指标体系

见习、实习教学质量评价指标体系如表10.4所示。

表10.4　见习、实习教学质量评价指标体系

一级指标	权重	二级指标	权重
实习基地建设	0.15	实习基地状况	0.6
		实习基本条件	0.4
师资条件	0.2	师资力量	0.5
		教学水平	0.5
教学建设与组织管理	0.15	实习教学文件	0.5
		管理制度与实施	0.5
教学实施过程	0.3	实习内容	0.3
		实习指导工作	0.4
		学生实习状况	0.4
实习效果	0.2	实习质量	0.4
		综合评价	0.6

（四）毕业设计教学质量评价指标体系

毕业设计教学质量评价指标如表10.5所示。

表10.5　毕业设计教学质量评价指标

教学环节	一级指标	二级指标	权　重
毕业实习	教学目标	德育要求	1
		知识要求	1
		能力要求	1
	教学条件	师资队伍	1
		实习文件	2
		物质保障	1
	教学过程	实习内容	1.5
		指导工作	1.5
		学生状况	1
	教学结果	实习报告	2
		社会实践	1
		安全纪律	1
毕业设计	教学目标	德育要求	2
		知识要求	1.5
		能力要求	1.5
	教学条件	师资队伍	1.5
		教学文件	1.5
		物质保障	2
	教学过程	课题选择	4
		指导工作	1.5
		学生状况	1.5
		答辩评分	1
		总结归档	1

续 表

教学环节	一级指标	二级指标	权 重
毕业设计	教学效果	能力水平（理）	1
		能力水平（文）	1
		毕业设计质量（理）	1
		毕业设计质量（文）	4

三、创建全程实践教学评价体系

实践教学一直是地方高师院校教师教育工作的特色所在，如何建构合理地适应现代地方高师院校实践教学的评价体系也是地方高师院校不断探索和研究的问题。结合调查问卷、访谈结果以及实践教学现有的问题建构符合地方高师院校的实践教学发展需要的评价体系，保障实践教学公平、公正、规范的进行，为区域经济的发展和建设提供人才培养的保障。从以下三个方面叙述如何创建全程实践教学评价体系。

（一）设置评价机构

实践教学的评价机构在实践教学中具有不可替代的作用，专门的实践教学评价机构对实践教学评价体系的建构至关重要。地方高师院校实践教学的评价机构应当由学院教学管理部门和分院共同组成，由各分院主管教学的院长担任考核主任，成员包括各学科教研室主任、实践教学指导教师、辅导员等相关人员组成。分院根据自己专业的特点设置符合本专业学生的实践教学考核标准，通过自评、自查、自我考核的形式对参与实践教学的学生及教师的实践教学能力、质量进行监督管理和评价。

（二）共同关注评价过程

师范生参与实践教学的内容主要是围绕教育教学技能水平和教师专业化成长路径而展开的。在评价师范生实践教学效果时，一方面，中小学指导教师需把握全面性与综合性的原则，全面性地衡量师范生的教学技能，综合性地考量师范生的技能，不仅着重考查师范生的教育实践教学技能，还需要对师范生的组织协调、教育科研、教育创新能力进行考查。另一方面，高校需要综合性地评价师范生的实习内容，注重扩展评价师范生的实习领域，对其评价不仅限于知识和能力的评价，还要在过程和方法、情感态度和价值观方面有所侧重，结合基地实习教师对学生的评价结果，最大限度地关注学生的多元成长，促进过程性评价和动态性评价的发展。

（三）构建评价动态体系

师范生参与实践教学的内容的全面性对学生评价方式的多样化提出了要求。它要求在对师范生进行实际测评时，需要注重教师教育实践教学评价手段的多样化与灵活化。全面的课程评价需要有与之相应的评价手段与之配合，可建构如下实践教学质量评估体系。

实践教学质量评价考核体系主要围绕"3+2"评价体系即"三维评价指标"+"两大评价主体"展开，其中"三维评价指标"主要涉及知识指标、技能指标和素养指标，学生在高校接受的理论知识要应用到中小学实践基地中的课堂实践教学、专业实践教学以及社会实践教学中去。"两大评价主体"即高校和中小学要全程、动态地培养实践型的人才，定期或不定期地关注学生在知识、技能、素养层面的发展状况，适时地对其发展现状做出评价与下一步的指导，真正地实现全程性、动态性的实践教学评价，有效提升师范生的实践教学水平。

为更好地监控与指导师范生的实践状况，除践行"3+2"实践教学考核评价体系之外，还可采取以下辅助方式进行评价。第一，评价方式可采取自我评价与他人评价相结合的方式，自我评价是对自身教学表现情况的自我估量，相对较为主观，这便需要结合他人评价的方式实现对师范生的全面评价，他人评价既可以是教师同行评价，又可以是来自家长或学生的评价。第二，评价方式可采用定量评价与定性评价相结合、形成性评价与终结性评价相结合的方式。

第十一章　全程实践教学的发展策略

实践育人是一项系统工程，要建立学校、教师和学生三个方面的协同机制，必须强化三者的有机结合和互动。具体而言，就是要充分发挥学校的主导作用，教师的协同作用和学生的主体作用。样本院校自实施实践育人以来，实习支教的成绩是可喜的，通过实施人才培养模式综合改革，学生的教学实践能力、教育创新意识和综合素质明显得到提高了，同时在实施过程中存在一些不足之处，因此，本章从高校、教师、学生三个层面提出优化建议。

第一节　学校视角下全程实践教学发展策略

高等教育大众化阶段，人才供给的类型、层次、结构日益多样化，实践育人在高校人才培养中的地位日益凸显。如何正确认识、科学设计和扎实推进实践育人，切实提高实践育人质量，是每所高校都必须深度思考的问题。因此，学校应成立实践育人工作的组织协调部门以及由主要领导牵头的实践育人工作领导小组，调动学校各方面的政策资源和教育资源形成合力，为开展实践育人提供组织保障。

一、全程实践体系顶层设计

把实践育人纳入高校人才培养的整体架构来考量，在总体目标设计上，强调能力为本，着力提升学生的能力和综合素质；在具体目标设计上，则根据实践教育活动的内容和组织形式的不同分别确定学术素养、知识结构、认知能力等认知性目标以及实践性、参与性、体验性等非认知性目标。

例如，教学实践与课外实践、校外实践相结合。课堂教学实践是以校内第一课堂进行的课程实践，课外实践、校外实践是在课堂之外进行的实践教学活动，是对第一课堂实践教学的拓展和延伸，具有形式灵活、内容多样的特点。高校可以从学分和课时上优化培养方案和教学计划，合理设计实践教学环节，让教学实践与课外、校外的实践紧密结合，从而在提高实践教学质量的同时，培养学生解决实际问题的能力。在校园内引导学生开展"绿色公益"活动，在社会上创立阳光服务基地，形成了"知识服务社区""志愿服务"等特色品牌，较好地通过校内和校外平台推进了全程实践教学体系工作。

二、合理安排实践教学体系内容

高校全程实践育人体系应该包括实践教学、军事训练、社会实践活动三大方面的内容。其中，实践教学包括课程实验、专题报告、学科竞赛、专业实习、毕业设计等内容；军事训练包括集中时间军训、参加民兵活动、不定期战备演习等内容；社会实践活动包括文体活动、社团活动、社会调查、生产劳动、公益活动、科技服务、勤工俭学等内容。以上内容必须根据不同的专业类型、不同的教育阶段合理安排。① 全程实践教学体系既要通过校内实习让学生把课堂学习的理论知识运用到实践中，在实践活动中进一步验证所学知识，提升知识水平和创新能力；又要通过校外实践引导大学生深入社会、了解社会、服务社会，加速大学生由"校园人"向"社会人"转化的进程。近年来，一些高校已开展了这方面的探索，如清华大学从 2004 年起大力加强实践教育，在本科生的理论课教学中融入研究性学习和新生研讨课，大力强化暑期社会实践的育人功能。②

丰富实践教学形式。能力与活动密切相连，能力的培养必须置于实践活动之中。实习支教具有活动性的特点，实习期间学生实际授课 200～300 学时，完成了一个全职教师的教学和管理任务，强化了师范生的教育理论和教学技能，不仅要锻炼师范生的教学能力，还可以培养学生搜集资料、组织教学材料、课堂互动、应对突发事件，反思教育教学行为的能力。在实践教学过程中，高校应组织丰富多样的实践活动，如开办科技作品展，或是在学科竞赛中增加一些开放性的题目，在教学技能大赛中增加考核应对突发事件的能力。在课程设置上，高校应增设教学组织与设计、课堂教学管理等；增加实践课时安排，如适当增加课程实验学时。总之，多样化的实践教学形式更利于培养学生的实践创新能力。

加强校内外实践教学基地建设。《国家中长期教育改革和发展规划纲要（2010—2020）》中明确提出强化实践教学环节，加强校内外实习基地建设，着力

---

① 任廷琦.向综合大学转型中的思考与探索［M］.济南：山东大学出版社，2005.

② 顾秉林.秉承实践教育传统 加强创新能力培养 提高学生全面素质[J].清华大学教育研究，2006，27(1):1-7.

提高学生的实践能力。设立稳定的、高水平的教学实习基地是培养学生创新精神和实践能力的首要保障。实践教学基地建设是完善高校实践教学体系建设的基础工作，是实践教学改革的助推力。学校的首要任务是拓展实践教学的功能与空间，坚持校内外实践教学并举，既加大校内实验室、微格教室等的实训基地的建设力度，又能积极增设一批校外实习基地，发挥各专业学科的优势，与相关单位共同合作开发产学研一体的实习基地，搭建实践操作平台，竭力服务于学生创新实践能力的培养。此外，充分利用基地资源，积极吸引和聘请专家、学者参与实习教学环节的指导和管理，互惠互利，共同发展。全程实践教学活动为大学生提供了一个很好的授课平台，因此，建议学校增加与完善实践基地的多媒体教学设备。

三、优化实践教学体系时间

既要合理确定全程实践教学体系的时间占本、专科生教育教学总学时的比例，又要合理确定不同全程实践教学体系内容的课时，还要合理安排不同年级全程实践教学体系的时间。教育部对确保全程实践教学体系时间有明确规定，如规定在实践教学环节，人文社科类本科专业不少于总学时的 15%，理工农医类本科专业不少于 25%，高职高专类专业不少于 50%。但各高校应结合本校实际，根据专业类别及时修订优化人才培养方案，确定各项全程实践教学体系环节实施的课时和时间。

中央 16 号文件要求"高等学校要把社会实践纳入学校教育教学总体规划和教学大纲，规定学时和学分，提供必要经费。"但是，至今有些高校还没有根本改变"重理论轻实践、重知识传授轻能力培养"的观念和做法，制订的实践教学课程主要为课堂教学服务，比较单一，而且实践学时和学分设定不够合理，教师指导也往往不到位。因而，实践教学仍然是一些高校人才培养中的薄弱环节。为了进一步加强全程实践教学体系工作，上海交通大学从 2009 年开始在本科生中试行第二课堂学分制，由教务处、学生工作指导委员会、校团委共同开设通识教育实践课程《社会实践》，要求全体学生必须完成两个学分的第二课堂实践活动，并以此为突破口，创设了社会实践重点项目招投标制度，配备专业教师进行跟踪指导，保证了全程实践教学体系的实效。这说明在全程实践教学体系工作的推进上，高校应当注重调整、完善教学计划，充实实践教学环节，适当增加实践课时，系统设计实践教学体系；同时，应当针对不同类型的实践教学形式规定相应合理的学时与学分，而不是简单的"一刀切"。要把全程实践教学体系纳入学校人才培养的总体规划和教学计划，规定学时与学分，使实践育人真正成为学生成长、成才的"必修课"。例如，MIT、哈佛大学、斯坦福大学都制订了专门的实践教育计划、学术科研计划等专门计划。

四、科学设计全程实践过程体系

（一）教学管理制度

整体规划全程实践教学体系过程，确保学生在校期间四年不断线，使学校全程实践教学体系保持连续性、系统性。科学分解全程实践教学体系的阶段性任务，根据专业要求和学生成长、成才规律对不同阶段、不同专业的全程实践教学体系过程明确重点、加强指导。以本科学生为例，可以考虑第一学年以军事训练、专题报告和文体活动为主，第二学年以课程实验、社会调查为主，第三学年以学科竞赛、专业见习、科技服务为主，第四学年以毕业实习、创业实践为主。特别是对每一次、每一项全程实践教学体系活动都要精心设计，做到目标明确、要求具体、指导到位、考核严格。

高校要把实践教育教学活动纳入课程管理，制订严格的管理制度，确保实践教育教学精心组织好、实施好。要制订严格的实践教育教学考核制度，并与学生的学籍管理制度挂钩，学生如果实践教育教学成绩考核不合格，只有重修合格后才能升级或毕业，形成有效的约束机制。对从事实践教育教学的教师与从事理论教学的教师在专业技术职务晋升、收入分配等方面要同等对待，在工作绩效考核上也要同等对待，强化政策引导。

（二）实践教学保障机制

随着高校实践育人覆盖面的增加，参与实践活动的学生人数逐年增多，首先，应当建立资源投入保障机制。通过建立社会各界、学校多个部门参与的组织网络有效地整合社会和学校的各种资源，实现全程实践教学体系资源投入保障机制。其次，落实全程实践教学体系经费，建立经费投入保障机制。这需要学校统筹安排好各项经费，增加对全程实践教学体系工作的经费投入力度。在校外要开拓与社会团体和企业单位合作的"双赢"模式，一方面引导大学生为企业和地方经济发展提供智力支持和技术支持；另一方面，鼓励企业和社会机构对大学生参加社会实践活动进行资金支持，从而实现多渠道保证全程实践教学体系的经费投入。再次，在全程实践教学体系的经费使用方面，还要以精算化管理为指导，降低实践活动过程中的人员管理、项目培训、实验器材等成本，合理分配每一个实践活动占用的资源，使每一笔经费都能够得到最大限度的合理使用。①

加大经费投入，积极拓展经费来源渠道。各级政府应把高校全程实践教学体系列入政府公共财政专项，在教育投入中明确列支目录和支持额度，为高校推进全程实践教学体系提供经费保障。高校要调整支出结构，优先保证全程实践教学体系的经费。积极吸引社会资本投入实践教学活动，通过发动校友捐资、合作企业投资、通过学生科研成果转化等方式筹措更多的经费，设立大学生科技创新专项基金，资助大学生建立科技创新兴趣小组、课题研究和各类竞赛，扩大对大学生科技创新活动的支持，使大学生科技创新活动得到可持续发展。例如，为理科生适当增加一些实验室，改善实验教学手段，引进先进的设备和器材，并且要充分利用这些设备和器材，提高教学质量和教学效率。同时，多关注文科生，为他们多增加一些进行科研的条件，要多向学生开放实验室，为他们的科学研究提供途径。

（三）建立"五位一体"的运行机制

"五位一体"的运行机制就是要做到全程实践教学体系的系统化、全程化、社会化、基地化和项目化。一是系统化机制。就是要加强全程实践教学体系的制度设计，在工作体系上，明确全程实践教学体系组织协调机构的定位，协同学校其他部门科学创建实践活动的运作模式；在工作进程中，通过建立全程实践教学体系效果的反馈评价机制不断地完善全程实践教学的工作体系，从而构建全程实践教学体系的长效机制。二是全程化机制。从内容上讲，全程化就是建立以社会调查、生产劳动、志愿服务、公益活动、科技发明和勤工助学等社会实践活动为主体的实践育人体系；从阶段上说，全程化就是实现大学生全过程参与实践活动，将实践育人贯彻大学生学习和生活的始终，针对大学生所处的不同年龄阶段开展有针对性的实践活动，分年级逐步实施。三是社会化机制。就是要建立社会化的实践育人组织体系，积极与地方政府、社会团体和企事业单位合作，本着"互惠互利、优势互补、双向受益"的原则，广泛寻求社会力量的支持，把社会资源吸引到全程实践教学体系活动中来，从而实现学校和社会在全程实践教学体系工作上的配合联动。四是基地化机制。建立实践活动基地有助于加强全程实践教学体系工作的延续性，提高实践育人工作的质量。近年来，许多高校与企事业单位建立了实践实训基地，并开展了长久的全面合作，涉及毕业生就业引导、行业定向生培养、专业实习与实践以及科技开发与成果转化等诸多方面，为学生成长、成

---

① 宋珺.论实践育人理念在高等教育中的实施[J].思想教育研究，2012(7)：86-89

才创造了条件。五是项目化机制。项目化就是对大学生实践活动设立专题项目，由学校聘请专家对项目进行评审，对重点立项的项目进行资助；也可以与教师的科学研究项目挂钩。①

五、完善全程实践教学体系的评估体系

建立多层次评价组织架构，强化政府对学校全程实践教学体系的绩效评价、学校对教师全程实践教学体系的质量评价、教师对学生接受实践教育的效果评价。重构多元化的评价标准，兼顾普遍性和差异性原则，对学生独立分析问题与解决问题的能力、实践能力、创新能力以及综合素质进行多元化评价，实现定性评价与定量评价相结合、过程评价与结果评价相结合。使用多样化的评价方法和手段，自评与他评相结合，过程评价与结果评价相结合，校内技能测试与社会职业能力鉴定相结合。教育部门要把全程实践教学体系工作作为对高校办学质量和水平评估考核的重要指标，并纳入高校教育教学评估体系，各高校要制订全程实践教学体系成效考核评价办法，切实增强全程实践教学体系的效果；要制订安全预案，大力加强对学生的安全教育和安全管理，确保全程实践教学体系工作的安全有序。

六、构架 G-U-S 共生性共同体

教师教育是服务于基础教育的，为了构建"为了基础教育、针对基础教育、在基础教育中"的"实践型"教师教育培养新模式，高校教师教育必须与中小学、幼儿园形成实质性共同体，以便使高校学生可以从低年级就开始接触教师行业，亲自体验教师角色、全面了解学生身心特征和教学实际，逐渐深入了解教师职业的实质，不断形成稳定的职业情感和职业素质，合理调整职业期望，最终树立职业意志，获得高度的职业认同感和职业幸福感，帮助学生在毕业、择业、就业的过程中坚守教师职业志向，克服挫折，清晰认识自我价值，以足够的信心和勇气面对教师职业，不为外界因素而动摇。在指导教师方面也应形成实质性合作。学生在实习、见习中应实行双导师指导制，一个解决理论困惑，一个帮助训练教学技能；高校要改变以往合作中高校居高临下的姿态，在基础教育实践中寻求真问题，真案例，验证理论知识，达到真正意义上的合作；地方中小学应将接纳师范生教育实践和帮助实习生成长作为应尽义务和重要责任，同时基础教育可以近水楼台先得月，优先利用高校新理念和科研成果，实现基础教育新变革；地方教育行政部门也可以采用相应的激励措施，将接纳师范生教育实践作为中小学工作考

① 王晓勇. 高校实践育人体系的构建与研究 [J] 思想政治教育研究, 2007(6)：9-11.

核评价和特色评选的重要内容。

正如美国著名教育学家古德莱德所说："中小学如果要变革进步，就需要有更好的教师。大学如果想培养出更好的教师，就必须将模范中小学作为教育实践的场所。而中小学如果想要成为模范学校，就必须不断地从大学接受新的思想和新的知识，如果想使大学找到通向模范中小学的道路，并使这些学校保持其高质量的教育水平，中小学和教师教育学院就必须建立一种共生的合作关系，并成为平等的伙伴。"建立高校与基地的紧密联系，实现"基地为高校提供实践育人场所和兼职教师队伍，高校为基地提供智力支持和优秀毕业生"的双赢局面。

第二节　教师视角下的全程实践教学发展策略

实践教育教学对教师在知识结构、教学素养、组织能力、实践经验等方面的要求很高，这就要求高校按照职业化、专业化的发展思路加大对现有实践教学教师的培训力度，提高他们实践教学所需的职业技能、专业水平和实践经验，建设一支高素质的专职实践教学教师队伍。因此，各教师应加强自身的学习，积极投入科学研究，提高自己的科技创新能力，指导好学生的科技创新活动。并且在平时的课堂教学中注意激发学生进行科学创新的兴趣，教会他们科学研究的步骤和方法，积极把自己的研究体会与他们分享，帮助他们参与到课题研究中来。

一、加强实践教学师资队伍建设

（一）提升实践教学师资队伍质量

高质量的实践教学师资队伍是完善实践教学体系、提高实践教学质量的决定性因素。一个优秀的实践教学指导教师必须具备丰硕的专业实践经验，扎实的科研能力以及一定的创新能力，仅是擅长于传授专业理论是远远不够的，尤其要熟谙实践操作指导。要建设一批素质高、结构优的实践教学师资队伍，学院要制订一系列的规章制度，建立科学合理的奖惩机制，有效地调动教师参与实践教学的积极性。可通过引进、委培、聘任等方式鼓励优质师资每学年定时承担一定量的实践教学任务，尤其要做好"双师型"实践教学师资培养工作，使他们既具备扎实的专业理论基础、较高的科研水平，又具有很好的教育实践能力，全面提升高校的指导实践教学工作，提高实践教学质量。

高校要加大对政府、企业、社会等优势资源的利用力度。在师资建设上，除校内培养、选聘外，还要有计划地从校外选聘，特别是从企业中选聘具有较强实践教学能力的技术或管理人员担任指导教师。各地各高校要定期召开全程实践教学体系经验交流会、座谈研讨会等，及时总结推广全程实践教学体系成果，研究深入推进全程实践教学体系工作的思路举措。要积极组织专家学者开展科学研究，不断探索全程实践教学体系的规律，为加强高校全程实践教学体系工作提供理论支持和决策依据。各地哲学社会科学规划工作领导部门要把加强全程实践教学体系重大问题研究列入规划。

（二）提升专业教师的实践教学能力

辅导员和专业教师是全程实践教学体系最重要的组织者和实施者，学校要组织好他们参与和指导全程实践教学体系工作，创新方法和途径，将全程实践教学体系工作与教育教学改革相结合，为开展实践教育提供智力支撑。

全程实践教学不同于以往的教育教学工作，它对教师的要求比以往更高，要求教师具有更强的综合素质，要学会如何与学生进行沟通和交流，如何指导学生。要提升教师队伍的素质，年轻教师应不断提高自身的教育研究能力，积极参与教育科研活动。教师不仅要学习与大学教育有关的知识，还应该了解大学生在今后的职业生涯中需要面对的问题，并且提前帮助学生在这些方面做好准备，如，如何组织教学活动、如何进行课堂管理等。教师既要不断地更新专业知识、创新实践教学方式方法、积累实践教学经验等，又要不断地进行与学生的思想交流，更好地关心学生的思想、关注学生的心理、关爱学生的成长等。

韩国教学型大学在聘请教师时，常常把实践经验看作一项重要的条件，这提升了教师队伍的整体素质，并且使实践能力成为教师的必备条件。德国对教学型大学的师资要求更为严格，该国专门颁布了《实训教师资格条例》，详细规定了师资的教育资格、知识证明和证书方面的要求，关注教师对学生传授知识和能力培养的主导作用。许多国家的教学型大学都在加大兼职教师的比例，他们从企事业单位招聘既有专业技术特长，又有余力的工程技术人员或高级主管来校承担部分专业课程的教学工作，加强学生的实践教学活动，使学生与实践密切接触，直接发现问题、分析问题和解决问题，提高动手操作的能力。[①]

① 吴国英. 高校人文社科专业实践教学体系的构建研究: 基于营销理念 [D]. 天津: 天津大学，2010.

二、重视师生互动实现教学相长

重视师生互动，促进共同参与的实现，以教师为主导、学生为主体，不断提高师生参与全程实践教学体系活动的主动性和互动性。树立"以教师为主导，以学生为中心"的理念，教师重在引导学生积极参与实践活动，重心在学生自身的成长和发展。学校应加大人才培养模式改革，增加实践教学环节比重与加大思想教育实践活动组织并重，既要在实践教学、科技创新等专业性实践教学中融入思想教育要求，又要在社会实践、公益服务等社会性实践活动中增加专业实践教学内容。

加强师生互动需要课内学习与课外学习有机结合，理论与实践有机结合，培养学生的演技创新能力与实践能力。课堂上不仅有基本技术方法的学习，还有提出问题、展开讨论的过程，学生在课后查阅资料，搜集相关信息，在课堂上与教师开展讨论交流，但是课堂时间是有限的，很难对问题进行深入研究和分析，这就需要提高课后时间的利用率，教师与学生之间突破时间、空间的限制，充分发挥师生互动对全程实践教学效果的促进作用。学校还展开各项学科竞赛、"挑战杯"学术论文比赛、教学技能大赛等一系列综合运用课内所学知识的实践创新活动，这样的活动利于调动学生学习的积极性和主动性，促使学生自主地开展实践活动，在实践中提高观察、分析和反思的能力，而且竞赛后的教师指导也是基本工作，在问题中相互探讨，展开调研，参与学生研究性学习的指导，这样有利于师生相互熟悉，增强彼此的了解，发现与分析课堂教学中的不足，促使教师改进教学方法，提高课内教学设计能力和课堂教学实施的基本能力，实现教学相长。

三、完善实践教学考核评价体系

全程实践教学体系要具体落实到辅导员、专业教师与指导教师的工作计划中。针对学生辅导员，学校可以将实践课程纳入学校学工部门工作范畴，由学工部门牵头制订实践活动的规划和计划，再落实到辅导员的具体工作中。同时，对担任社会实践活动、科技创新活动的辅导员工作进行考评，从而发挥辅导员在全程实践教学体系中的作用。针对教师，学校可以将实践教育作为必修课纳入教学计划，在课程设计上增加教学实践课程，规定专业课教师必须承担指导学生进行课程实践的最低课时，制订指导师范生教育实践在折算教学工作量、职务（职称）晋升、薪酬分配等方面的优惠政策，将教师指导师范生教育实践作为教学业绩考核的重要内容，纳入年度总体考核；针对中小学、幼儿园教师地方行政部门和中小学幼儿园教师，学校要将指导师范生教育实践纳入教师业绩考核范围，作为中小学教师评奖评优和职务（职称）晋升的重要依据，作为中小学教师评选特级教师和学科带头人的重要条件。

高校要设立校、院（系）二级全程实践教学体系的专门管理机构，加强对全程实践教学体系全过程的监控，确保全程实践教学体系计划落实，安排科学，指导到位。高校要制订全程实践教学体系质量标准，完善奖励评价制度。按照"能力本位"的原则，根据全程实践教学体系的不同阶段，实践教育的不同类型，分别制订评价标准，并把教师指导全程实践教学体系的成绩作为教师工作绩效评价的重要内容，把学生参加全程实践教学体系活动的成绩折合成相应的学分，充分调动教师和学生的积极性。全程实践教学体系还要具体落实到辅导员、专业教师与指导教师的工作计划中。

四、完善教师激励奖惩机制

学校通过设立创新学分、奖励学分等措施激励学生参加科技创新活动，调动大学生参与科技创新的积极性。学校要改进和完善全程实践教学体系工作量的计算方法，可以将指导实践活动的困难程度、工作强度等与教师个人经济利益、职称评定等挂钩。在专业技术职务聘任过程中，对在全程实践教学体系中做出贡献的教师给予充分肯定和优先考虑。此外，还应充分发挥新闻媒体的作用，对参与全程实践教学体系工作的社会机构和社会人员给予舆论激励，并推介他们的新思路和好做法，进而在全社会形成积极支持高校实践教育的良好氛围。例如，可以通过开展"科技节"活动、组织科技创新成果展、举办科技创新论坛等方式使优秀成果得到展示。通过评选科技创新之星、优秀指导教师、大学生科技创新先进集体等措施使优秀学生、优秀教师和做出努力的各系都得到激励，并从精神层面上鼓励和激励更多大学生和教师参与科技创新活动。另外，还可以借鉴其他高校在这方面的实践和探索，将社会实践与科技创新实践相融合，一方面大力建设带有教学实践功能的产学研基地，另一方面安排本科学生早进实验室、早参与导师教学科研项目。在做好培养学生较强的专业素养的工作后，鼓励学生带着"问题"参与暑期社会实践，依托专业知识尝试解决实际生活中发现的问题，从而培养他们的动手创新能力。

第三节　学生视角下的全程实践教学发展策略

大学生的成长、成才不仅表现为知识结构的丰富和知识水平的提高，还体现为德、智、体、美全面发展，体现为个体与社会的交融和谐，体现为个性特点的充分发扬。对于大学生而言，他们是全程实践教学体系的对象，也是开展实践教学、军事训练、社会实践活动的主体。因而，学校要改变传统全程实践教学体系中的"灌输式"方式，充分发挥学生在实践育人中的主体作用，激发他们参与实践活动的积极性和自觉性，让学生切实地体会到在实践育人中的主人翁地位。

一、强化实践意识，主动参与实践活动

教育部《关于进一步加强高等学校本科教学工作的若干意见》（征求意见稿）也指出，高等学校应着眼于国家发展和人的全面发展的需要，坚持知识、能力、素质协调发展，注重能力培养，着力提高大学生的学习能力、实践能力和创新能力。对于大学生自己来说，首先要从思想上改变自己固有的价值观，相信自己能够创造出与别人不一样的东西，还要明白科学研究是一条漫长的道路，可能会遇到很多困难，需要具有坚持不懈的精神。此外，大学生要努力完善自己的知识结构，弥补自身的不足，在学习本专业的同时要加强对其他领域的涉猎，锻炼自己的创新思维，并积极参与到大学生科技创新活动中去。少数学生的学习态度不端正，可能会在学生中出现消极的非正式群体，影响教育教学工作的展开，也会导致部分学生的学习成绩下降。多数学生的学习态度不端正会导致教学无法正常进行，所开课程形同虚设，打消教师教育教学积极性，浪费人力、物力、时间和财力。学校和教师应该向学生进一步解释和说明参与全程实践课的目的意义及必要性；开展有关全程实践教学的专题讲座，介绍党和政府对实践的重视以及通过实践取得成就的优秀事例；邀请在全程实践教学参与中有经验、有心得的学生与同学们交流讨论。针对在课上不喜欢动脑思考或者有想法羞于表达的学生，教师可以采取点名发言等形式鼓励学生尝试着表达自己的想法；对想法新颖的学生，教师应该及时表扬，增强学生的自信心，端正学生的学习态度，树立正确认识。

二、组织学生全员全程开展实践活动

全员化是指高校全程实践教学体系要覆盖所有大学生，让每名学生都有参与实践教育的机会和经历。也就是说高校实践教育要贯穿各年级，让学生从进入大学到毕业离校都能参与到实践教育中。目前，国外许多名校采取了多种措施让实践教育贯穿学生培养的全过程，强调解决实践问题能力的培养。例如，美国麻省理工学院就强调其教育使命是"运用知识解决人类社会最艰巨的挑战"，并构建了包括本科生科研、研讨课、课外学术活动等一系列实践教育活动。英国剑桥大学也致力"从普遍的生活世界中提高学生的能力"，实行以导师制和讲座制为核心

的小组教学，提高学生解决实际问题的能力，同时重点发展产学研合作项目，提供实际锻炼的机会。[①]

国外高校的做法对我们组织学生全员化和全程化开展实践活动具有借鉴意义。在具体实践中，高校开展的实践教育活动应侧重培养学生实际解决问题的能力，同时兼顾不同学科的特点以及学生的知识水平、接受能力，分阶段、分层次地为学生"量身定制"实践项目。例如，鉴于大一学生的专业知识不足、实践能力较弱，可以为他们安排参观实践、社团实践、军事实践，培养学生树立正确的世界观、人生观和价值观；大二、大三年级的学生已经具备了一定的专业基础，他们可以在辅导员和专业教师的指导下，开展教学实践、生产实践、科技实践、创业实践、社会实践，锻炼运用专业知识分析问题、解决问题的能力；毕业班的学生可以利用周末走出校园，通过工作实践和职业实践来培养技能和增长才干；研究生则可以在导师的指导下，选择自己感兴趣的实践项目和科研课题，培养科研素养。

学生在组织活动之前需要向团委申请相应经费，团委应该严格审批这些活动，并对活动进行监督，保证活动按计划实施。不能只贪图活动的数量，要保证活动的质量，可以采取社团之间竞争的方式保证活动的质量。课外实践活动的数量与质量都与学生的收获息息相关，所以，学校应该完善课外实践活动的组织管理，要做到参加课外实践活动的每个学生在参加完课外实践活动之后都能有所收获，能够学会反思，并且能够及时总结经验，在最大限度上地发挥课外实践活动的作用。团委在组织管理中不仅是控制活动的质量和数量，还要加强学校的参与和指导，充分发挥学校的主导功能，帮助学生提高归纳总结的能力，获得更多的能力提升。例如，可以请学生们在参加课外实践活动后填写相关的活动总结，需要填写的内容就是教师给出的积极的总结指导，引导学生学会反思和总结，还可以通过召开参加课外实践活动的心得交流会等其他方式帮助学生提升归纳和总结的能力。

三、提高学生参与实践活动的有效性

（一）建立考核激励机制

学生考核激励机制的制订应该与大学生自我发展、自我成长的需求相适应。

---

① 胡和平. 深化实践育人，培养全面发展的拔尖创新人才［J］. 中国高等教育，2010，(z2)：13-15

学校可以把学生在校期间参与的实践活动进行量化计分，作为奖学金和荣誉称号评定的标准之一，作为推优入党和免试升学读研的参考标准之一。对实践活动中有突出成绩的学生，要及时予以表彰和宣传。有条件的学校还应逐步探索把实践活动列入学生课程体系，学生只有修满相应的实践学分后，才能获得学位证书。为了最大限度地调动辅导员和专业教师参与实践育人的积极性，学校要改进和完善全程实践教学体系工作量的计算方法，可以将指导实践活动的困难程度、工作强度等与教师个人经济利益、职称评定等挂钩。在专业技术职务聘任的过程中，对在全程实践教学体系中做出贡献的教师给予充分肯定和优先考虑。此外，还应充分发挥新闻媒体的作用，对参与全程实践教学体系工作的社会机构和社会人员给予舆论激励，并推介他们的新思路和好做法，进而在全社会形成积极支持高校实践教育的良好氛围。

举办教师教育的院校要以指导教师评价为主，兼顾同伴评价、自我评价、学生评价和实践基地评价，综合运用课堂观察、学生访谈及教育实践档案分析等多样化的方式，全面客观地评价师范生教育实践。探索建设师范生教育实践管理系统和教师成长数字化档案，形成从职前培养到职后培训的教师专业发展档案库。完善教育实践与就业一体化的指导体系，大力推动教育实践与就业的有机结合。

（二）培养学生的实践创新能力

实践教学活动体现出实践性和活动性的特点，是培养师范生实践创新能力的有效途径。学生只有熟悉实践环节，借助实习支教过程中的沉淀和反思，总结教学实践活动中存在的问题，才能基于问题激发自身的求知欲，运用教育教学理论创造性地解决现实问题，培养自身的实践能力和创新精神。例如，增加专业教学实践的可选择性，以满足学生的个性化需要；增强社会实践、志愿服务、公益活动等实践活动的计划性，以提高学生参与的合理性；加强创新创业实践活动的体验性，以增强学生的信心与兴趣等。学校在教学过程中应强化实践意识，鼓励学生积极参与实践活动，培养学生的实践创新能力。

科研活动就是创新活动，科研能力本质上就是一种创新能力。学校对师范生的科研能力培养应从两点着手培养，首先，积累实践经验寻求科研着眼点，以实践催生科研成果，为提升科研能力打下基础，如课前教学资料的查阅，教学过程中的生成性，课中与课后的教学反思，撰写教学日志与心得，这些环节都可以视为实践机会，是学生对研究性学习、合作探究学习方式的积极体验，有利于培养师范生的科研意识。其次，学校应鼓励学生参与科研活动，搭建科研平台，通过合理的监督管理，完善奖惩机制等方式调动学生的主体性，激发学生的科研兴趣，形成学术成果，通过开展教育研习等教育科研活动培养师范生的教育教学研究意识和初步的教育科学研究能力，重在训练学生的基本科研素质。基本科研素质包括：选题论证、研究设计、实施过程以及结果表述等。经过训练，使学生学会使用常用的教育科学研究方法，掌握教育科学研究的一般程序和规范，能在教师的指导下开展一些初步的教育教学课题研究，学会撰写研究报告或论文。

总而言之，全程实践教学是让大学生在所学专业的基础上，掌握扎实的理论知识和专业技能，专业实践活动提升了学生的专业技能，非专业性的实践活动为学生广泛接触社会和生活，锻炼意志和能力提供了平台。从认知实践起步，进而提升实践理性，再到探索性的实践创新，这是一个逐层逐步培养师范生的实践创新能力的过程。

参考文献

[1] 教育部师范教育司 . 教师专业化的理论与实践：修订版 [M]. 北京：人民教育出版社 , 2006.

[2] 联合国教科文组织 . 世界教育报告 1998 [M]. 北京：中国对外翻译出版公司 , 1998: 29.

[3] 陶行知 . 陶行知全集 [M]. 长沙：湖南教育出版社 , 1985.

[4] 宋桂支 . 地方院校师范生全程实践教学探索及反思 [J]. 教育与职业 , 2015(24)：100–102.

[5] 吴萍 . 全程教育实践：职前教师预期社会化的有效途径 [J]. 当代教育理论实践 , 2012(8)：24–26.

[6] 徐金寿 . 全程式实践模式下开放式实训体系的建构 [J]. 职业技术教育 , 2011, 32(2)：57–59.

[7] 王小萍 . 高职实践教学有效性缺失论析 [J]. 教育与职业 2011(17)：163–164.

[8] 王华荣 . 教师教育全程教学实践培养体系探析——基于忻州师范学院 [J]. 忻州师范学院学报 , 2009, 25(6)：3–6.

[9] 李尚生 . 近十年我国高等师范院校实践教学研究之评述 [J]. 教育与教学研究 , 2009, 23(3)：12–15.

[10] 吴云助 , 臧俐 . 东亚教育改革与教师素质——"第一届东亚教师教育研究国际研讨会"综述 [J]. 教师教育研究 , 2008, 20(4)：51–54.

[11] 罗平云 . 免费师范生实践教学课程设置的现状研究 [D]. 重庆：西南大学 , 2014.

[12] 杨倩 . 大学生创新能力培养结构与培养路径研究 [D]. 武汉：湖北大学 , 2013.

[13] 徐佳佳 . 地方综合性大学实践教学管理研究 [D]. 合肥：安徽大学 , 2013.

[14] 高绣叶 . 地方高校实践教学有效性研究 [D]. 淮北：淮北师范大学 , 2011.

[15] 任丽婵.教师教育改革顶岗支教实习模式[D].临汾：山西师范大学，2009.

[16] 王华荣.教师教育全程实践教学实践培养体系探索[J].忻州师范学院学报2009，25(6)：3-6.

[17] 袁江山.顶岗实习对师范生专业素质发展影响研究[D].重庆：西南大学，2013.

[18] 黄龙.顶岗实习对师范生专业发展的积极影响[D].南昌：江西师范大学，2013.

[19] 经柏龙.教师专业素质的形成与发展研究[D].长春：东北师范大学，2008.

[20] 杨震，张丽萍.顶岗实习支教生班级管理能力的构建与培养——以河北师范大学为例[J].河北师范大学学报，2015(5)：141-144.

[21] 裴云.实习支教对师范大学生专业知识的影响——以忻州师范大学为例的调查研究[J].教师教育论坛，2014(2)：87-91.

[22] 王小鹤.地方院校本科学前教育专业全程实践教学模式的构建[J].教育探索，2013，(1)：89-90.

[23] 付建红，季荣，曾献春，等.实习支教对师范生专业素质提高程度的调查研究[J].新疆师范大学学报(自然科学版)，2013(2)：78-82.

[24] 尹小石，傅利.构建以实习支教为核心的地方师范院校实践教学体系——以忻州师范学院为例[J].忻州师范学院学报，2012，28(2)：78-81.

[25] 尹小石.实习支教：师范大学生职前能力发展的助推器——以忻州师范学院为例[J].忻州师范学院学报，2011，27(1)：7-10.

[26] 黄学兵，董博青，蒋丽辉，等.顶岗实习模式下师范生课堂教学能力的培养和发展研究[J].河北师范大学学报(教育科学版)，2011，13(6)：75-78.

[27] 尹小石，裴云.地方师范大学生职业能力培养的新途径——以忻州师范学院为例[J].山西大同大学学报，2010，24(6)：100-103.

[28] 张天明.实习支教研究综述[J].忻州师范学院学报，2009，25(1)：112-115.

[29] 张淑清.顶岗支教师范生角色转换现状调查与分析——以忻州师范学院为例[J].内蒙古师范大学学报(教育科学版)，2009，22(7)：112-125.

[30] 胡海燕.扶贫顶岗实习支教实施效果分析——以忻州师范学院为例[J].忻州师范学院学报，2009，25(4)：122-124.

[31] 樊娟.走出去，撑起一片蓝天——大学生社会实践与志愿服务[M].上海：复旦大学出版社，2004.

[32] 张德，吴剑平.校园文化与人才培养[M].北京：清华大学出版社，2001.

[33] 冯以.课外活动研究[M].香港：广角镜出版社，1988.

[34] 凤启龙. 大学生课外学术科技创新活动体系建设探析 [J]. 高等教育研究，2009(3)：96-99.

[35] 叶信治. 从美国大学教学特点看我国大学教学盲点 [J]. 高等教育研究，2011(11)：68-75.

[36] 宋树奇，刘振鹏，朱伟杰，等. 高校学生社团建设现状、问题和对策研究 [J]. 教育教学论坛，2010(15)：44-44.

[37] 孟昭学. 大学生科研创新能力培养体系构建途径探析 [J]. 教育与职业，2006(12)：27-28.

[38] 刘长海，罗怡. 论服务学习对大学生社会实践的启示 [J]. 高教探索，2005(3)：20-22.

[39] 贺兰. 对大学生参加社会实践倾向的调查与分析 [J]. 高教论坛，2005(5)：179-782.

[40] 朱高峰. 对实践教育的分析和认识 [J]. 清华大学教育研究，2005, 26(1)：2-2.

[41] 王学俭. 社会实践是大学生思想教育的重要环节 [J]. 中国高校社会科学，2005(5)：30-31.

[42] 马田清. 校园文化建设探析 [J]. 中国高教研究，1999(3)：22-23.

[43] 庄瑜. 我国高等院校课外活动研究 [D]. 上海：华东师范大学，2013.

[44] 林艺真. 大学生社团在大学生社会化进程中的作用研究 [D]. 汕头：汕头大学硕士论文，2008.

[45] 姜国玉，庞颖，迟秀山. 高职高专院校顶岗实习支教学生实践能力培养的研究与实践 [J]. 齐齐哈尔师范高等专科学校学报，2014, (4)：49-50.

[46] 王夫艳. 教师专业实践能力的三维构成 [J]. 高等教育研究，2012(4)：72-76.

[47] 张启鸣，郭诚章. 大学生实践能力调查及分析 [J]. 长春师范学院学报，2010(6)：146-150.

[48] 胡海燕. 扶贫顶岗实习支教实施效果分析——以忻州师范学院为例 [J]. 忻州师范学院学报，2009, 25(4)：122-124.

[49] 赵夫辰. 深化顶岗实习支教工程提高师范大学生能力素质——从河北师大看师范院校教师实践培养模式的未来走向 [J]. 河北师范大学学报（教育科学版），2008, 10(9)：74-77.

[50] 王萌. 职前教师实践能力培养研究——基于社会建构主义视角 [D]. 济南：山东师范大学，2015.

[51] 郭晓靖．师范生教学实践能力的现状调查与培养研究 [D]．西安：陕西师范大学，2014.

[52] 赵彦俊．"实习支教生"实践性知识生成研究 [D]．重庆：西南大学，2009.

[53] 杨玉梅．我国高师师范专业顶岗实习实施效果现状调查研究 [D]．重庆：西南大学，2008.

[54] 程浩．高校师范生实践性培养模式探析——以实习支教为例 [D]．石家庄：河北师范大学，2008.

[55] 董盈盈．关于我国大学生实践能力及其培养的研究 [D]．上海：华东师范大学，2007.

[56] 王春香．基于顶岗教育实习的师范生教学实践能力培养 [R]．烟台：鲁东大学化学与材料科学学院，2012.

[57] 邱黎苏．新列省重点建设高校大学生实践创新活动机制探析 [J]．教育评论，2015，(4)：105-107.

[58] 何文森，杨华军，江萍，等．大学生创新实践能力培养 [J]．实验室研究与探索，2015，34(7)：94-97.

[59] 邴浩．大学生创新实践影响因素的实证分析 [J]．教育学术月刊，2015(2)：88-94.

[60] 王春霞，郑海英，霍春宝，等．大学生科技创新教育体系的构建 [J]．实验室科学，2015，18(6)：102-105.

[61] 钱雄，孙留涛．论大学生科技创新的三维理性追求 [J]．中国成人教育，2014(19)：16-18.

[62] 李书华．中国大学生科技创新活动长效机制研究——基于国内外大学生科技创新活动的比较 [J]．新疆师范大学学报（哲学社会科学版），2013(2)：91-96.

[63] 赵夏亮．大学生实践创新活动的意义 [J]．剑南文学，2013(5)：242-242.

[64] 严薇，袁云松．大学生实践创新能力培养的探索与实践 [J]．中国大学教学，2012(9)：78-80.

[65] 王忠华，李晓峰．高校大学生创新实践平台建设初探 [J]．中国电力教育，2012(26)：12-13.

[66] 陈晔，徐晨．地方高校大学生创新实践能力培养的研究与探索 [J]．高等理科教育，2011(3)：104-107.

[67] 于淑萍．青年学生科技创新精神培养途径的研究与实践 [J]．教育与职业，2010(18)：174-175.

[68] 袁油迪 . 地方高校大学生创新教育的路径探索 [J]. 当代教育论坛：管理版，2010(7) 58–59.

[69] 吕海霞 . 论大学生创新能力培养的新路向 [J]. 价值工程，2010, 29(19)：4–5.

[70] 曾晖，刘红秋 . 大学生科技创新活动存在的问题与对策 [J]. 怀化学院学报，2009, 28(9)：149–151.

[71] 曹凤月 . 课堂实践教学：高效实践教学的基础环节——高效课堂实践教学模式新探索 [J]. 中国劳动关系学院学报，2009, 23(4)：106–109.